文学的圣殿

诺贝尔文学奖解读

[瑞典] 万 之 著

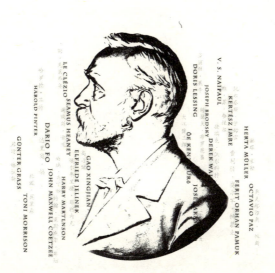

世纪出版集团 上海人民出版社

献给我的母亲

目　录

目　录

再版说明

万 之

2009年,上海世纪出版集团旗下的上海人民出版社出版了我写的《诺贝尔文学奖传奇》,责任编辑邵敏先生是此书出版的主要推动者。书中评论了二十位作家,除了我写的自序,还有瑞典汉学家马悦然先生为此书写的序和文学评论家刘再复先生写的跋。我把此书看作知识性、资料性的著作,期望能为读者提供有关诺贝尔文学奖的信息。

将近六年过去了,当初签的五年出版合同也已失效,邵敏先生也出任了该集团下属的世纪文睿的总编辑,出版过我翻译的不少瑞典文译著,如马丁松的长诗《阿尼阿拉号》以及埃斯普马克的长篇系列小说《失忆的年代》等。2012年莫言获得诺贝尔文学奖,中国出现一种诺贝尔文学奖热,但大多数读者对诺贝尔文学奖其实还不甚了了。邵敏先生愿意再次出版这本书,对此我当然非常高兴和感激,特别是邵敏先生还亲自担任责任编辑。借此,还可以修订原书的一些错误。

这次再版在原书基础上又做了修订增补。因为过去这六年中每年都有一位新的诺贝尔文学奖获奖者产生,因此再版中也增加了四位。再版的书中评论解读的获奖作家现在达到二十四位。除了莫言,还增加了我的老朋友、我翻译过其作品的瑞典诗人特朗斯特罗姆(2011年),他最近的逝世是件让我非常悲痛的事情,因此我把原来的解读撤销,新写了一篇悼文,对他的人格和诗歌创作不仅做了解读，也是怀念。此外还有加拿大小说家门罗（2013 年）和去年刚得奖的法国小说家莫迪亚诺。本书原来就无意包罗所有得奖者，因诺贝尔文学奖已经颁发一百多年，得奖者已超过百人，我也不可能用一本书囊括所有。因此即使是我到瑞典后才得奖的作家，我还听过他们的诺贝尔演讲的作家，也并没有全部纳入，比如南非女作家戈迪默（1991 年）、波兰女诗人辛波斯卡（1996 年）和秘鲁作家略萨（2010 年）。若有机会，可能再增补到将来出版的书里，与读者分享我对他们的欣赏和解读。

本书现在改名为《文学的圣殿》，副标题"诺贝尔文学奖解读"，重点通过对瑞典学院颁奖词的解读，说明这些作家为什么会被瑞典学院纳入一个可以不朽的文学殿堂。在编排体例上，也取消了原来分辑的方式，比如原来把已逝世作家归入第一辑"逝者长存"，而近年陆续逝世的作家很多，都可归入此辑，则其他分辑分量不够。因此现在全部按照得奖年代的顺序排列。此外，根据这六年瑞典学院院士变动的情况，也修订了最新的院士一览表。其他则都基本维持原貌。

再版之际，我对为此书第一版写序跋的马悦然先生和刘再复先生再次表示感谢。感谢对第一版提出修订意见的读者和朋友。同时感谢除邵敏之外，世纪文睿公司其他各位推动此书再版的朋友林岚女士等。特别感谢先后为此书第一版和修订版设计封面的两位设计师，他们总是能设计出让我满意的设计稿。

2015 年 4 月 3 日写于斯德哥尔摩

第一版序

马悦然（瑞典学院院士）

这部著作的作者，我的友人万之，又是学者，又是作家，又是翻译家。在这部著作里，他画出了二十位诺贝尔文学奖得主的肖像。其中两位——1974 年得奖的马丁松和 1987 年得奖的布罗茨基——很明显是作者的知音作家。其余的是 1990 年到 2009 年得奖的作家。

万之跟马丁松是有缘分的。属于瑞典最优秀现代作家之一的马丁松对中国文化，尤其是禅宗哲学，非常感兴趣。瑞典学院的颁奖词"因为他的写作捕捉了露珠而映射出大千世界"表示瑞典学院也重视马丁松的禅宗思想。可惜的是他的著作很少译成外文，因此在北欧以外几乎默默未闻。在北欧呆过二十几年的万之精通挪威语和瑞典语。他不仅读过马丁松的主要著作的原文，也翻译过他的自传性小说《荨麻开花》和他以唐朝历史为背景创作的戏剧《魏国三刀》。

给万之印象最深的诺贝尔文学奖的获奖作家是布罗茨基。听过布罗茨基朗诵自己的诗歌之后，万之才明白诗歌的形式和音乐的节奏间非常密切的关系。

万之的获奖作家肖像多半是展开瑞典学院的颁奖词的意义。学院的颁奖词有时非常不容易译成中文。主要的原因是其内容丰富而篇幅又缩短到最低的限度。另一个原因则是多数的颁奖词用的是汉语所不具有的关系字句的形式。仅仅靠颁奖词的译文的观察者常常误会其原来的意义。自认为是瑞典学院与诺贝尔文学奖的专家有时也搞不清楚颁奖词到底是什么意思。可笑的是有的观察者连瑞典学院的称呼都搞不清楚,将它说成什么皇家学院或者文学院。

评价文学作品当然是一种主观的活动:自己欣赏的作品别人也许不会欣赏。评价的标准也取决于个人的意识形态、审美能力、自身经验和人生观等等。

画诺贝尔文学奖得主的肖像的任务实在是一份苦差事。因为瑞典学院的评选结果常常出人意料之外,事先不能准备,可是约稿的报刊希望尽快发表。你要是以前读过得主的一些著作就比较好办。要是没有读过的话就得另外想办法。2007 年的获奖作家莱辛夫人令万之难堪:怎么能评价一位你没读过的作家呢? 瑞典语有一个俗语说"遭到厄运时,帮手在身旁"。万之的贤妻安娜不仅是汉学家和优秀的翻译家(她最近十几年翻译过三十几种当代中文作品),她的文学修养也很高。安娜当然读过莱辛夫人的好些著作。万之的幽默感很强的题名为《只有女人更懂她》的文章里,安娜有机会又修理她丈夫,又讪笑瑞典学院那些大男子主义的老头子。骂得好!

我们真正需要的是在东西方之间建造沟通的桥梁。通过他的文学方面的训练和修养,万之取得了建筑这种重要桥梁的资格。这本著作应该算是这种桥梁的一个重要基石。

2009 年 12 月

第一版自序

万　之

一　诺贝尔文学奖博物馆导游

北欧古城斯德哥尔摩最初是建立在一座小岛上的,这个小岛扼守着瑞典第三大湖梅兰湖的入海口。斯德哥尔摩的意思就是"圆木材岛",因为过去内地森林里伐下的木材都要集中到这里出口,所以得名。瑞典国王后来在这里建都,盖起了王宫,王宫边又盖起了教堂,在教堂和传统的集市之间,又盖起了一座大楼,它的下面曾经是股票的交易所,而它的上面则是仿照法兰西学院建立的瑞典学院。这个古老的学院后来因为接受了颁发诺贝尔文学奖的任务而闻名于世。它下面的交易所现在也改建成了一座诺贝尔博物馆,成了一个来自世界各地的游客的观光胜地。在这里,你可以看到历年来的诺贝尔文学奖获奖作家的介绍,看到他们的照片,领略他们的风采。

瑞典学院外景

1

1990年9月,斯德哥尔摩大学东亚学院中文系有个老师休长假,我应聘来这里代课,起初的合同只是一年,没想到后来就留了下来,甚至安家落户,播种扎根,开花结实,一直在瑞典住到现在。

有一种令人尴尬的误解,以为住在瑞典的人,就应该了解诺贝尔奖,甚至是研究诺贝尔奖的"权威人士"。1992年秋,曾当过中国社会科学院文学所所长的刘再复先生也到斯德哥尔摩大学担任客座教授一年,香港某家知名文化杂志的主编就一定要约请他写文章介绍当年的诺贝尔文学奖得主。再复先生是菩萨心肠,乐于助人,有求必应,不太好推辞,就变通了一下,转荐我来接这个任务,还说我住在瑞典的时间更长,更应该了解。再复先生我很尊敬,他的好意我当然也不好拒绝,于是,虽然知道自己绝对不是"权威人士",谈点个人看法总还可以,就硬着头皮做了篇谈当年诺贝尔文学奖得主的应景文章,发表在那家香港文化杂志上。又没想到,这个头开了之后,一发不可收,后来成了"风俗习惯",每到快要公布诺贝尔文学奖的时候,越洋的约稿电话就打过来了,再复先生也总是嘱托我继续努力不要懈怠,于是我就像搞承包项目一样,一年年一篇篇不断写起来,还不光为港台文化杂志写,也为国内的刊物报纸写,在《生活周刊》、《南方周末》、《联谊报》、《天涯》、《江南》等杂志上都发过有关的文稿。

这本文集基本上就是收集了1992年以来我在各地中文报刊上发表的有关诺贝尔文学奖获奖作家的文章。只有少数文章是一些得奖作家逝世后或者周年纪念日时我写的纪念文章,例如写布罗茨基、马丁松和帕斯的文章。其他大多数文章则是应刊物约请,在当年得主揭晓之后一两周之内急就速成的,盖因评奖结果常常出人意料,事先无法预知得主是谁以提前做准备,要等结果公布才能开始了解作家的生平创作等等情况,而报刊时事性强,揭晓之后当月当期就要发表报道文字,编辑紧逼催稿,自然不可能做出深入钻研的文字。所以,现在再读这些文章,就觉得文字都太仓促,只是肤浅地谈谈个人看法而已。尽管在这次整理编辑中,我又尽量做了修改,订正文字,有的甚至重写,但文章还是个人有感而发的议论多于理论分析研究,所以我无意把这本文集当成一本学术研究论著,一本供文学研究人员参考的专业读物,更无野心用来当作高等学府学生的教科书。这里的文章长短不一,有些是随笔,有些是报道,有些是评述,有些是访谈,有些是资料性的介绍,但都不是学术论文。

总之,本人无意充当研究解说诺贝尔文学奖的"权威人士"。瑞典确实有些这样甘当"权威人士"的人士,乐意对评选结果正确与否说三道四,说这个不够资格,说那个不能"名至实归",甚至自以为比瑞典学院院士们还高明,更懂得诺贝尔在遗嘱中表述的意思,更懂得应该用什么样的标准来评选。

我当然不是这样的"权威人士",我认为瑞典学院评选出每一个得奖作家时都有他们自己的充分理由,并且通过颁奖词作了最精辟的说明。我能做的事情,不过是对瑞典学院的评选结果提出一点我个人的理解,也是对精辟的颁奖词后面丰富的作家人生思想和创作作一点个人的分析解说。一方面,我这种工作很像一个"文化记者",是做出适时应景的采访报道;另一方面,也就像是瑞典学院楼下那个诺贝尔博物馆里的导游。诺贝尔文学奖当然已经成为一座文学的圣殿,这里陈列着每年的诺贝尔文学奖得奖作家的照片或塑像或文物。对于那些有兴趣来这个文学圣殿参观游览的人,对于有兴趣了解诺贝尔文学奖的人,我希望这本文集能起到导游的作用,也就有了一点意义。

"权威人士"的学术著作,往往摆出正襟危坐、严肃较真的姿态,似乎是真理的代言人。而这不是我编写这本书的姿态。作为诺贝尔文学奖文学圣殿的导游,我当然不能坐着写作,只能边走边说,像导游那样举着一面领路的小旗,引领着参观者穿过陈列着得奖文学贤哲塑像的长廊,介绍解说这些作家入选封圣的缘由,展示玻璃柜里陈列的著作和文物。一个导游,无非就是比游客多了解一点相关的知识信息而已。换句话说,这些文章,不是论文,而是心到口到笔到的"随笔"。

当然,好的导游解说能做到活泼生动、富有趣味、寓教于乐,即使在高贵的文学艺术圣殿导游,也能如话家常、谈笑风生,通俗易懂而深入浅出。我希望我的导游解说具有这样的特色,不是那种所有导游可以统一背诵、千篇一律能用录音机复制重放的解说。我希望这些文字能像我的所有文字作品一样,具有我自己的个性,是属于我个人的理解和感受,能让读者看到一点不同的文化风景。

二 文学是文学,奖是奖

一项文学奖,其实有两方面的意义,一方面是文学的意义,另一方面是奖的意义。有位知名中国作家谈到诺贝尔文学奖时就说过,"文学是文学,奖是奖",意思是文学和这个奖其实还是两回事情。我以为这有一定道理。就"文学是文学"而言,其审美价值和意义的读解与任何奖项本来没有必然的联系,"文学"可以和"奖"完全无关。如果我们要谈论优秀的文学,我们不必谈诺贝尔文学奖。很多没有获得过诺贝尔文学奖的作家,例如易卜生、托尔斯泰、卡夫卡,他们的文学作品都是极品,超过了很多得奖作家,至今拥有广大的读者,并不因为没有获奖而逊色。倒是有的获奖作家的作品,时过境迁,很少有读者再去问津,曾经光辉夺目的奖牌现在也蒙满了历史的灰尘。

然而,"奖是奖",我们也难以否认这个有着百年多历史的"奖"还是在全世界有着相当特殊的地位。在全世界的文学奖项中,它的奖金最为丰厚,仪式最为隆重,影响最为广泛,地位也最崇高。历史上已经有过很多世界公认的一流作家获得过这个奖,名字就不需要我来一一列举了。当然,也不是这个"奖"才让这些作家变得伟大,而是这些本身伟大的作家接受过这个"奖",为这个"奖"增了光,增添了含金量,使它成为一种标志,一种品牌,一项桂冠。作家一旦获得这个奖,有点像是教廷封圣而可以不朽不烂,也有点像是获得了奥运会的金牌,可以名利双收,可以载入史册。这不光是个人成就达到顶点,还往往被当作一个民族一个国家的荣耀,让国民与有荣焉。

有些得奖作家的作品,得奖之前卖不掉几十本,很少有人认识到他们的文学价值,但是一旦得奖,就会身价倍增,成为世界畅销的作品。英国有家报纸曾经作了一次试验。他们把2001年已经得奖的英语作家奈保尔的作品重新打印成文稿,改换了姓名发给十多家英国的文学出版社,假装是新作家的投稿,结果这些出版社的编辑全都看不出作品的"文学"价值而退稿。反过来,如果是得奖作家的作品,只要有了这顶桂冠,出版社连文稿都不用看就会立刻把版权买断。

对于这样一个有特殊意义的"奖",人们自然会关注它的评选结果,媒体也难免会炒作。每年公布诺贝尔文学奖得奖作家的时刻,瑞典学院就会成为国际媒体聚光的焦点。毋庸讳言,"文学是文学,奖是奖",能让人们感兴趣的主要原因,还是因为这是一个世界瞩目的"奖",因为它有世界影响,而并不一定是它本身的绝对"文学"价值。在中国,每年评选结果公布之后也都会有点"喧嚣与骚动",来自中国的作家在诺贝尔文学奖圣殿内继续缺席让有些人感到屈辱,好像国家有失体面,民族有损尊严。还有人开始抨击这个"奖",蔑视它,认为它的评选存在偏见,并不公正。其实,"奖是奖",用不着因为吃不着葡萄,就硬要说这葡萄是酸葡萄!

也因此可以说,我这本书谈"诺贝尔文学奖",侧重的不是前面的"文学"两个字,而是后面的这个"奖"字,主要想说说一个作家为什么得"奖",而不是分析作品,大概也算是"避重就轻"吧。我想这种情况是非常可能的:一个读者愿意拿起这本书,多半像是来斯德哥尔摩的游客愿意光顾一下诺贝尔奖博物馆,虽然这是个文学殿堂,进来的人却不是因为它有关"文学",而是因为这个"奖"。所以,假如这些文章还有人读,这本书还值得做一做,也就是沾了"奖"字的光。

三 解读奖牌后面的人生戏剧

要侧重谈这个"奖"字,就是要谈得奖的人为什么得,而颁奖的

6

人为什么颁。得奖颁奖都是哪些因素促成,要具备什么样的条件,是否还有某种机遇和运气,需要经过哪些方面的努力,这些都是耐人寻味的问题。

不管"权威人士"如何说三道四,瑞典学院每次的评选结果其实都是有他们的道理的,是经过院士们深思熟虑的。对评选结果我肯定没有资格说三道四、评头品足,我只想努力去理解院士们做出决定的背后原因,也相信,在每个作家获得的诺贝尔奖牌后面,我们都会发现曲折复杂的人生故事,看到精彩纷呈的戏剧。而挖掘这样的人生故事和戏剧,反过来能够帮助我们理解奖牌的意义。

诺贝尔奖章的正面　　　　　　　　诺贝尔奖章的反面

诺贝尔文学奖自 1901 年开始颁发,除了两次世界大战中有几年空缺之外,每年都颁发一次,每次差不多都是只发给一名作家,也只有个别年代有过两名作家平分秋色,所以,至今为止,不过一百多名作家获得过这项殊荣。曾有人建议,文学奖应该和其他物理、化学、医学奖项一样,每年让数名作家分享,这样一来得奖的作家人数就可以增加,还可以分布到不同的国家,显得更加公平和有普遍性。但是这个建议被瑞典学院断然拒绝了，他们坚持每年只评选一个作家，就是要坚持这个唯一，而且看来在未来也不会改变这个政策。

而全世界的优秀作家是如此众多，每年获得提名的也都在上百名甚至几百名。这些作家要经过一轮轮的筛选，经过长达几个月的评审过程，最后才只有一人胜出。可见，一个作家要摘取诺贝尔文学奖的桂冠，真好似登上金字塔的塔尖，绝非易事。事实上他要经过激烈的竞争，要击败很多无形中的对手，尽管他自己往往并未意识到。常常有这样的情况，有心栽花花不发，无心插柳柳成行。那些苦心经营、心里总惦记着要得这个奖的作家未必成功，倒是那些并无奢望的作家却意外捧回了金牌。而为什么在这么多优秀作家的竞争中，偏偏是这位作家胜出了，自然也是一个让人感兴趣的问题。这里当然有得奖作家的个人因素，从他们开始文学写作到攀登上诺贝尔文学奖的金字塔顶，每个获奖作家实际上都已经走过不同凡响的人生道路，经过了漫长写作生涯的历练，是他们自己用心血浇灌出的文学花朵，最终编织成了诺贝尔文学奖的桂冠。他们在人生战场上早有了累累战功，登上过了不同的峰顶，而诺贝尔文学奖不过证明了他们是归来的凯旋者。

对于瑞典学院的院士们来说，评奖工作同样也是不轻松的。他们要阅读被提名作家们的大量作品，要反反复复磋商讨论，精益求精，慎之又慎，最终是百里甚至千里挑一。而评选文学奖和体育锦标赛不同，是没有非常明确的客观的量化标准作为依据的。体育锦标赛中可以有这样的标准，优胜者能跳多高就是多高，能跑多快就是多快，能跳多远就是多远，能得多少分就是多少分。如果他们打破世界纪录，他们就是世界第一。只要不触犯规则，也无需很多讨论。但是文学作品的优劣却是难以如此量化比较的，它必然受主观倾向的影响，而院士们也都各有鲜明个性，自然也有不同的爱好和品味。所以，每年的评奖结果往往都让人感到意外，也总有人对评选结果不很满意，有不同看法，觉得得奖者不算"名至实归"，这都是非常正常的现象。我前面提到了得奖有点像是得到奥运会金牌，这是从得奖作家经常和国家荣誉联系在一起而言的，而实际上瑞典学院院士们多次强调，他们的评选不是奥林匹克比赛，不是找出全世界最好的作家，颁发给他们一枚世界冠军的金牌。他们只是评选出他们自己最欣赏的优秀的作家，而不是世界第一的作家。

正因为评奖不是轻而易举的工作，正因为没有绝对客观的评奖标准，院士们的个人喜好会成为影响因素，所以评选也就要经过民主的投票程序，最后结果也只是代表多数而不是全部院士的意见。因此，瑞典学院的评奖工作也是严格保密的，谁赞成谁反对都不为外人所知，这样才能保证评选者畅所欲言，保证评选的公正性和严肃性。因为保密严格，人们很难了解到内情，任何对评选结果事先的随意揣测就会比较可笑，任何对评选结果事后的过激反应也都没有意义。

举个实例吧。根据瑞典学院的规定，严格保密的评奖记录在五十年之后可以解密，只要经过学院批准，就可以查看五十年前的历史档案。最近，《瑞典日报》记者查阅了瑞典学院评选出前苏联获奖作家帕斯捷尔纳克的记录并作了报道。现在我们从解密的档案中可以知道，帕斯捷尔纳克 1946 年就首次获得提名，提名人是英国皇家学院院士鲍拉,主要理由是鲍拉认为帕斯捷尔纳克的诗歌表现出了语言的纯净。提名信没有任何政治方面的理由。1947年,瑞典学院委托瑞典的斯拉夫语专家卡尔格仁专门写了有关帕斯捷尔纳克文学创作的调查报告,而卡尔格仁在报告中没有提出非常正面的意见,反而说帕斯捷尔纳克"写得很多而(在苏联)读者甚少,能够读懂他的人更是屈指可数"。有关帕斯捷尔纳克的提名和讨论后来一直就比较低调,直到1957年瑞典学院院士哈瑞·马丁松推荐他,使他进入了最后投票的四人名单中,但当时的常务秘书厄斯特林持反对态度,帕斯捷尔纳克因此没有胜出。但是仅仅一年之后,到了1958年,厄斯特林的态度有了一百八十度的大转变,原因就是他在这年年初读到了《日瓦格医生》的意大利文版,倍加赞赏,而且说服了多位院士支持他的投票。整个评选过程的这种戏剧性变化,都是出于对文学作品的考量,其实没有掺杂任何意识形态的因素。实际上,当时的候选人短名单中已经有苏共中央委员、《静静的顿河》的作者肖洛霍夫,和帕斯捷尔纳克竞争,提名人也是院士马丁松。然而,那年在结果公布之后,很多人却断言瑞典学院的选择是出于意识形态的考虑,是为了表现对抗苏联的政治姿态,包括苏联当局方面也是这种看法,因此还作出了激烈的反应,不仅禁止帕斯捷尔纳克前来瑞典领奖,甚至用报复手段取消瑞典作家参加列宁文学奖的评选,瑞典政府内也有人批评瑞典学院危及到瑞典和苏联的外交关系。五十年之后,当我们看到历史真相,不能不对当时人们的政治解读感到可笑。

从这个例子也可以看出,要谈得奖的人为什么得,而颁奖的人为什么颁,其真相当然只有文学院院士们能给出最清楚、最准确、最为"权威"的回答和解释。它其实还涉及一个更重要的问题,就是瑞典学院执行什么样的评奖标准,到底是文学标准还是政治标准,确实不是外人应该随便说三道四的,是他们说了算。所以,本书中有些文章是采访院士的记录,直接让他们来做解说。

解读诺贝尔文学奖的另一条重要线索,就是瑞典学院每年的诺贝尔文学奖颁奖词。这些颁奖词都是用最精炼的语言来揭示瑞典学院给一个作家颁奖的理由,同时也就是一个作家得奖的原因。颁奖词经过全体院士字斟句酌,讨论定稿,往往就是一句话,就几十个字,但是却高度概括了得奖作家的创作成绩和创作特点,点明了他或她在世界文学中的特殊意义。因此,短短的颁奖词,其实是我们了解诺贝尔文学奖得奖原因和颁奖理由的最重要的钥匙,是破解得奖、颁奖之谜的最重要的密码。这样的密码,翻译起来本来马虎不得,可惜的是,至今我看到的颁奖词中文翻译都不能令人满意,有的甚至完全错谬,完全不符合原来的意思。比如,在台湾出版的瑞典某"权威人士"专论诺贝尔文学奖的书中,瑞典学院给1992年圣卢西亚诗人沃尔科特的颁奖词被翻译成:"由于一种历史眼光所滋养的伟大的光辉闪耀的诗作——这是多元文化的责任感的硕果"。这里在语法上,明显是把原文的动词性质的词"诗的创作"(原文瑞典语 diktning,英文 poetic oeuvre)翻译成了名词"诗作",还把这种"诗作"当作了多元文化的责任的"硕果",是主表关系来使用。实际上呢,原文的意思应该是"因为一种具有巨大光能的诗歌写作,而这种光能是用一种从多元文化的介入中产生出的历史眼光维系的"。从多元文化的介入中产生的,不是诗作本身,而是一种历史视角,一种眼光,而诗人用这种历史视角,这种历史眼光维系支撑起诗人诗歌创作中的巨大光能,我们仿佛可以看到的是诗人目光如炬,穿透历史的黑暗。形容词"大"所形容的也是这种光能,而不是形容诗作"伟大"。国内有一本书,把瑞典学院的这段颁奖词翻译成"由于他的作品具有伟大的光彩、历史的视野,是献身多种文化的结果",把内在逻辑非常严密的一句话切割得更是七零八碎、惨不忍睹。

再举例来说,在台湾出版的同一本书中,瑞典学院给1974年获奖者马丁松的颁奖词,被翻译成"由于一种以露珠见宇宙的创作",这里只剩下了一个动词"见"。而原文的意思,应该是"因为捕捉了露珠而映射出大千世界的写作。"这里本来有两个动词,也是两个层次,而现在就只有一个层次。同样的例子,确实举不胜举。写到这里,我确实有点愤怒,因为这个世界上总有些人随便地糟蹋文学艺术,也随意地糟蹋诺贝尔文学奖,像强奸少女一样欺负不懂原文的读者。

所以,本文集的每篇文章,现在都用瑞典学院的颁奖词为引言,力求准确地做了重新翻译,借此作为密码来解读颁奖理由、得奖原因,也是一把打开大门的钥匙,引导我们走向得奖作家,去理解得奖作家的作品,去追踪作家的人生,同时也作为一种引导,走向瑞典学院,去理解院士们的评奖标准和思路,去理解他们颁奖的良苦用心。

四 近水楼台的幸运

要是只谈文学,全世界能说会道的"权威人士"也多得是,不一定需要找个住在瑞典的人来谈。要是谈这个"奖",产地是在瑞典,那么住在瑞典的人,尤其作为住在瑞典首都而对文学情有独钟的人,虽然要避免前面提到的那种令人尴尬的误解,不要冒充"权威人士",但是,因为有近水楼台,也许还能介绍出一点独特的个人经验。能有这样的个人经验,能近距离地观察诺贝尔文学奖,就近读解它的历史和来龙去脉,贴近地体会它的欧洲文化和人文背景,甚至接触到它的评选机构和评选人员,甚至参与某些活动,特别是能近距离地观察到各年得奖作家的个人风采,对我当然也算是一件幸运的事情,这为我个人解读文学奖提供了一个属于我自己的独特位置。

有这样的幸运,我首先应该感谢瑞典的著名汉学家、评选诺贝尔文学奖的机构瑞典学院的院士马悦然先生。我和马悦然先生的交往可追溯到上世纪八十年代初。那时马悦然先生到中国访问,有兴趣结识《今天》文学杂志的作家,后来经过另一位汉学家杜博妮博士的介绍,我们在杜博妮的北京寓所和马悦然先生见了面。随后马悦然先生就开始翻译《今天》诗人北岛、芒克、顾城、杨炼等人的诗作,大力向欧洲文学界推荐。

1986 年 8 月中旬,我离开中国到挪威奥斯陆大学戏剧学院留学,途经斯德哥尔摩住了三天,刚入选为瑞典学院

2009 年 5 月,马悦然在瑞典学院内(陈文芬提供)

院士的马悦然先生带我参观了这个评选诺贝尔文学奖的机构,让我第一次身临其境感受到这个评选机构浓厚的欧洲文化氛围。瑞典学院是按照法兰西学院的模式建立的王家文化机构,位于斯德哥尔摩的老城,与王宫和大教堂比邻,楼下本来是瑞典最老的股票交易所,王权、教权、财权簇拥着这个文化机构,让我感到别有意味。记得我去的那天下午刚好有意大利作家安伯托·艾柯应学院邀请来演讲,马悦然先生也请我听讲。艾柯当时正因为《玫瑰的名字》而名噪一时,也享受着文学奖得主的待遇,演讲场地就是每年文学奖得主演讲的大厅,他正站在同样的讲坛上。大厅金碧辉煌,高挂的油画肖像和一些雕塑都是欧洲的古典艺术风格,院士们个个西服革履、衣冠齐整,一副谈吐文雅、绅士淑女的气派,而我虽然来自中国最高戏剧学府,还担任教授欧美戏剧的教师一职,跻身在这些人中间,也感到自己其实非常"土老帽"。演讲完毕,所有出席者都被请到一个地下室享用咖啡茶点,这时我也可以和院士们随意寒暄交谈。那也是第一次,我开始感觉诺贝尔文学奖可能并不那么神秘、神奇或神圣。

图为瑞典学院的会议大厅,也是每年"诺贝尔演讲"的大厅。图中瑞典文的意思是"瑞典学院为 1786 年由瑞典国王古斯塔夫三世成立的独立文化机构,任务是促进瑞典语言和文学的发展。自 1901 年起瑞典学院也评选诺贝尔文学奖"。(图片由瑞典学院提供)

马悦然先生不仅为我打开了参观瑞典学院的大门,后来也为我进一步了解诺贝尔文学奖提供过各种方便,使我能够近距离地更直接地观察甚至接触得奖作家。事实上,我 1990 年从挪威转到瑞典斯德哥尔摩大学东亚学院中文系教书,也是因为马悦然先生的夫人陈宁祖因病休假一年,我被请来给她代课,后来就留在系里教了整整十年书。从那年起,每年的诺贝尔文学奖得主的获奖演说,马悦然先生都会给我留出入场券,让我年年都有幸出席听讲,只有一两次因为在外地开会而错过时机。这样的现场听讲,和阅读书面发表的演讲稿当然有很大区别,因为在这里,我看到听到的不仅仅是文字,也是得奖作家的谈吐姿态、神采气质……他们是作为一个个有鲜活生命的血肉之躯出现在我的面前。

有些得奖作家我还有幸接触过多次,甚至面对面地交谈。因为诺贝尔文学奖的世界影响,瑞典成为世界文学的腹地之一,一些重要作家的身影经常在这里出现,而这往往是他们获此殊荣的前奏或序曲。例如日本作家大江健三郎,得奖前一年就曾经应邀到瑞典访问,还到我任教的斯德哥尔摩大学东亚学院来讲学。在东亚学院招待他的宴会上,我和大江健三郎正好同桌对坐,还谈起当代中国文学和中国作家。大江健三郎对中国乡土文学颇有兴趣,对莫言和郑义特别赞赏。当时,我并没想到第二年他就获得了诺贝尔文学奖,又一次来到我们东亚学院演讲,而我也能当面表示祝贺,还一起为中国作家没有获奖感到遗憾。

回想起来,墨西哥诗人帕斯、俄裔美国诗人布罗茨基、南非女作家戈迪默等等,我在不同场合也见过多次。最难忘的是 1991 年诺贝尔奖九十周年和 2001 年一百周年的庆典,诺贝尔基金会邀请当时所有在世的诺贝尔各个奖项的得主到瑞典参加纪念活动。瑞典学院也邀请了几乎所有在世的文学奖得主参加盛会。记得那次就有西蒙、戈尔丁、米沃什、布罗茨基、索因卡、帕斯等等十几个作家，加上当年得奖的戈迪默，真是群英荟萃、济济一堂。这样的盛会，瑞典学院也会邀请没有得过奖，但是同样国际知名的作家作为特别嘉宾出席，因此让外界猜测这些作家未来也会有得奖的可能。由于马悦然先生的推荐，得奖呼声很高的中国诗人北岛应邀参加过 1991 年的九十大庆，那时我还被安排做北岛的翻译，因此也有机会出席瑞典学院主办的活动，参与这次作家盛会。本文集中有篇关于布罗茨基的文章，就记录了当时他给我留下的深刻印象。

2000 年，移居法国的高行健获得诺贝尔文学奖，马悦然先生安排中国的瑞典文翻译家李之义先生和我一起参加瑞典学院新闻公报的中文版翻译。这是我第一次直接接触到评选的一些操作过程，也在结果公布之前几天就看到了新闻公报的瑞典文原文，当然，也体会到了瑞典学院非常严格的保密规定。事实上，回想起来，我觉得一个人知道什么机密其实并非什么好事，难免会惹是生非，还是不要知道为好。

2001 年诺贝尔基金会举办了更加隆重的百年庆典，也因为马悦然先生的推荐，中国作家李锐被列为应邀来访的嘉宾。我也参加了数项活动，再次见到了很多位得奖作家。

除了接触得奖的作家，就近观察那些评选文学奖的院士和评委，了解他们的文学兴趣和倾向，对于理解这个"奖"自然也非常重要。1990 年我刚到瑞典工作的时候，就在一些中瑞作家的文学交流活动中认识了一些比较年轻的瑞典作家或评论家。没想到这些瑞典文学界的少壮派中后来有些佼佼者进入瑞典学院当了院士，例如评论家贺拉斯·恩格道尔、女诗人卡特琳娜·弗罗斯腾松等等，还都是院士中再遴选出的初审诺贝尔文学奖的五院士小组的重要成员。贺拉斯还担任了十多年主持学院日常工作的常务秘书，当然也包括主持评选工作，是每年的颁奖词和新闻公报的主要起草人。我自己直接采访过贺拉斯，也采访过其他几位初审小组的院士，例如多年担任小组主席的院士谢尔·埃斯普马克，他也曾经是我任教的斯德哥尔摩大学的文学系主任。

瑞典是个只有九百万人口的小国，还没有中国上海一个城市的人口多，文学界的圈子自然也有限得很。也可以说，在这个圈子里和人交往，一不小心，就会遇到什么和诺贝尔文学奖有点瓜葛的人。比如，有两年因为工作关系我和瑞典笔会的国际笔会成员玛丽娅·艾克曼交往很多，成了很好的朋友，我现在使用的瑞英字典还是她给我的。后来知道她其实就是1974年获得诺贝尔文学奖的瑞典作家、瑞典学院院士雍松的女儿。之后，我应邀参加另一个中瑞文学交流项目，负责翻译几位瑞典当代作家，其中就有也是1974年获得诺贝尔文学奖的瑞典作家、瑞典学院院士马丁松的作品，于是又结识了马丁松学会的很多朋友，从而还了解到马丁松对于中国文化的兴趣，于是写成了本书中对马丁松的介绍。

有时候，我在和瑞典文化界一些人士的交往中，甚至从只言片语的谈话中，也能意外地获得一点难得的有关信息。比如有一年我和斯德哥尔摩某个文化沙龙的主持人一起筹备一个中国文学夜的活动，还请了一些瑞典作家和诗人来朗诵。这位主持人的夫人

瑞典学院,当年楼下是股票交易所,现在是诺贝尔博物馆。

正是前面提到的瑞典学院女院士、诗人卡特琳娜·弗罗斯腾松。我们商量节目单的时候,这位主持人就说,我们应该加上某某诗人,因为这是卡特琳娜最欣赏的中国诗人,她自己也一定愿意亲自朗诵。我会心一笑,无意中,我了解到了一个院士的所爱。

五　鸣谢

如前所述,这本书里收集的文章大多是我过去发表的老文章。这几年,已有一些在出版社工作的朋友建议我编辑成书出版,他们认为这些文章对于中国国内的读者还是有阅读价值的,有正面介绍诺贝尔文学奖的作用。不过,以前我觉得,这些文章大都是结合当时情况的报道,那么时过境迁,再炒这些冷饭好像没有多大意义,所以自己也没有特别认真张罗。我也知道,中国国内的读者对于诺贝尔文学奖的炒作恐怕也有厌倦之感。但是我现在改变想法,同意结集出版,一方面是因为有些老朋友的鼓励和有出版社编辑的支持,另一方面也是因为感到国内读者对于诺贝尔文学奖的了解确实不够全面,对于瑞典学院的工作也存有很多误解甚至戒心,包括在颁奖词的翻译上错误都很多。我希望我的这些文章能够消除一点这样的误解和戒心,提供一点实在的信息,纠正一些错误。我希望这些文章可以证明,把诺贝尔文学奖看得过分神秘甚至神圣,或是视为异己故意贬低,随意做政治解读,都是错误的。我希望,也相信,迟早还会有优秀的中文作家获得诺贝尔文学奖,不论他们是住在国外还是国内。

前面我已经提到,如果我能够近距离观察诺贝尔文学奖,这要感谢瑞典学院院士、汉学家马悦然先生,没有他多年来对我的关心和扶持,我不可能写出这些文字。我也要感谢马悦然先生的夫人、台湾作家陈文芬,没有她对我的鼓励,我大概也无心继续写有关诺贝尔文学奖的文章甚至编集成书。她还为本书提供了很多珍贵的图片。我也要感谢我在斯德哥尔摩大学中文系的老同事、汉学家罗多弼教授和其他同事,感谢他们对我的一贯的支持。感谢远在美国的刘再复先生,他仔细看过了本书全部初稿之后,为本书写了跋。也感谢高行健先生,为本书提供不少宝贵意见。感谢西零女士为我提供不少图片。我要感谢我的老朋友赵健雄把我推荐给上海人民出版社,并感谢出版社邵敏先生的支持和理解,大力促成了此书的出版。最后,我要感谢内蒙古上海知青论坛上的一些老知青朋友,给我很多关心和支持,我曾经请他们做我这些文章的最初的国内读者。他们向我提供了很好的反馈意见,特别是侯大根先生还多次为我指正文章中的错误。最后,我当然要感谢我的妻子、同样是中国文学翻译家、汉学家的陈安娜,在我有疑问的时候,她总能耐心解答。没有她的支持,这部书稿也难以完成。

2009 年 3 月 3 日初稿于斯德哥尔摩

2009 年 6 月 10 日改定

瑞典学院颁奖词：

"因为他的写作捕捉了露珠而映射出大千世界。"

瑞典文原文：

"för ett författarskap som fångar daggdroppen och speglar kosmos."

哈瑞·马丁松
（Harry Martinson，1904—1978）

露珠映射的大千世界

——1974年诺贝尔文学奖获奖作家、
瑞典诗人与小说家马丁松和自然哲学

一个超前的环保作家

至今为止，哈瑞·马丁松在中国依然是一个不太为人所知的瑞典作家，不如其他瑞典作家如奥古斯特·斯特林堡、塞尔玛·拉格洛夫、阿斯特丽德·林格伦等那么有名，尽管他是瑞典文学的经典作家，是瑞典文学界公认的继斯特林堡之后最有影响的作家之一。因此，瑞典学院在1974年让他和另一位瑞典作家艾伊文·雍松分享那年的诺贝尔文学奖。据我所知，马丁松的作品至今还没有一本完整的中文翻译著作出版。1997年，我曾经翻译过他的代表作、长篇小说《荨麻开花》部分章节，发表在南京大学当年出版的

《当代外国文学》上。这大概是他的作品首次被介绍到中国，作为第一个介绍者，我感到很荣幸，但遗憾全书还没有中文译本出版。2004年瑞典庆祝马丁松诞辰百年，举行一系列活动，包括皇家剧院上演其唯一的剧作《魏国三刀》，是中国唐朝历史背景的作品，因为参加演出的有中国编舞人员，不懂瑞典语，我还翻译了整个剧本，但译本也并没有在中国出版。

当然，即使在世界上，马丁松的知名度相对来说也不高，不如前面提到的斯特林堡、拉格洛夫、林格伦等。这里当然是有些原因的。瑞典学院网站上有介绍马丁松的专门文章，作者拉森承认，即使诺贝尔文学奖也没有"提升（upswing）"马丁松的国际声誉，他在国外还是"相对来说无人知晓"。一个主要原因是马丁松本土色彩非常强烈，非常民族化、乡土化，他的文学语言有典型的瑞典南部地方特色，频繁出现各种当地花草植物的名称，而他还"使用自创的语言结构和词汇"，所以翻译成其他语言就非常困难，各种语言的译本都不多，在其他语言文化和世界文化中的影响自然有限。

马丁松受到冷落的另一个原因，是他的思想和艺术创作有一定前卫性，而同时代人还没有充分地理解。当别人还在对现代文明高度赞赏的时候，马丁松就已经对大工业和技术发达的社会野蛮掠夺自然资源式的生产方式表示不满。特别是第二次世界大战和广岛原子弹轰炸后令人恐怖的结局，使他对工业和科技的发展越来越持否定态度，不是政治性的否定，而是出于自然的否定。所以，马丁松确实算是最早的环保作家和"生态主义"诗人。现代工业技术给马丁松带来的忧虑很早就明显反映在他的第一本原创小说《失去的美洲豹子》中，也明显地表现在他的诗集《茨卡达》、《图勒的青草》以及《大车》等作品中。对于未受破坏的自然的呼唤之情，以及呼吁人类对自然的责任感，还表现在他死后出版的诗集《沿着回声的小径》及《多丽德人》中。和这些诗集中对自然的赞美相对照的，是马丁松在1956年创作出版的幻想史诗《阿尼亚拉号》中描写了自然的灾难。这首长诗描写宇宙飞船"阿尼亚拉号"如何把人类撤出被毁坏的地球，但最终飞船控制机制也遭毁坏，飞船上的人类最后被抛入了空荡无边而寒冷的外星空间。诗人对未来的预见以及充满幻想的风格，使这部作品被文学评论家称赞为"我们这个时代的星球之歌"，是当代世界文学史中稀有的史诗作品，因此也奠定了他作为继斯特林堡之后瑞典文学最伟大作家的地位。

马丁松在上世纪四十年代第二次世界大战之后还发表过很多哲学散文，提出了环保问题和生态问题，发展了自己的"自然哲学"理念，并借用中国文化中的道家思想，反对城市化。能具有这样的生态和环保意识，并用文学形式向全人类发出警告，这在全世界的作家中都是非常超前的，比世界上很多生态学说的开拓者都要早。

马丁松写作的题材当然非常广泛，不仅关注环保，还涉及进入二十世纪以来人类面对的很多重大问题，所以拉森也指出："马丁松的写作像镜子一样，映照出二十世纪的重大问题。这些问题包括社会不公和专制，包括战争与和平，包括商业文化与汽车文化，包括核武器与环境破坏。"可以说马丁松也还是个预言家，预见了现代社会未来的"全球化"中会出现的多方面的问题。因此，近年来，马丁松在瑞典文学和世界文学中的地位越来越引起人们重视。2004年瑞典文化界举办了很多纪念他诞辰一百周年的活动。世界各国翻译马丁松的作品日渐增多,日本最近就翻译出版了他的长诗《阿尼亚拉号》。

一个作家的创作,能够既有乡土气息,又有广阔视野,地方性与国际性结合,甚至有透视宇宙的全方位观点,这样的结合实在是比较独特的,像是一个预言者,能在水晶球内看到未来,道破人生机密,所以瑞典学院颁奖词称赞他的写作"捕捉了露珠而映射出大千世界",这一句话非常简短,其实内涵丰富深厚而又准确到位。它能反映出小和大、微观和宏观的关系,而最主要的,还反映一种特殊的自然和宇宙观,用作者自己的话来说就是"自然哲学"。"捕捉露珠"一词形象说明他对自然而微观的世界的兴趣,而"大千世界"一词反映他对宏观世界的观察和思考,两者结合则表达他对自然和宇宙的关注。

当今世界,不少"作家"是从孔方兄的钱眼中看世界的,还有多少作家能够注意到早晨"草丛"中的露珠? 或者说,他们的生活中已经没有了"草丛",自然也就没有早晨的"草丛"上的露珠? 那么,谁还能更进一步从这微细晶莹的自然造物中透视大千世界? 马丁松这样的作家,如今大概是寥若晨星了。

从弃儿到瑞典学院院士

为什么马丁松对自然有特殊兴趣,甚至提出自己的自然哲学? 为什么他能"捕捉露珠"而又能透视"大千世界"展示宇宙视野? 回答这些问题就需要了解他的生平和文学创作活动。一个作家的思想与创作,总是和他个人生活经验的关系密切不可分开的。

　　马丁松 1904 年出生在瑞典南部的偏远乡村,那时其实也可以算是穷乡僻壤。幼年时做小生意的父亲因受破产打击而早亡,家境贫寒,母亲就丢弃孩子只身移民到美国去了。马丁松从七岁开始就由社区安排寄养在他人家中,直到十五岁那年背井离乡,出海当水手闯荡世界。母亲的遗弃对他的精神打击其实是很大的,内心的阴影一直不能消散。正是童年的这段寄养在人家的经历与他一生注重与自然的关系颇有关联。马丁松在他的自传体小说《荨麻开花》和《出路》中对这段生活有过细致描写,用的是幽默而又感伤、充满幻想而又陌生间离的语气风格。其中的主角马丁自然是作者本人的影子,也早已显示了文学的才能,善于用文字来给现实和自然镀金绘彩,表达梦境和理想。从小说中可以看到,由于孤独,幼年的马丁松时常一人在森林漫游、独自遐想,就近观察自然,也思考人生,他自称为"草丛中的思考",有一本诗集就叫做《从一个草丛中眺望》。我们可以看到一个少年经常躺在草地上,或是往下俯视观察草丛下的昆虫生活,或是仰面张望星空,惊叹宇宙的神奇。自然既是他人生的出发点,也是他的归宿,他从自然出发,探索着人类丰富的精神世界和宇宙的奥秘。所以在他的文学作品中,充满描写自然的丰富词汇和细节,他对瑞典语中很多植物昆虫的名字都非常熟悉,而同时结合了一些自己独创的词汇,这也是他的作品难以翻译的一个原因。

　　离开森林,投奔大海担任水手,漂泊游历,马丁松在另一环境中获得更丰富的人生体验。一方面,他到过南美、印度、日本和澳洲等很多国家的海港,这是与不同民族肤色人种的接触,是社会环境的全方位人生体验。另一方面,这是不同面目的大自然环境,是

马丁松的航海生活

海上瑰丽的日落日出，或是狂风暴雨、浪涛汹涌。这段海上生活的经历后来他在游记《无目的的旅行》以及广播剧《拯救》、《来自摩鲁卡斯的鲁特生》等作品中也都有生动描述。

数年后马丁松结束海上生活回到瑞典，在斯德哥尔摩零散打工数年，当过搬运工或者厨房伙夫等等。在大城市和工业化的环境中，马丁松感到了自然和他的疏离，也促使他对自然的重要性有了更清楚的认识。这时的经历后来也都成为他的长篇小说《到达钟国之路》和《布勒故事》的素材。主人公布勒身上就表现出马丁松本人的思想特征和哲学观念，布勒对于城市的问题忧心忡忡。

马丁松对于写作的兴趣和文学的天赋，在这时已经日益显露。还是在做水手和伙夫期间，他就在瑞典的工会杂志如《水手》以及社会主义团体的刊物如《火焰》上发表文学作品，主要是抒情诗歌。而他自己出版的首部单本作品是1929年的幻想小说《鬼船》，明显受到英国作家吉卜林的影响。这年开始他还和比他大十五岁的一个瑞典著名无产阶级女作家莫阿·施瓦兹同居,数年后正式结婚,莫阿改用夫姓马丁松。很多瑞典人认为,莫阿·马丁松实际上扮演了一个母亲的角色,她填补了马丁松从小被自己的母亲遗弃后心理上长期空缺的那个女性空间,而在文学上她也有指导教师的作用。马丁松也参加了瑞典诗人伦德奎斯特发起的文学小组并共同出版诗集《五青年》,就此成为比较引人注目的作家。1931 年他的现代主义自由体诗集《诺玛德》出版,以其清新的诗歌语言和丰富的形象而深受好评。从他的诗歌中我们不仅能看出美国现代派诗人惠特曼及马斯特斯等人的影响,也能看到他和同代的很多欧美现代诗人一样,还像庞德那样,从中国抒情诗歌中学习比兴手法。1934 年他又出版了诗集《自然》,由于主题涉及一系列当代社会的重大问题,某些评论家甚至谐称书名可叫做"不自然"。从这本诗集中也能看到超现实主义和印象派抒情诗的影响,例如苏俄诗人马雅可夫斯基的影响。

马丁松是富有才气和艺术气质的作家,不仅擅长语言创作,也有绘画才能。他和瑞典现代主义画派"X-ET"的很多画家过往甚密,同时自己也创作了很多油画,主要是工人肖像和自画像,富有超现实主义手法和异国情调的风景,还受到中国绘画的影响。在三十年代出版的大量诗歌、小说、散文和游记中,有时候马丁松还自己画插图。这些作品包括在《蝗虫与螳螂》、《仲夏山谷》、《简单的与困难的》等书中。

二战期间,马丁松创作很少,主要原因是因为生了肺病,此后身体健康就一直不佳,直到去世。不过大战刚发生时,马丁松也曾自愿报名参加芬兰冬季战役,并把自己在战场看到的写成报告文学集《走向死亡的现实》。1945 年战争结束时他又出版了一本引人注目的诗集《顺其自然》。和他早先的乐观而比较外向的人生态度和明快的抒情诗风对比,除了一贯的注重自然的描述之外,这本诗集明显转向内在的哲学思维。诗人对文化和哲学的问题表现出更浓厚的兴趣,而其中的灵感多来自中国文化,特别是道家学说。这种文化转移的倾向在他后来六十年代出版的诗集《从一个草丛眺望》、剧本《魏国三刀》和散文集《陀螺》中就更加明显,也是他"自然哲学"的思想成熟成形。而史诗《阿尼亚拉号》则代表了这种哲学的艺术表述的极致。有种说法是,这首诗歌是以表现主义的抒情形式来展现"极端之恶"。

马丁松的社会地位长期是属于下层的,是家庭的弃儿,是水手、伙夫和工人,属于无产阶级,所以他在瑞典文坛崭露头角之后,一度被人评为"最金黄"的无产阶级作家。他让我想到另一位在中国很有影响的苏俄无产阶级作家高尔基。两人比较一下,可以看出有意思的结局。两人之间有很多相似之处:一样有不幸童年,一样有底层生活经历和工人阶级背景,一样是在社会在"人间"完成自己的"大学"教育,一样取得非凡的文学成就。事实上,我最近才知道,苏联曾经邀请三位瑞典学院院士担任列宁文学奖的评委,其中包括马丁松。但是 1958 年瑞典学院给帕斯捷尔纳克颁发了文学奖,苏联当局大为光火,以为有反苏政治目的,结果为了报复,就开除了这些瑞典学院院士,而马丁松在这件事情上还真是有点冤枉(参看本书序言中的说明)。

两人之间不同的是个性,是生活的社会环境、政治制度迥异,因此文学创作和思想发展也有不同方向：在文学上马丁松像同代多数西方作家一样走向现代主义，左派作家萨特也如此，而高尔基被纳入苏联"社会主义现实主义"轨道；在思想上，马丁松保持比较自由主义的姿态，高尔基则更为左倾；一个更关注自然而另一个偏重社会问题。马丁松虽然童年生活非常不幸，是个弃儿，但是在自然中寻找慰藉，一度表现出光明乐观的生活观，确实让人感到特殊。马丁松在1949年被选入瑞典学院。一个母亲抛下的弃儿，一个没有上过正规中学和大学的人，因为文学创作的成就，居然登上院士的宝座，甚至还拿到了诺贝尔文学奖。

不过，马丁松生命的最后几年有些黯淡。除了肺病，还有部分原因是因为他和雍松分享诺贝尔文学奖之后，招致了瑞典文学界和舆论界的强烈批评，因为他们都是颁奖机构瑞典学院院士，所以有"自我分赃"嫌疑。这种批评使他郁郁寡欢，四年后就辞别人世了。

自然哲学和中国道家思想

要了解马丁松的自然哲学，必须提到他的哲学散文集《陀螺》这本书，其中收集了十四篇二战结束到1947年马丁松在报刊上发表的文章。在这本书里，他发展了一套他自己称之为"陀螺理论"的哲学思想，明显可见中国文化特别是道家哲学思想对他的影响。"陀螺"的形象动中有静，静中有动，在旋转中保持着稳定，显示老庄思想特有的辩证态度，并且还显示阴阳图像互补相生，似有始有终而又无始无终的形态。在"机械性与陀螺性"一文中，马丁松认为"整个生命其实都在于它是已建立的螺旋性，能把不持续性转化为持续性"。

同时我们可以想象这种"陀螺"的旋转酷似地球的运动,这里可以看出马丁松毕竟是诗人而不是哲学家,有着特殊的想象能力和形象思维能力,他能超越至宇宙太空来反观地球并思考关注其运动的形态。所以,他自己强调这不是机械性的理论,不是相对论,也不是哲学,而是一个"诗人的理论,一个诗人的思想体系"。后来,有些研究马丁松的学者和批评家将其定义为"自然的科学",不过我更觉得这是一种"自然哲学",而不是科学,否则也就无法解释马丁松对一般科学的怀疑态度。马丁松的这种想象和形象,使他和那些理论可能严密有逻辑但空洞、抽象、概念化的哲学家区别开来,而他的相对比较系统的理论体系,又使马丁松和许多二十世纪的现代作家和诗人有了明显区别。像他这样系统质疑现代化问题并在哲学上理论上有所发展、自成一家的诗人作家在二十世纪是比较少的,大概只有存在主义作家萨特可以相比。

最清楚表明道家思想对马丁松的影响的是《陀螺》中的一篇"良性可能"。在这篇文章里,马丁松称赞中国的道家学说为人类的健康发展和重建与自然的关系提供了一种"良性可能":人"通过自然,通过自身的自然化,可以达到人类普遍之爱,即宁静、平和、自由、开放。人不会疲于奔命,不会精疲力竭"。

马丁松在这里提出的第一个问题就是对科学和知识的态度。大家都知道,从文艺复兴到启蒙运动都以科学知识为追求目标,因此培根有"知识就是力量"一说。中国的"五四"新文化运动也以科学为重要口号,称为"赛先生"。知识特别是科技对推动人类社会的发展、建立起现代生活方式确实作用巨大。但马丁松却意识到,人类掌握知识越多,对自然的破坏越厉害。科技的发展,包括原子弹的制造,带来的不仅是进步也可能是灾难。科学与理性中缺少了道德和伦理的精细思维。他认为道家保持自然的态度,不刻意追求知识的态度反而是可取的。对于道家来说,真实和真理,是一种安静稳定而像"陀螺"旋转的状态。人可以通过所谓"静悟"来达到真实,而不需要像现代科技那样,通过分析理论,通过拆解事实,来发现真实。例如,他强调说,"质量的世界是无法用数量的世界来解释的",也就是说,无论怎样做量化分析,也无法认识本质,即自然。无论数量如何增加,也不会影响自然的本质。

由此,还可看出马丁松对"进步"这个观念的怀疑。"进步"也是表现一种线性的时间观念,是属于两维而单向的运动,时间永远向前而不会倒退,所以我们无法恢复过去,只能不断被推向未来,并指向一个终极。但是如果我们在"陀螺"旋转运动中引入时间观念,那么我们可以认为时间不是线性而是圆周的复始运动,既是向前又是不断重返过去的过程,是一稳定的多维度状态。这更是模拟式而非数字化的。

另一个问题就是如何看待城市的发展。从前面介绍的马丁松生平,我们就可以看出他自幼对自然更有亲和态度,而与人的关系反而疏离,对家庭失望,对城市恐惧,对社会怀疑。可以说,马丁松后来虽然也长期居住在哥德堡和斯德哥尔摩这样的大都市,但他在精神上一直是代表着乡村和自然的诗人,总是站在城市的对立面,对城市表现出怀疑和否定的态度。这种态度在"良性可能"中有比较清楚的表达。他认为现代化带来的问题之一就是城市化,而城市化也导致其他种种问题,如生态的失衡,如传染性疾病等等,而关键就是城市使人远离了自然。

由此我们还可以看出,马丁松对中国文化的肯定和欣赏不是盲目而无知的拥抱,而是有选择的。他只欣赏道法自然的道家思想,而明显对中国儒家持有怀疑的态度,因为儒家的道路不是通向自然而是通向殿堂,通向城市,通向等级的阶梯,也是通向执行法律的刑场。

马丁松在《陀螺》中所质疑的问题,涉及人类的终极目标问题:我们到底要什么? 现代科技和工业社会是否能和人的更深层的内心需求保持和谐? 自然科学,或一般的科学,能否对我们生活中的种种问题都提供真正解答? 如果科技依然主宰人的思维,而不遭遇挑战,那么我们人类滋生的价值到底在哪里?

也正是因为提出这些问题,马丁松被看成环保运动的先驱人物之一,是上世纪六十年代的绿色和平运动的先行者、推动者。他对人类生存环境感到忧虑,因此敲响了警钟,而成为一个瑞典学者称赞的"诗意的卡桑德拉警告者"。这个学者说"马丁松最先成为对现代文明所行路线的发出声音警告的人。但当人们对于将社会改造为最好的世界非常乐观的时候,几乎没有这样的悲观主义或怀疑主义的活动余地"。

尽管如此,尽管马丁松在《陀螺》这本书里表达了他对人类现代社会发展和科技发展破坏自然的失望,对二战和落在广岛的原子弹的这种现象的忧虑,但他和当时弥漫西方文化界的悲观论调和存在主义哲学还是不同,他实际上还保持着对自然的信心,对生命源泉的信心,而这种信心获得了来自东方文化的呼应。

马丁松做水手的时候到过新加坡、日本、澳洲、印度、美国,但是没有到过中国。我后来认识了瑞典马丁松学会现任主席约然·贝克斯特朗,还应他的邀请加入了这个学会。我问过他有关马丁松是否去过中国的问题。约然表示怀疑,还向马丁松的女儿爱娃作了确认,爱娃也表示否定。1962 年,瑞典最大的报纸《每日新闻》出旅费,让马丁松再做了一次当年的环球海上旅行,然后写观感报道,文章都收集在 2003 年出版的《环球旅行记》中。从书中看,他确实没有经过中国,甚至也没有经过当时的香港。

在"良心可能"里,马丁松提到了《道德经》,提到了老子和庄子。这些中国经典早有瑞典文的译本,所以马丁松虽然没有到过中国,仍然有很多机会了解道家思想。但我不认为是道家思想给了马丁松启示,或他像学生接受老师的教诲一样接受道家的理论,而是马丁松本人天性中对自然的热爱,他和自然的亲密关系,他对城市的厌倦,他对宇宙的想象思考,使他在阅读道家著作时感到了回应,"陀螺理论"可以看成是他和东方文化对话的结果。

当然,马丁松对中国道家思想的理解及其在"陀螺理论"上的运用未必是符合道家本意的和"正确的"。这种文化"误读"在跨文化研究中已经是常见现象。是否正确理解"他者"其实并不重要,重要的是借助"他者"确立了自己的位置。即使"误读",马丁松对自然的关注,对科学的批评,对知识力量的理解和质疑,确实可以为我们打开一条思路,确实是提供一种"良性可能"。

一部奇特的中国背景的剧作《魏国三刀》

在西方文学中,戏剧艺术的地位比较崇高,很多作家以莎士比

13

亚为楷模。很多诗人和小说家都做舞台梦,而马丁松也一直想成为戏剧家。但他一生只创作了一个剧本,这就是以中国历史为背景的《魏国三刀》。此剧本的构思与创作也是在二战之后——1947年前后就已经开始了,与《陀螺》文章的写作同时。但作者为此剧花费的时间精力却不可与之相提并论,历时十七年才算基本完成,现存乌普萨拉大学卡罗琳图书馆的剧本底稿就占了四个纸箱。有的是打字机正式打出,有的则是涂鸦式的草稿手迹;有的是正规稿纸,也有的就是便笺信纸,甚至香烟壳的内面,显示作者捕捉某些想法时的匆忙,也说明作者经常苦思剧本的细节,整整十七年都在磨炼这一剧作,数易其稿,增删取舍,呕心沥血。他的开头就有过多种不同草稿。每有新的想法,他就赶紧写在随手可抓到的纸片上。

1964 年,享誉世界的瑞典影剧导演英格玛·伯格曼帮助马丁松从大堆零乱的草稿中整理出了一个演出本,亲自执导,终于把它搬上瑞典王家剧院(即国家剧院)舞台,也是送给作者的六十岁生日礼物。但是,这次演出并不成功,没有引起戏剧界的重视,连伯格曼的声誉也帮不了什么忙,所以自首演数场之后,世界上就再没有一个剧院一个导演有兴趣把它搬上舞台。如此过了四十年,到了 2004 年王家剧院借马丁松百年诞辰的时机再次尝试,而且是花费很高的大制作,导演是现为瑞典戏剧导演马首的院长兼艺术总监斯达番·瓦德玛尔·霍尔姆,舞台美术设计则是他的夫人、丹麦籍著名舞美设计本特·吕克·摩勒,演员中包括了瑞典戏剧界公认的头牌女伶斯迪娜·艾克布拉德等十四个著名女演员,而编舞和动作设计则特邀旅居瑞典的华裔著名现代舞蹈家江青,如此强大阵容在瑞典大概无出其右,应该是一台精彩好戏。但首演之后,瑞典报纸的评论还是毁誉参半,有些评家承认导演、表演、舞美动作皆可圈可点,有可赞之处,但批评的人恐怕更多一些,而主要还是针对剧本本身。

《魏国三刀》2004 年演出剧照

马丁松要做戏剧家的梦想显然不太成功,或者说他在这方面也过分超前,而我们还都不能理解他的深刻寓意。我在翻译剧本时就感到,马丁松虽然是诗歌、小说的大师,还因此得了诺贝尔文学奖,却不一定是好的剧作家,他不太熟悉舞台,也不懂得戏剧性,所以他的剧本结构比较杂乱,原来就不适合上演,把它搬上舞台确实是吃力不讨好的事情。但是,如果我们不去研究剧本失败的原因,不是分析挑剔剧本的缺陷,而是追问他为什么会编写一个以中国为背景的剧本,可能会更有意义。

西方作家利用中国题材写剧本并不多见,比较著名的有十八世纪意大利剧作家高基创作《图兰朵》,后来被歌剧作曲家普契尼改编成著名歌剧。再有现代德国剧作家布莱希特创作过《四川好人》和《高加索灰阑记》等等。《图兰朵》追求异国情调,而布莱希特为了达到他力图使观众保持理性的"间离效果",绝非引导观众进入真正的中国。那么,马丁松又是为了什么样的目的,也舍近求远去中国历史中寻求素材呢?

《魏国三刀》取材于公元七世纪中国唐代,主要剧情是写唐朝女皇帝武则天当政时期排斥异己,大兴冤狱,迫害当时众多的贵族世家,诛三代灭九族,也把有些贵族女眷流放北方边陲,监禁在一个修道院似的女校里严格修行,因为没有处死,美其名曰"罪减半等",而这一宽大还有一个条件:如果北方鞑靼人来犯,这些女眷就必须自尽,不可被奸污而失节失身,不敢自尽者就由一个女祭司用刀处死,而这些贵族女眷还头饰三把尖刀,是谓"魏国三刀"。主管女校的女教头施嬷忠实执行女皇立下的规矩,兢兢业业,严格训导女囚犯,同时又有恻隐之心,希望女囚都有条活路,然而她的种种努力最后都告失败,结果是在鞑靼人攻入之前,全体女囚包括施嬷本人都引颈就戮,让女祭司用刀杀死毙命。落幕时满台都是死尸,相当悲壮,或者说悲惨。

翻译剧本的时候我就感到,这个剧本的创作其实凸显出跨文化层次上的问题,也是现在的文化批评经常触及的模式:在"他者/自我"的文化对立中,对"他者"的描述、图解和诠释实际是为了"自我"的认同。表面上,尤其是对于不熟悉中国历史的瑞典观众来说,他们自然会以为他们在舞台上所能看到的所能听到的一切都具有历史再现的意义,可以带领他们进入历史的中国。舞台诠释似乎也对应一个历史现实,力图通过服装和舞蹈来表现东方色彩。包括介绍演出的小册子也都介绍唐代历史和女皇武则天,还请汉学家来写序等等。然而,这种准东方主义的表演其实在实质上和中国的历史现实并无多少关联。我也曾经花费一定时间去查证历史资料,包括考证唐代是否存在这样的女校,是否有这样的三把佩刀头饰,是否有"罪减半等"之类,但很快意识到自己险入歧途。因为马丁松实际绝非依据真实的历史,再现中国历史的真相,他作为戏剧艺术创作完全有想象、拼接和编造的权力。实际上他已经说明其中有的场景是采用巴厘佛教仪式,有些是和日本的祭祀仪式有关。

可以说,马丁松需要的其实仅仅是一个中国历史的背景,而非真正想引领读者回到历史的中国。理解马丁松对中国文化的兴趣所在,必须从第二次世界大战后的整个西方文化背景上看,也要看到在这个剧本十多年的写作过程中,发生过匈牙利事件,还有赫鲁晓夫反斯大林报告的披露,苏联和中国这些社会主义国家发生的事情,都可能对这个前"无产阶级作家"发生影响。我们也就可以知道,马丁松也不过是"他山之石可以攻玉",要借中国文化中的利器,来破解西方现代社会的问题,同时也是对全世界的人类处境的思考。借助中国这个背景,马丁松提供一种与当时流行欧洲的存在主义戏剧不同的思路,而他对独裁专制的描写也反映了一个当代的主题。个人选择与自由、与专制规范的冲突在本剧中是鲜明突出的。他通过剧作想研究的是个人处于一个封闭、压抑甚至荒诞的情景中是否可以做出选择。因此,他在结构上采取了欧洲古典戏剧的"三一律"原则,即一个地点、一天或者一个比较短暂的固定时间、一件事件，"中国"的意义在这种欧洲古典戏剧结构中就已经自然消解了。

与这段时间泛滥西方的存在主义哲学或荒诞戏剧相比，和庞德或艾略特那样的现代派诗人相比，马丁松的诗文戏剧创作还是非常奇特新鲜的，确实也算是"露珠"晶莹，而又透射思辨"大千世界"的哲理光辉。

在整个二十世纪的欧美文学史上，受中国传统文化影响的作家很多，有的也很出色，可谓群星灿烂，其中翘楚有受中国古典诗歌启示而发展意象派诗歌的诗人庞德，有受中国戏曲特别是梅兰芳舞台艺术影响而发展出"史诗剧"理论的布莱希特。就中国哲学思想的影响而言，卡夫卡与中国禅宗的渊源曾经有美国当代著名女作家奥茨点破机关。美国剧作家、1936 年的诺贝尔文学奖获得者尤金·奥尼尔晚年也对中国的道家哲学有明显兴趣，还把自己最后设计建造的住宅命名为"道宅"。马丁松应该算是又一位从中国文化中吸吮乳汁营养的大作家。把奥尼尔与马丁松比较，我们可以看出他们对道家的兴趣有不同出发点：奥尼尔几乎完全出自个人的出世解脱目的，而马丁松是希望用道家来解释和解决现代人类社会的弊端问题，反而很入世，这和他自己的自然观和宏观视野更有关系，也和他对社会制度与个人命运的联系思考更有关系。

前面我已经说过了，中国对马丁松的了解非常可怜，一本他的著作都没有出版过，我每次碰到马丁松学会主席约然的时候，都有点感到汗颜。相反，马丁松对中国文化包括哲学、绘画与历史等多方面却显示了浓厚兴趣。他对中国文化的热情，和中国人至今对他的生疏冷漠,对照起来,彼热此冷,显得尤其不平衡。从文化交流对话的角度来说,马丁松"走近中国文化"好像是走了一条单行道,只有他走来而没有我们向他走去。我写这篇文章,是希望这种不平衡状况有所改观,也努力走向马丁松,认识他了解他。其实,更重要的是,在我们追求知识,在我们如此迷恋城市文明,在我们一味相信所谓进步和现代化的时候,我想,我们真不可忘记马丁松的"卡桑德拉警告"。

2006 年 8 月初稿

2009 年 3 月修改

瑞典学院颁奖词：
"因为一种以思想敏锐和诗意强烈为特色的包罗万象的写作。"

瑞典文原文：
"för ett vittfamnande författarskap, präglat av tankeskärpa och poetisk intensitet."

约瑟夫·布罗茨基
(Joseph Brodsky，1940—1996)

四海无家、四海为家

——1987 年诺贝尔文学奖获奖作家、
俄裔美国诗人布罗茨基印象

不为国王起立的诗人

至今我还记得，那是个冬日的早晨，走出家门感觉特别寒冷，眼前的整个世界都埋葬在冰雪之中，天空也变得阴沉肃穆。那天早晨，我在瑞典国家电台的广播里听到了噩耗：昨天，1996 年 1 月 28 日夜间，布罗茨基因心脏病突发，在纽约与世长辞。

布罗茨基生于 1940 年 5 月 24 日，享年只有五十七岁。五十七岁，这本来是一个诗人、一个作家的生命之树最茂盛、最能开花结果的时候，布罗茨基却像是在雷击中轰然倒下，这让我感到了意外，感到吃惊，感到内心的空落，脚步的沉重。这个世界此刻给我格外荒凉的感觉,更不像是一个家了。

我想起布罗茨基一首悼亡诗中的一句:"尽管我们的生命可以分享/世上有谁能分担我们的死亡。"死亡不能分担,但死亡可以给依然活着的人,哪怕是个和他毫不相干的人,带来莫名的恐惧和痛苦。在这个意义上,我们分享着死亡之果。

闭目回想,我依然可以看见一双眼睛,透着智慧,而又真诚,透着善良,而又深沉。

有一件事情,大概这个世界上没有人写过,或许也没有人注意过,而我永远记忆犹新。那是1991年,诺贝尔基金会庆祝诺贝尔奖颁奖九十周年,几乎把全世界能邀请的诺贝尔奖得主都邀请来了。瑞典学院也邀请了所有在世的诺贝尔奖得主到斯德哥尔摩来参加纪念活动。记得除了有些作家如索尔·贝娄因为高龄或身体不好而没有来之外,其他在世的得奖作家都来出席了,其中就有1987年的得主布罗茨基,在当时来参加诺贝尔奖九十庆典的得主中最年轻,只有五十一岁。因为当时还邀请了几位虽然没有获奖但是国际知名的作家和诗人,包括中国诗人北岛,而北岛当时英语还不很流利,我应邀担任了翻译工作,因此也参加一些纪念活动,有幸见到所有来出席的得奖作家。这些作家各具风采,都有让人敬重的文人气质,但是让我印象最深、最感崇敬的是布罗茨基。在这些本来就已经光彩夺目的文学明星们中间,他不仅最年轻,又是最有风度、最有个人魅力的一个。别的作家,不论多么优秀,好像我真的都可以淡忘,但是我不会也不敢忘记布罗茨基,尽管我和这位诗人的接触,也就那么一次,唯一的一次。

回想起来,为什么我和布罗茨基只有一面之缘,但终生难忘,原因很多。一个原因是因为我中学也学习过俄语,大学又主修外国文学,对俄罗斯文学情感深厚。《茫茫大草原》、《三套车》等等,都是我喜欢的俄国歌曲。我的一篇大学论文是论述屠格涅夫小说中的女性形象,当然读过普希金、莱蒙托夫、马雅可夫斯基、阿赫玛托娃等等俄国诗人的诗歌。但是我过去从来没有听到过俄语诗人的朗诵,而且是一个真正大师级的俄语诗人的朗诵。就在这次诺贝尔奖颁奖九十周年的活动中,我有幸听到了布罗茨基的发言和诗歌朗诵。他站在讲台上,那么仪表堂堂,那么自信十足。他的动作不疾不徐,说话不快不慢,尤其是最后他朗诵自己的几首诗的时候,他的声音就如徐缓而来的音乐,就如无需伴奏的清唱。当然我的俄语水平到不了能听懂的程度,只能看着手里的译稿,但是我是否听懂,是否明白内容,其实并不重要,因为布罗茨基的朗诵让我第一次感觉到俄语的诗意表达在音律上原来可以这么优美,抑扬顿挫,我才明白真正的诗歌其实就应该有这样的声音韵律,这不仅是诗也是歌,是语言的艺术也是音乐的艺术,对我简直像是天籁之音,"此曲只应天上有,人间难得几回闻"。坦率地说,至今为止,我听过不少中国当代诗人的朗诵,自己也读过很多现代汉语写成的诗歌,包括在不同时代都盛行的诗歌,但是我从来没有过这样的感受,没有如此激动。布罗茨基的朗诵让我身心感动,更知道诗歌是要分等级的,有的诗歌可以这么高贵,而对照之下,我曾经听过的中文诗歌朗诵,多少都有些一般。

　　另一个原因,就是我这里要写到的一件小事情。也许不值得大书特书,但是这件小事情对我个人却是一件重要的事情,它让我知道,不仅布罗茨基的诗歌是高贵的,他作为诗人也是高贵的。而且这是庸常之人不可企及的高贵。

那次诺贝尔奖颁奖九十周年纪念活动很多,说实话,有些纪念活动我无意参加,例如颁奖宴会那样的场合,一般瑞典人都趋之若鹜,因为隆重体面,还能和国王王后一起吃饭,勇敢者可以邀请公主一起跳舞,本来一席难求,而诺贝尔基金会的请帖有限,我也就不凑热闹了。按理说作为翻译,我也不是不能提出要求,为自己张罗,我的诗人朋友来电话提出带他的女儿来,也想出席宴会的时候,我特地给诺贝尔基金会写信联络,还破例地要到一张请柬。破例是因为这样的国宴,本来都没有孩子参加,连瑞典公主也要满十八岁才能出席,可见让诗人女儿出席是很给面子而破例了。但是,我喜欢甚至可以说迷恋音乐,而纪念活动中有一场难得的音乐会,是著名的英籍匈牙利指挥家乔治·索尔蒂指挥,还有新西兰女高音歌唱家吉莉·狄·卡娜娃的独唱,有这样的机会我就舍不得放弃了。

音乐会自然也隆重盛大,观众席里坐满瑞典各界的风流名士、盛装淑女。演出即将开始之前,观众已都屏息安静下来,乐队也都静坐等待,我突然听到一片椅子翻动的声音,众人纷纷起立,这才发现右边设有王室专座的包厢,是国王、王后、公主、王子也来出席了,所以听众纷纷起立致敬。当朝的瑞典国王卡尔·古斯塔夫十六世人倒不算坏,但比较平庸,瑞典的民间常有一些关于他的小笑话,我一向对他也没有特别的敬意,但出于礼貌,我自然也赶紧站起来,以免失礼。漫不经心中我东张西望,突然发现坐在我前一排的布罗茨基却纹丝不动,他的夫人也依然故我。

在站立成一片的黑压压的人头中间,这两个空缺的位置在我看来是太醒目了,太招眼了,也让我太吃惊了。布罗茨基和他的夫人没有站起来! 这就是我至今难以忘却的一个场面!

后来,我没有在瑞典媒体上看到哪位记者注意到并写到过这个场面,当时也许没有记者看到,而其他在场的人就是注意到,也没有人把它当回事情来谈论。我想我大概是唯一注重这个细节的人,而且不断地反复地回想这个场面。事隔多年,我已经忘记了那天的音乐会演出的是什么曲目,忘记了乔治·索尔蒂和卡娜娃的风采,但是我却一直没有忘记这个场面。

我曾经和一个也在场的诗人谈过这个场面,为什么所有人都起立了,我们都起立了,这是向一个我们正处在的国家的首脑表示尊敬,按理说这是礼仪也完全应该,而布罗茨基和他的夫人却没有站起来。诗人说他根本没有注意,而且,这其实不礼貌。我无言以对。不礼貌也许是一种解释。布罗茨基确实也给某些人矜持傲慢、难以接近的印象,给人一种桂冠诗人身份高贵的印象。白天在瑞典学院有过一整天的研讨会活动,而他也不会和你随便搭话寒暄。他的眼睛看着你,你就知道你应该止步。我后来也听说,布罗茨基某晚应邀参加诗人聚会活动,却一晚上没有和别的诗人说话,因为他根本看不上这些诗人的诗歌。

我总觉得,诗人布罗茨基不为国王起立一定有他的道理,而用不礼貌解释很勉强。我更倾向于把他的举动理解为一种对于世俗权贵的藐视。他确实表现出一种傲慢的姿态,或者说一种令我不得不尊敬的高贵。

我相信我的理解是对的。数年之后,我读到了布罗茨基在《诗人和散文》中的一段话。他写道:"平等的观念和艺术的天性是不相符合的……"他特别谈到诗歌的高贵,谈到诗人其实就应该是不一般的人。布罗茨基确实是有等级观念的,是把人分为等级的人,但那是精神的等级,而不是王公贵族和平民百姓的世俗等级,在那里,诗人是最高贵的,国王不值一提。他们是不为五斗米折腰的人,他们是不食嗟来之食的人,他们是天子呼来不上船的人,他们自然也应该是不因为国王的到来而起立的人。那么,我相信,其他人都可以为国王起立,而像布罗茨基这样的诗人确实不应该起立,否则就不是高贵的诗人布罗茨基了!

人有时候确实需要高傲一点,尤其是面对权贵的时候,而这样的高傲,反而会赢得人们的尊敬,甚至是敬畏,因为这是更高贵的人格的展现。

四海无家、四海为家的诗人

我对布罗茨基怀有特殊的尊敬,还有更多的原因可说。不仅是他的诗歌的高贵,不仅是他的人格的高贵,也与他的人生处境有关。布罗茨基是一个离开了祖国而流居他乡的人,只因为他从事属于个人的写作,因为他对于文学的忠诚和热爱,因为他对于自由的毫不犹豫的选择,他也经受了强权的压迫和放逐的惩罚。

人生是应该有精神导师的,即使快要走向坟墓,最后的黑暗路程也需要这样的精神照明。否则,死亡就是真正可怕的事情。挪威戏剧家易卜生是让我终身受益的精神导师。不仅是学习他的戏剧,也是以他的人格为楷模。易卜生特立独行、敢说真话,因此成为"国

布罗茨基 1987 年 11 月和他的猫在纽约

民公敌"出走他乡,而出走也还是为了回家,才能创作出让我百听不厌的"索尔维格之歌"。而布罗茨基同样是一位让我奉为精神导师的高贵诗人,他的"私密性"的写作甚至比易卜生更让人贴近,我确实从他这里获得很多启示,很多激励,有时甚至是警诫。

我在斯德哥尔摩大学中文系的同事都知道,自从布罗茨基去世之后,我的办公室墙上就一直贴着一张有关他的剪报。直到数年之后我换了工作,离开了大学,清理办公室的时候,我把很多藏书都留下了,但是我摘下了墙上这张剪报收藏起来,带到了新的工作地点。这张剪报上面有一张布罗茨基的黑白遗照。不论何时,坐在办公室里,只要抬起头,我就会感到布罗茨基在看着我。这一双眼睛,透着智慧,而又真诚,透着善良,而又深沉。

这张剪报上,有一篇纪念文章的题目如果直白地从瑞典文翻译成中文就是"到处有家和没有家(Hemma överrallt och ingenstans)",我后来把它翻译成"四海无家,四海为家",把这句话当作自己的座右铭。家园本来是地球上任何人需要的归宿,但是对于诗人和作家可以有特殊的精神意义,为了寻找自己的精神家园,诗人和作家常常会被迫离开自己的实际家园,所以是无家。但是诗人和作家可以在任何地方,在语言中,在历史中,在空间和时间的坐标中,用他们的审美目光搜索到美的踪迹,也正是家园的踪迹,所以是到处有家。"路漫漫其修远兮,吾将上下而求索",总是"在

26

路上"，总是流浪漫游，路上无家，心中有家，正是这样的生活状态的写照。

在1987年出版的诗集《缪斯乌拉尼亚》的一首诗歌中，诗人写到自己徜徉在罗马的一座空荡无人的博物馆中，面对一座缪斯的半身雕像沉吟道："我，一个普通的流浪汉，向你致以两千年后的敬意……"布罗茨基是这样一个"普通的流浪汉"，可以"四海无家、四海为家"，那么我更是这样一个"普通的流浪汉"，不过追随其后，同样浪迹天涯，也可以"四海无家，四海为家"。

第一次听到布罗茨基的名字是在1987年10月，听到当年瑞典学院宣布诺贝尔文学奖得主的新闻时。那时我已经到了北欧求学，那是一个信息丰富、文化多元的环境。之前我对这个来自前苏联的诗人确实一无所知，没有读过他的任何作品。布罗茨基得奖时才四十七岁，也是最年轻的得奖作家之一，这就更让我好奇。还有一个很年轻的四十多岁就得奖的是法国存在主义作家阿尔伯特·加缪，也是我特别欣赏的作家，他笔下的"局外人"，其实也是一种精神流浪的状态。我想只有特别天赋的作家才会如此年轻就摘取桂冠。从那时起，我就开始注意布罗茨基。诺贝尔文学奖的功绩之一，就是它会提升一种特殊的文学，促使你去了解这些得奖作家的创作，从而让他们产生更广泛的影响。记得1979年希腊诗人埃里蒂斯获奖之后，我的一些诗人朋友第一次读到埃里蒂斯的史诗般的作品，激动莫名，奔走相传。我不能排除埃里蒂斯对多位诗人后来创作产生的影响。1982年《百年孤独》的作者马尔克斯获奖，也让中国作家了解到了拉美魔幻现实主义的威力，也促成了一批中国作家写作风格的转向。

瑞典学院给布罗茨基的颁奖理由,是"因为一种以思想敏锐和诗意强烈为特色的包罗万象的写作"。这里,"包罗万象"不仅是指他的写作题材广泛全面,涉及文学、历史、哲学、伦理、政治、宗教、神话和社会现实等等各个方面,也是说诗人的视野广阔无垠,从波罗的海到地中海,从欧洲到拉丁美洲,也从历史的今天回顾到历史起源处,展望到未来的地平线。诗意的强烈,则是高度形象、音乐感和激情的凝聚,这在我聆听他的诗歌朗诵时已经有过更深切的感受。每个字,每个词,好像都是在敲击一个钢琴键盘一样,又构成和声。

但是我从他这里获益最多的还是他的敏锐思想。对于我来说,现代文学的特色就在于突出的思想性,性格人物和故事的首要位置后退。易卜生的伟大之处,就在于他不仅是戏剧家,也是思想家,因此创立了不同于古希腊和欧洲古典主义以动作为主的戏剧,不同于莎士比亚时代以人物个性为主的戏剧,因此被称为现代戏剧之父。布罗茨基的艺术魅力,的确在于他的思想光彩。布罗茨基的诗歌生涯,居然是从自学英语、翻译和研究英国十七世纪的玄学派诗人堂恩的作品开始,这在俄国诗歌中本身是非常独特的,而这种玄思的特点,后来弥漫在他一生的诗歌创作中。

纯粹的个人主义诗人

那么,瑞典学院称赞布罗茨基的思想清晰敏锐,到底是什么思想特点呢?这是一个让我感兴趣的问题。后来,我找到布罗茨基到斯德哥尔摩领奖时的诺贝尔演讲词讲稿仔细读过。讲稿的命题可以翻译为《美学乃伦理之母》。我在这篇讲稿的字里行间不断地看到闪光的思想，让我共鸣的理念。讲稿开篇，他就把自己形容为一个这样的人："一个相当保持私人性的人，一个终生偏爱私人状态而不愿担当任何社会重要角色的人，一个在这种偏爱方面走得相当远——至少远到了离开祖国的人，一个宁做民主制度下一事无成的彻底失败者也不在暴政下或当烈士或当人上之人的人……"。确确实实，仅仅开头的这几句话，就已经能引起我的共鸣。我也同样相信，文学写作的真正意义就是私人性质的，正如布罗茨基继续说的，"如果艺术能教育我们什么（首先是教育艺术家），那就是人类状态的私人性"。其实，也就像我尊敬的另一位现代作家卡夫卡一样，一个人写下的东西，实际上是可以不用出版秘不示人的，只属于你自己。正如布罗茨基所说："很多事物可以分享，比如一张床、一片面包、某些罪名、一个情妇，但决非一首诗。"

拒绝担任社会的重要角色而不当烈士的意思，其实也是当代文学中强调个人性的许多诗人和作家的非常多见、非常清楚的态度，例如米兰·昆德拉，或者后来获得诺贝尔文学奖的帕慕克等等。诗人不必都是战士，更不必成为烈士，不需要总是去面对刽子手面对刑场。转身走开，这是另一种方式的反抗姿态。但是，布罗茨基也明确地说，写诗，本身就是一种不服从，它本身就是拒绝被支配和奴役。

布罗茨基在演讲稿中说道："审美选择是高度个人性的事务，而审美经验总是私人经验。每一新的美学真实使一个人的经验更为私人化；而这种私人性时常以文学的（或其他）品味的面目出现，自身能够成为一种抵抗奴役的形式，即使不能作为保证。"在这里，私人的写作本身其实就是拒绝奴役，拒绝干扰，个人的自由因此而实现。所以我一直认为，我们公开谈论并诉诸法律保护的言论自由，只是涉及公开表达的外在自由，而文学家的个人写作自由，却从来可以不受干涉，从来都是自己的事情，你爱写什么就可以写什么。如果你并不谋求发表和出版，不用去换取稿费和名声，没有人可以限制你的笔下写出你纯粹私人的文字。所以，对于那些把缺乏优秀作家的原因归咎于制度和时代的人，尤其是那些自以为优秀而因为受压制而不能出头的所谓作家，我是会感到可笑的。

当然，布罗茨基也谈到文学家的尴尬感，写作的私人性质和表达的公共性质之间的矛盾，艺术的升华和生存需要的矛盾。他也没想到，像他这样一个强调私人性的诗人，最终会获得如此丰厚的回报，登上诺贝尔文学奖的演讲讲坛。这种尴尬感，也是任何一个真诚地从事文学创作而不希望用文学艺术的文字去换取生活费用的人的尴尬感，是我个人也深有体会的尴尬感。但是，如果没有这种尴尬，我们也就无法读到卡夫卡的作品，也无法欣赏到布罗茨基的诗歌。

当代很多伟大作家的一个共同特点，就是一种黑色的幽默，从卡夫卡、加缪和贝克特等作家那里，我们都感受到这种幽默。布罗茨基也给我这样的印象，严肃的思想常常用嘲讽的方式表达。因为敏锐的思想能洞察世界洞察人心，而又看到人本身的尴尬可笑，所以采取一种幽默的嘲讽的态度，有时也是具有勇气的自嘲。布罗茨基的一句名言，被瑞典学院在诺贝尔颁奖典礼的介绍中引用，让全场观众会心大笑："我认为，记忆就是人类在幸福的进化过程中永远丢掉的尾巴的替代物。它指导我们的方向……"

除了对于写作性质的论述,布罗茨基对于时间的感觉也正中下怀。他写道:"国家的哲学,国家的伦理,更不用说国家的美学,总是'昨天'。而语言和文学,总是'今天',尤其是在政治制度为国家正统的情况下,而且往往构成'明天',更是如此。"这段话,和我曾经投身的文学杂志《今天》的理念如此合拍。在《今天》发刊词上,我们也正是这样宣告,"'昨天'已经过去,对于我们,只有'今天'"。

我常常对朋友说,如果我能成为一个易卜生主义者,那是我的荣幸。易卜生主义者,用我们的"五四"前辈胡适先生的定义来说,就是"健全的个人主义者"。在这里,个人的位置,远远高于集体、党团、民族和国家之上。布罗茨基的思想特点,就在于他也是一个相当纯粹的个人主义者,他刻意追求的也是属于个人的生命价值。我们可以把他和之前获得过诺贝尔文学奖的俄罗斯或苏联作家相比,就更能看出布罗茨基的独特之处:1933 年获奖的蒲宁,流亡法国至死而对故国念念不忘,留恋故土的民族情怀弥漫其一生的创作;1958 年获奖的帕斯捷尔纳克,因为服从党性甚至拒绝了到斯德哥尔摩来领奖,两年之后郁郁而死;1965 年获奖的肖洛霍夫,曾是全苏作协主席,他的《静静的顿河》确实是一部革命史诗,但是革命的名义下个性是缺失的,甚至是被压制的;1970 年获奖的索尔仁尼琴,作品《古拉格群岛》等等对专制制度有深刻的揭露和批判,但一直以"俄罗斯爱国者"自居,至死也是一个大俄罗斯民族主义者。只有布罗茨基强调了个人甚至私人性,而且把表达私人性的艺术放在高于伦理道德和政治的位置,这就是他的诺贝尔奖演讲稿标题"美学为伦理之母"的题旨。

确实,布罗茨基一生一直坚持用俄语创作诗歌,后来也用英语写作其他作品,被称为坐在一座山顶上可以看到东方西方两面风景的诗人,但这只是艺术语言的认同,而非国家民族的自我标记,他在文字中透露出对祖国文化的热爱,但从不刻意表现"爱国"情怀。他在诺贝尔奖演讲稿中这样写道:"文学的优点之一就是它能帮助一个人使其存在的时代变得更特殊,使个人区别于前人和同辈,避免同义反复、千篇一律——避免那种尊称为'历史牺牲品'的命运。艺术尤其文学不同寻常之处,文艺区别于生活之处,正在于厌恶重复。在日常生活中,你可以将同样的笑话讲三次,而且三次都引人发笑,这可以成为聚会的活力,然而,在艺术上,这种作法可称为'陈词滥调'。"

一个易卜生主义者,一个布罗茨基这样的个人主义者,他们思想自由,个性强烈,绝对不受任何国界的限制,甚至也不归属于任何社会。正是在这样的意义上,他们确实可以"四海无家",而又能够做到"四海为家"。

从"社会寄生虫"到桂冠诗人

有关布罗茨基的生平,有一个很经典的故事,是说他年轻时曾因为写作诗歌而又未能在官方文学刊物发表,被认为是浪费,所以被加上"社会寄生虫"的罪名起诉。那是 1964 年 2 月,在当时的"列宁格勒",而布罗茨基二十四岁,却已经有了将近十年的诗歌经验。他厌恶正规的学校教育,十五岁就辍学到处流浪,一边打零工维持生活一边自学文学,也创作自己的诗歌,并显示了非凡天赋。这些诗歌以地下的方式流传,有的甚至流传到美国出版。他以诗会友,与当时很多诗人切磋诗艺,包括著名女诗人阿赫玛托娃,她也非常欣赏布罗茨基的诗歌。这些交往,在他死后由老朋友伏加科夫出版的《布罗茨基谈话录》中都有详细的介绍。

但在当时的苏联,布罗茨基这样的诗人自然

布罗茨基在北俄罗斯流亡时期

是不会被承认的。国家需要把诗人像个螺丝钉一样固定在国家机器的某个位置,而布罗茨基却拒绝做一个这样的螺丝钉。他选择自己的生活,选择自由。实际上他曾两度被当作精神病人而关入精神病院。布罗茨基受审判的法庭审讯记录后来广为流传,他和法官的对话几乎是天然的毋需加工的荒诞派戏剧场景,能如此浓缩地反映了二十世纪很多国家内文学艺术面对的处境。一个瑞典评论家说:"很少看到一个人能用这样简短精辟的形式针锋相对地回答问题。在托马斯·曼所说的权力和精神之间,完全没有沟通可言。"这是国家权力对文学的压制,也是个人和国家的对立,也能说明国家权力对于文学是如何无知和无情。

法官:你从事什么职业?

布罗茨基:我写诗。我以为⋯⋯

法官:别跟我来什么"我以为"。站直了!别靠墙!看着法官,老老实实回答问题!说,你有固定职业吗?

布罗茨基: 我想写诗可以算是固定的职业。

法官: 我要一个明确的回答。

布罗茨基: 我写诗歌。我想这些诗歌会出版。我以为……

法官: 我们对你的"以为"不感兴趣。回答问题,为什么你不工作?

布罗茨基: 我工作。我写诗歌。

法官: 你为你的祖国做了写什么?

布罗茨基: 我写诗歌。那就是我的工作。……我相信我写的对人民是有用的,不仅现在有用,将来也有用。

法官: 谁决定你是个诗人? 一个人只有通过大学的学习,得到大学文学专业的毕业文凭才能成为诗人!

布罗茨基: 我不信。我不信人可以通过上学当诗人。

法官: 你这些话根据何在?

布罗茨基: 我相信我的根据来自上帝。

……

尽管布罗茨基实际上不是游手好闲的花花公子诗人,并不食嗟来之食,他一直依靠打工维持生活,甚至做过医院太平间的搬尸工,但是他还是被判决劳动教养五年。一个年轻诗人就因为写诗而判处苦役,这在世界范围内引起了抗议,也包括苏联国内的诗人阿赫玛托娃等人,布罗茨基因此在服刑二十一个月之后被释放。

1972 年,"社会寄生虫"布罗茨基,无法再继续"寄生"下去,而被驱逐出境。他先到了维也纳,然后转到了美国,在不同的学校教书写作,流浪四方,也不断写出诗作,展现漂流中的思想光彩。他从一个被人审判的被告席上出发,却一步步走上了诺贝尔文学奖的领奖台,成了世界文学的桂冠诗人。这在空间上看,像是一条上升的崎岖山路,而从地理上看,又是一个非常有趣的人生圆环,以波罗的海为圆心,他从那一端的圣彼得堡,来到了这一端的斯德哥尔摩。

布罗茨基非常喜欢斯德哥尔摩,得奖之前和得奖后都来访问过多次,在这里有很多诗人朋友,例如托马斯·特朗斯特罗姆、例如约纳斯·姆迪格。我保存的剪报上,正好还有姆迪格的一篇悼念文章。就在布罗茨基逝世之前一周,姆迪格还到纽约访问过他,大概是他生前见到的最后一位瑞典作家。布罗茨基还送给姆迪格那时刚刚出版的散文集《论悲伤和理性》。他已经做过两次心脏手术,而他的医生也在安排第三次手术。他预感到了生命将走到尽头,但却非常理性地对待死亡的接近。他还是和姆迪格相约在瑞典见面。姆迪格说,布罗茨基喜欢斯德哥尔摩群岛,喜欢坐在海边,这样就可以眺望东方的大海上的地平线,而那边就是他的故乡

布罗茨基与瑞典诗人姆迪格

圣彼得堡,一度也改名为"列宁格勒"。可惜,他后来没能有机会再回到圣彼得堡。他的墓地,根据他的遗愿,选择了威尼斯。

还是在被前苏联监禁劳动教养的那个时候,布罗茨基曾经创作数百行有关堂恩的诗歌。他被驱逐出境离开苏联的时候,随身带的也是一本堂恩的诗集。布罗茨基有一首悼亡诗《堂恩挽诗》,打动过很多读者:

> 约翰·堂恩进入了沉睡
>
> 他周围的一切进入了沉睡
>
> 图画沉睡了,还有墙壁,地板
>
> 床上铺着的被单……

在这首悼亡诗歌中,诗歌就是世界本身。读着这首诗歌,我也想到布罗茨基。当一个诗人沉睡的时候,诗就沉睡了,世界就沉睡了,上帝就沉睡了!

2009 年 4 月 19 日再改定稿

瑞典学院颁奖词：

"因为一种带有广阔多重的地平线的写作，其特征是感性的睿智和人文主义的气节构成。"

瑞典文原文：

"för en lidelsefull diktning med vida horisonter, präglad av sinnlig intelligens och humanistisk integritet."

奥克塔维奥·帕斯
（Octavio Paz，1914—1998）

帕斯的人格之重

——悼念 1990 年诺贝尔文学奖获奖作家、墨西哥诗人帕斯

坐在"世界的岸边"拼写世界

　　家里的书架上有一本厚厚的帕斯诗集，669 页，还是精装本，重量不轻，也正因为重量不轻，它不便携带，无法放入经常漂泊流亡的诗人的行李箱。因此，它成为一个流亡诗人给我留下的"遗产"。当这个流亡诗人享受完瑞典笔会专门救助流亡作家的图霍夫斯作家奖金，在斯德哥尔摩居住数月将要离开之前，在我到他的临时寓所帮着提行李准备送他上机场的时候，他把这本诗集放在手里掂了掂，有点舍不得的样子，因为这是帕斯本人送给他的，弥足珍贵，但实在是太重了，只能割爱。这本诗集就留给你吧，他最

后对我说。

于是,它就一直立在我的书架上,和亚里士多德、柏拉图、但丁、莎士比亚、易卜生、托尔斯泰、卡夫卡等作家的著作并列在一起,已经十多年了。有时候,我会把它抽出来翻阅。比如,帕斯1998年4月19日去世,在听到噩耗之后,我就曾经把这本书再次抽出,默读,默想,默哀……

这是一本西班牙原文和英语译文的对照版,收集帕斯从1957年到1987年他最成熟时期的诗歌作品,所以比较厚。英语译者中包括很出色的英语诗人,例如伊丽莎白·毕肖普。优秀英语诗人翻译出来的诗歌,才不会让西班牙语原诗的光彩褪色。翻阅这本诗集,帮助我体会到瑞典学院给帕斯的颁奖词真是准确精彩:"因为一种带有广阔多重的地平线的写作,其特征是感性的睿智和人文主义的气节构成。"

颁奖词说的"地平线"用了复数,是众多的地平线,我所看到的中文翻译都没有把这层意思翻译出来。其实,这是非常重要的,因为这指明了帕斯的诗歌世界不仅是广阔的,也是多重多样的。我手边这本帕斯诗集中的诗作,就是他写于"墨西哥、法国、美国、英国、印度、阿富汗、斯里兰卡……以及这些国家之间的旅程交汇点中"(引自该书"前言")。这种地理上的广阔性,自然和帕斯曾经长期担任墨西哥外交官有关。他代表墨西哥出使过法国、印度、瑞士等国,也到过亚洲的日本和澳洲、南美等地的大学客座讲学,所以有非常国际化的文化活动背景。

可以说,虽然帕斯一直用祖国语言西班牙语写作,但他从来不是一个民族诗人,而是属于世界诗歌的世界诗人。1990年他获得诺贝尔文学奖之后,西班牙语文学世界是欢呼雀跃的,很多国家首脑联名发了贺电,把这当作拉美地区的荣誉,但墨西哥诗歌界也有些人并不高兴,不感到这是墨西哥文学的荣耀,反而对瑞典学院颇有非议。有些人甚至否认他是墨西哥诗人,说他总是居住国外,并不积极参与国内的事务。

但是帕斯本人倒并不介意这些非议,对他来说,国籍并不是重要的因素,重要的是诗歌,是他的诗歌能否进入到不同的文化领域,或者相反,不同的文化是否能够进入他的诗歌。诗歌是这位诗人建立个人联系的唯一方式。在 1974 年的诗作中,有这样一行诗句:"看这个世界,就是拼写这个世界。"

帕斯不是坐在家乡的棕榈树下写诗,而是坐在"世界的岸边"。帕斯 1942 年出版的一本诗集书名就是《在世界的岸边》,那个时候他已经结识了很多世界诗人,例如聂鲁达、奥登、斯本德等等,既有西班牙语的诗人,也有其他语言的诗人。二战结束后帕斯还在法国巴黎居住数年,和布勒东、阿拉贡、艾吕雅等法国超现实主义诗人都有来往,积极参与他们的文学活动。巴黎可以说是当时世界文学的前沿阵地之一,其实也可以说至今一直都是,帕斯住在那里的时候,除了轰轰烈烈的超现实主义文艺运动,存在主义文学也正在发轫之中。

当然,帕斯的眼光不光专注于欧美的主流文化,他对墨西哥本土的文化,对拉丁美洲文化包括古老的玛雅文化,都有自己的关切。我手边这本诗集,开篇就是他在 1957 年创作的长诗《太阳石》,瑞典学院认为这首长诗是帕斯诗作的高峰之一。太阳石是墨西哥城出土的代表本土文化的巨大日历石,而长诗的 584 行,正是对应着太阳石日历的 584 天。帕斯这首长诗的特点,和很多史诗不同,它不是带你进入历史,不是寻根文学,而是把你从这一个点,这块巨石,带入"对于死亡、时间、爱情和现实问题的思考"(瑞典学院新闻稿语)。它把我们带向更广阔的世界和宇宙。最后一句,居然不是句号,而是一个冒号,面对的不是过去的历史,而是没有尽头的将来:

> 晶莹之柳,清水之杨,
>
> 高大喷泉,风如拱廊,
>
> 根深大树,依然静舞,
>
> 河道流转,浩浩荡荡,
>
> 重复回旋,完成圆环,
>
> 永恒不断来临:

帕斯对东方文学例如日本俳句、中国古典诗歌和印度史诗都非常有兴趣,心甘情愿地接受东方文学的洗礼。尤其在 1962 年出任墨西哥驻印度大使之后的作品,那些年中帕斯创作的有着浓郁东方情调的诗歌,收集在 1969 年出版的《东山坡》等诗集中,这才是瑞典学院"广阔多重的地平线"的最佳注脚。

帕斯现在到另一个世界去了,我想,他在那个"世界的岸边"可能还在继续写诗呢。

感性引导的睿智

"感性的睿智",就是可以用感官感觉到的智慧。既是头脑的智慧,又是心灵的智慧。既是想到的智慧,也是可以看到、听到、闻到、摸到的智慧。既是艺术，又是哲学。这本书里就有很多"视觉诗歌"，不仅是文字的诗，而且也是图画，是视觉的诗歌艺术，有些简直无法翻译。这是本身具有形象的诗歌艺术，所以他有些诗集还题名为《地形诗》与《视觉唱片》。体会帕斯对于现代诗歌形式实验的这种兴趣，他这种感性而睿智的诗歌创作经验和特点，必须追踪到他对视觉性绘画艺术的兴趣。帕斯本人对于视觉艺术有很深造诣，1970 年是他最早在西方举办"檀陀罗艺术展览"(Tantric Art)，把这种独特的印度神庙人体艺术介绍给西方。他的许多文学活动和诗歌朗诵也都是和画家、摄影家合作，名单太长，不提也罢。

这些事例再次证明，某些自诩为解释诺贝尔文学奖的"权威人士"，把"感性的智慧"翻译成"敏锐的智慧"是很荒谬的，因为这不是"敏锐"抑惑"麻木"的问题，而是"感性"还是"理性"的问题。他们其实没有"看到过"和"感觉到"过帕斯诗歌的这些特点，不了解帕斯对于感性的视觉艺术的热爱和重视。我只能在此再次强调，要理解一个诺贝尔文学奖作家的作品，正确翻译瑞典学院的颁奖词是非常重要的。

这本书中有一首诗，可以作为"感性的智慧"的实例：

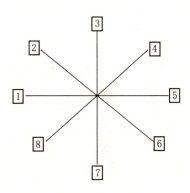

帕斯在下面指示说:"请把八个词组的每一个放在八条线的各条线上,使得它们从一读到八,就可以构成平行的说法。"这八段我试译如下:

1 你是在中心

2 太阳的利刃

3 分开此八角

4 眼鼻手舌耳

5 东西与北南

6 切这块面包

7 深渊在中心

8 看闻摸尝听

这八行本身也可以看作是一首诗歌,而我们按照诗人的指示进行组合,1和5,2和6,3和7,4和8,八段话又可以构成一首四行诗:

你是在中心,东西与北南

太阳的利刃,切这块面包

分开此八角,深渊在中心

眼鼻手舌耳,看闻摸尝听

阅读这样的诗歌,你当然可以会心一笑,感到图形在诗意中的运动,感到感性阅读的愉悦,而这种愉悦来自诗人"感性的智慧"。

诗人王国的贵族

这个世界上的诗人我认识不少,诗人们本身又构成一个五光十色、个性丰富的世界,是一个可以分出阶级层次的王国,三教九流样样俱全,有高贵者也有卑鄙者。有些诗人是精神贵族,有些则是精神乞丐;有些是风流倜傥的花花公子,有些是道貌岸然的伪君子;这里有大商人也有小市民;有诗歌骗子和掮客,也有真正高贵的诗格人格。

瑞典学院的颁奖词中强调的"人文主义的气节",我需要特别解释一下,所用的"气节"这个词,瑞典语原文是"integritet"(英文是 integrity),其含义丰富难译,可以表示人的廉正、尊严、正直、诚实,也指言行一致的完整人格的体现。有人翻译成"真诚",并不准确。因为一个没有"气节"的人,也可能"真诚"地忏悔,而缺失高贵的"人格"。翻译成"人格"比较合适,但和前面的形容词"人文主义"之"人"重复了,所以,我翻译成"气节"。瑞典学院说的"人文主义的气节"其实就是赞赏帕斯诗格的高贵,同时也是人格的高贵,他是诗人王国的贵族。

我见过帕斯本人两次。第一次是 1990 年他获得诺贝尔文学奖时来斯德哥尔摩领奖,我去听了他题目为《搜索现在》的诺贝尔演讲。这也是我移居瑞典后,有生以来第一次有机会现场听到一个诺贝尔文学奖得奖作家的演讲。第二次则是 1991 年诺贝尔基金会举办颁奖九十周年庆典,邀请所有得奖作家重聚斯德哥尔摩,帕斯也来参加瑞典学院举办的活动。在我的印象中,帕斯风度举止优雅,待人彬彬有礼,确实是一个训练有素的职业外交官。他的诺贝尔演讲,一开始就谈"优雅"——英语稿上是"grace",而他本人就是"优雅"的典范。在这样一个优雅的演讲大厅里,走进来这样一个优雅的"外交官",用这样优雅的风度举止向所有观众致意,用这样优雅的语言开始演讲,我第一次体会到"优雅"这个词的真正含义。帕斯解释了"优雅"可以表示什么:是宽容,是原谅,是仁爱,是灵性,是表达方式,是愉悦人的说话和绘画风格,是表现礼貌的动作;简言之,是揭示了精神之善的行为。这是天份,也是老天赋予人的礼物,接受的人,懂得谦卑地感谢,懂得敬畏。于是帕斯把这个词和"感谢"——"gratitude"联系起来,非常"优雅"地表达了一个得奖作家对于瑞典学院的谢意,称赞瑞典学院是世界文学之家。

帕斯的高贵人格气质,优雅的风度和文化教养,和他出身墨西哥高贵的书香门第是有关系的。根据瑞典学院的介绍,帕斯的祖父就是一位著名墨西哥作家,也是墨西哥本土文学的先驱之一,家里藏书丰富的书房提供了帕斯丰富的营养。而帕斯父亲是著名的政治记者,还是专做当地印第安人维权案例的律师,后来成为1911年墨西哥民族革命的中坚人物之一,曾经代表墨西哥出使美国做外交官,其地位大致可和中国"五四"前辈胡适相比。这种家庭背景不仅可以解释帕斯文学修养的家学渊源,也可以解释这位诗人政治方面的一贯兴趣:帕斯像他的父辈一样,积极从政,对于社会和国家事务乃至国际事务有很强的参与感,1937年才二十多岁时就参加过西班牙举行的第二届全世界反法西斯大会,因此才认识了当时出席大会的聂鲁达、奥登等诗人作家。他出任墨西哥驻外大使,也是出于积极参与国际事务的兴趣。

帕斯一生中参与政治最出名的事件,应该是在1968年10月2日墨西哥城发生枪杀学生的惨案之后,他义愤填膺,当即辞去墨西哥驻印度大使职务表示强烈抗议,并因此而在国外生活数年。那年,墨西哥城正处于举办奥运会的前夕,但是国内的政治形势恶化,社会腐败,墨西哥城的大学生们上街示威游行,当时的口号居然是:"我们不要奥运,我们要革命!"结果令人震惊:政府下令镇压,数百名学生被枪杀,10月2日就成为墨西哥历史上的一个黑色纪念日。这些历史后来都被墨西哥作家艾列娜·珀尼亚托斯卡写入著名的小说《特拉特洛克之夜》中。2003年国际笔会在墨西哥城举行年会,我也去参加了。一周会议中我没有离开会场,会议结束后才有一个白天的时间出去看看市容街景,有没有走过太阳石金字塔我不记得了,但肯定走过特拉特洛克区文化广场,看到了刻有死难学生名单的纪念碑。

墨西哥城10月2日纪念碑

帕斯的这次辞职抗议,正是瑞典学院称赞帕斯"人文主义的气节"的一个注脚。任何有正义感的诗人,都不会对这样的事件表示沉默,更不用说帕斯一直有忧世忧民的情怀,对社会对人类的关注一贯不变。就在帕斯1990年来领诺贝尔文学奖时,东欧刚刚发生过剧变,尽管柏林墙轰然倒塌,地球上还是依然未能安宁,环境污染的问题日益严重,他在气氛欢乐而隆重的诺贝尔宴会上的答谢辞居然还是忧心忡忡地谈到国际和人类的问题:

"我们不仅在目睹一个世纪的终结,也是一个历史时期的终结。在意识形态倒塌的地方会生长出什么?这会是一个大同和人人自由的时代的黎明,还是部落偶像崇拜和宗教狂热的复活,释放出冲突和独裁?已经取得了自由和富裕的强大的民主,是否将会减少人们的自私自利,对被剥夺国家显示更多的理解?……"

而帕斯警告世人:

"答案是我们现在无法知道的。新近发生的事情教育我们懂得,没有人掌握着历史的钥匙。这个世纪是在一大堆问题中结束的。只有一件事情我们可以肯定:我们这个星球上的生活正在危险之中。我们盲目地迷恋进步,努力奋斗开发自然大有进展,结果把我们自己变成一个自杀性的种类。……所以,不论我们选择什么形式的社会和政治组织的国家,最迫切最要紧的问题是环境的生存。保护自然就是保护人类。"

帕斯是言行一致的诗人,言行一致也是"气节"一词的重要定义,指人格的完整性。就在得奖第二年,帕斯就在墨西哥城策划筹办了作家与环保问题的大型国际会议,邀请了很多著名的诗人、作家出席,共同讨论文学如何对环保做出积极贡献。当然,是否参加会议的作家和诗人们都像帕斯那样言行一致地关注环保,那是另外的问题了。

　　这个世界上有淡泊政治一贯不积极参与公共事务的诗人,例如布罗茨基,也有积极参与政治关注世事的诗人,那就是帕斯。这种区别说得再简单点,就是出世和入世的区别,或者说是李白和杜甫的区别,他们都可以成为伟大的诗人。不论姿态如何,如果始终如一,一贯地介入或者一贯地疏离,也是一种完整的人格体现,自然承当得起瑞典学院使用的"气节"一词。让我自愧的是,包括我自己在内的许多中国文人,更多有着分裂的人格,常常持有的是一种机会主义立场,一如广场情结,冷漠麻木本来是常态,而偶尔爆发的热情很像是感冒高烧一样的临时症状,会迅速减退。这种时而"高贵"时而"卑鄙"的分裂状态,可以通过重组我的一个诗人朋友的著名诗句来表现:

　　　　高贵是卑鄙者的通行证,
　　　　卑鄙是高贵者的墓志铭。

　　所以,帕斯的人格之重,是因为在人格的天平上,我们自己太轻飘了。

　　　　　　　　2003 年 10 月墨西哥城起稿
　　　　　　　　2003 年 3 月底斯德哥尔摩定稿

瑞典学院颁奖词：

"因为一种具有巨大光能的诗歌写作,而这种光能是用一种从多元文化的介入中产生出的历史眼光维系的。"

瑞典文原文：

"för en diktning med stor lyskraft, buren av en historisk vision som vuxit fram ur ett mångkulturellt engage-mang."

德瑞克·沃尔科特近照
(Derek Walcott, 1930—　)

为什么是德瑞克·沃尔科特?

——1992 年诺贝尔文学奖获奖作家、圣卢西亚诗人沃尔科特解读

　　1992 年 10 月 8 日星期四下午一点,瑞典学院公布了当年诺贝尔文学奖评选结果。此时已六十二岁的获奖者、出生在西印度群岛圣卢西亚岛的诗人兼剧作家德瑞克·沃尔科特正在美国波士顿,当时是哈佛大学的文学写作教授。当地时间则是清晨七点,沃尔科特已经起床,正准备做早饭,然后他要坐飞机去弗吉尼亚,给弗大戏剧系的学生讲课。当时他是一个人住,妻儿都在西印度群岛的老家,因此身边冷冷清清。诺贝尔文学奖大概根本不在他的心上。事先没有任何迹象表明他会有什么喜事临门。没有朋友来和他一起坐在电话机旁等候关于诺贝尔文学奖的最后消息,更没有记者和电视转播车等候在门外。这时电话铃声响了,当瑞典学

院常务秘书通知他获得本年度诺贝尔文学奖并向他祝贺的时候，诗人自己都大吃一惊。他的第一个反应率真而且自然："为什么是我？还有很多别的作家应该得奖。"

我知道在世界上很多作家的内心，都是期盼新一年的诺贝尔文学奖就轮到自己得，甚至认为就应该轮到自己得，别的作家都不如自己，所以他们经常问的问题只会是："为什么还不是我？"

常务秘书后来把沃尔科特的反应告诉记者，这个问题后来就登在瑞典的报纸上，沃尔科特很吃惊地问："为什么是我？"

上面的这段文字大概有些平淡和啰嗦，不过，它既提出了一个很有意思的问题，又已经为这个问题暗示了某种答案。为什么是沃尔科特？为什么不是另外的声名显赫、著作等身的作家，比如说，即使在北美，就有备受文学界推崇的小说家乔伊斯·卡罗尔·欧茨，有德高望重的剧作家阿瑟·米勒，还有约翰·厄普代克、玛格丽特·阿特伍德等等。瑞典学院的抉择确实有些出人预料，不光沃尔科特本人想不到，大多数人都比较惊奇。事先，瑞典报界和文学评论界都普遍看好爱沙尼亚作家扬·克罗斯和美国作家约翰·厄普代克，日本大江健三郎也呼声甚高。很少有记者想到、提到德瑞克·沃尔科特。虽然他在美国已经相当有名气，但是在欧洲还是不大为人所知。有一个瑞典记者报道说他在街上问了一百个行人，没有一个事先听说过沃尔科特的名字。

当时，沃尔科特的作品甚至还没有被翻译成法文、德文和西班牙文，所以他的获奖让法国、德国和西班牙的文学翻译家非常难堪，显得他们实在有眼无珠。我估计中文的翻译当时也是一字没有。一个意大利文学评论家也带着醋意悻悻然地写道："德瑞克·

沃尔科特是否达到了诺贝尔文学奖作家应有的水准还很难说。我们不要忘记文学院有时也选出过更不重要的作家。当然,文学院有权提携并且向世界介绍一个相对不知名的作家。"

那么,究竟为什么是德瑞克·沃尔科特? 是什么原因使瑞典文学院院士们对这个"相对不知名的"圣卢西亚诗人情有独钟? 我们从中又能得到什么启示?

全球化时代的国际诗人

让我们再回到本文开始的那段铺叙文字吧,从那些普通的文字符号中,我们或许可以解读出相当有趣的信息,找到问题的某些答案,并理解瑞典学院颁奖词中"从多元文化的介入中产生出的历史眼光"的意义所在。

首先,它显示了当今世界"全球化"的潮流,有"信息化"和"数字化"的工业社会的特点,同时也是一种多元文化的国际环境。在时间上,瑞典的下午和美国的清晨可以并置而直接通话;在空间上,北欧的瑞典、加勒比海西印度群岛圣卢西亚岛、美国波士顿和弗吉尼亚,这些地理上本来相隔遥远的位点,现在用电话和飞机可以把它们轻而易举地拉到一起。具有古老文化传统的欧洲这时打出一个电话,发出一个文化信息,传到当今世界的另一个文化中心新大陆。这个信息明确表示了对一种"多元文化"价值的认可。电讯然后传遍世界,我们会被大小报纸、电视、电台告知,这个被认可的诗人是来自加勒比海上的圣卢西亚岛,他是一个西印度群岛的人,更确切地说,其实是一个特利尼达人。那里曾经是欧洲的殖民地,欧洲人不仅带去了自己的文化,也带去了黑奴,于是非洲文化也在那里生根发育。当地居民多是混血,那里的文化也成了混血而生的加勒比文化。他们在政治上已经独立了,共和国年轻而有生气,但是他们无法抹去西方文化的印记,就像他们无法抹去圣卢西亚岛这个表示欧洲文化的名字。他们更不会砍断和非洲文化的血脉关联,因此他们的混血文化不可避免地成为一种多源头的文化杂交体系。加勒比文化曾是屈居在西方文化边缘的文化,是在殖民者的"文化霸权"阴影之下,然而,新的"全球化"的文化环境已经逐渐打破了这种"文化霸权",所以一个代表着曾经的边缘文化的特利尼达诗人,现在也已经可以在有举足轻重的西方文化中心地位的美国哈佛大学执握教鞭了。他的获奖大概只是表明这种文化中心和边缘之间的一次位置互换。

在"全球化"的潮流中,一方面文化冲突仍日益凸显。西方文化依然占据强势的地位,但另一方面也遇到来自其他文化的挑战。有人认为世界在"西方文化霸权"统治之下,这是继政治特色的老殖民主义和经济特色的新殖民主义之后文化特色的"后殖民主义",甚至是"文化帝国主义"(爱德华·萨义德语)。在这种"后殖民"、"后现代"的话语环境中,那些属于过去所谓第三世界地区或民族的文化和文学,现在需要面对的一个大问题,也往往是一个最纠缠不清的问题,就是如何对付"西方文化霸权",如何建立自身的"文化认同"。

在这个问题上现在基本上有两种立场和姿态:一种是单元的立场和姿态,坚守自身民族文化的认同,而对他者文化采取排斥抗拒态度,特别是把西方文化看成对自身"文化认同"的威胁。阿富汗的塔利班可以说是这种态度走到极端的典型,甚至不属于西方的佛教塑像都要摧毁。在沃尔科特获奖的九十年代初，中国也有些诗人和作家想驱逐西方文化对中国文化的影响，包括西方语言对现代汉语的影响，提出所谓纯化汉语和"汉诗"理论。还有人强调对西方文化"中国可以说不"，一直到今天还在表示"中国不高兴"。当然这可能只是这些人的表面姿态，而在实际生活中，他们可以依然心安理得地享受着外来的西方文化大菜。

另一种是多元文化的立场和姿态，对于"西方文化"也并不绝对排斥抗拒，而是在世界文化"全球化"的发展潮流中，在全人类都需要重新建立自身"文化认同"的时候，特别是个人的"文化认同"更高于民族和国家立场的时候，可以把西方文化也当作自己合理吸收、共用共享的文化资源之一。这是主张多元文化互相介入、并存共荣的态度。世界版图就像是一个画家的调色板，各种文化色彩齐全，而在创作的时间进程中不断调和出新的色彩。

沃尔科特其实就是属于这种具有多元文化立场和姿态的作家。他自己声称是个国际诗人，而不囿于一种民族文学家的身份；他既是来自海岛，又是栖息大陆；他既来自边缘，可算土著，又使用英语写作，进入了西方文化的主流地带，甚至到了哈佛大学，可以说又去占据了中心；他这个欧洲人和非洲人的混血儿对西方人来说既是异己的，又是可以认同的，而本土的民众同样接受和欣赏。

瑞典学院自然非常关注"全球化"潮流中的文化发展，特别是文学的发展。1991年的诺贝尔奖九十庆典，瑞典学院举办题为"困难的文学"的研讨会，邀请很多获奖作家来探讨文学面对的困境，也包括不同民族文化、不同语言文学的"文化认同"问题。瑞典学院院士们虽然都是西方人，也受到西方语言的局限，不可能熟悉所有不同语言的文学,但他们显然不想站在一个文化中心的位置来评价其他文化的作品,也并不主张各种文化之间互相对立、排斥和较量,而是主张互相联系、介入甚至融合。因此,瑞典学院一方面会关注西方文化边缘外的文学,另一方面也希望这些第三世界或边缘文学不局限于民族的樊篱,要翻译成西方语言介绍到西方来,以此形成不同文化之间的沟通互补。如果一个民族要求得到诺贝尔文学奖的承认,当然也应该接受院士们只能用西方语言来阅读文学作品这一现实。

多年来,瑞典学院对欧美文化之外的所谓第三世界国家文学或者所谓边缘文学的重视是有目共睹的。八十年代"拉美魔幻现实主义文学"的爆炸就是以哥伦比亚作家加西亚·马尔克斯的《百年孤独》1982年获得诺贝尔文学奖为标志的。给沃尔科特颁奖,则是又一次刮起了"加勒比文学"的旋风,欧美作家独占诺贝尔文学奖的局面已经逐渐被打破了。在沃尔科特之后,我们很快还会看到,九十年代以来文学院将陆续把文学奖的桂冠抛出欧美之外,抛给日本、南非、土耳其,也包括海外的中文作家和印度裔的英语作家。

多元文化介入中产生出的历史眼光

世界文化有多元的状态,这种现实很多人是承认的;"全球化"不可一元化,这种趋势也是很多人认同的。由于现代交通和信息工具的发展,不同文化的相互碰撞、渗透和影响已不可避免,保持一元的"纯文化"已然不再可能,对抗无益,也只有互相对话、互相接纳最为妥当。可惜,很多人还是局限在一个横向展开的地理平面角度来看待文化问题,而不能够同时做到用一种纵向发展的历史眼光来观察多元的状态。例如,不少中国人的眼光还是停留在1840年的鸦片战争时期,停留在抵抗八国联军侵华的义和团时期。历史不能忘记,这是对的,但是,如果只停留在一个切点上,停在一个最深重的伤口上,那么产生冲突的不同民族和文化之间将保持一成不变的冲突状态。

最近我在给一个诗人朋友的诗集序言中写道,"我以为,一个人的历史位置,甚至一个民族的历史和文化位置,可以在一个十字架坐标内来定位。横向的坐标代表空间,竖直的坐标代表时间。如果横向坐标代表东方、西方、左边、右边,则竖直坐标可以代表过去、未来、传统、现代。如果横向坐标代表广度和多样性,则竖直坐标可以代表高度和深度。我以为,现在的一种令人忧虑的倾向是人们越来越强调横向坐标的意义,把自己定位在左边,定位在东方,定位在一个平面上,而忘记了自己在竖直坐标中的位置,忘记了时间和历史中的位置,忘记了高度和深度,这是使人迷失个人和民族坐标的重要原因。"

沃尔科特之所以赢得院士们的赞许,正是因为他不仅有"多元文化"的横向坐标,还有"历史眼光"的纵向坐标。他本人和他的作品,包括他的语言,都能反映出多种文化的背景。在这种多元文化背景下,他的作品同时具备时间的大跨度和历史的眼光:既是现代的,此时的,又是传统的,远古的。例如,他的史诗《欧莫如斯》结合了荷马史诗、但丁《神曲》和莎士比亚剧诗的风格,被人誉为"新爱琴海传统",是他继承了古希腊荷马史诗的古老传统,把加勒比海的新文明和欧洲文明连接起来,跨越了千年历史。所以,瑞典学院的颁奖词看似简单,实际上,不但比较恰如其分地概括了沃尔科特作品的成就和特点,也比较清楚地说明了文学院当时做抉择的标准和想法。沃尔科特的诗歌和戏剧作品不仅深深触及了这个世界的文化冲突问题,而且作品本身代表了一种有效地解决问题的方法,那就是"多元文化的介入",并且在这种"介入"中形成一种历史眼光,而不局限在没有历史感的地理平面。

沃尔科特的诺贝尔文学奖演讲题目是"安德烈斯群岛:史诗记忆的碎片",讲的是他如何带着美国来的朋友去体验西印度群岛土著居民日出时的祭祀仪式,或者也是一种文化的表演。在这里,他挖掘的不仅仅是这个长期沦为西方殖民地的西印度群岛上的古老神话,也是漂流过洋的非洲和亚洲文化的古老碎片。人类的迁徙漂流其实并非只是西方殖民主义的故事,好比信奉萨满巫术的族群早就从中国东北一直分布到北欧、格陵兰和北美。

确实,这个世界上很多地区经历过了殖民统治,但是很多殖民地并没有挖掘出自己的乡土文化之根,或者本来也缺乏深厚的文化根源,例如上海、香港或者新加坡这样的曾沦为殖民地半殖民地的城市,不论中西文化均属外来产品,这里的作家,恐怕很难找到久远的乡土文化之根。沃尔科特在自身寻求文化认同的过程中,能够清楚地意识到自己多元的文化归属,而把如炬的目光射向久远的历史源头,这就是他的诗歌的光能所在。

具备光能的诗歌和戏剧

　　一支烛火,能照亮一间暗室;一盏路灯,能照亮一段道路;而一座海上的灯塔,却能为广阔海洋上的航船照亮前进的方向。这就是光能的不同。

沃尔科特之所以获奖,不仅在于他的作品论质或是论量都令人敬佩,使得他当之无愧地成为世界级的大诗人,而且因为独具"历史眼光"而放射强大的光能,能照亮漫长的历史进程,也能照亮远比个人斗室广阔的空间。

瑞典学院院士、当时的评选小组主席埃斯普马克在颁奖典礼上介绍沃尔科特的时候,特地提到了他的好友、之前已经获得诺贝尔文学奖的大诗人布罗茨基在撰文介绍沃尔科特时从他的诗集《星星苹果王国》中引用的四句诗,最能说明这个诗人自己的特点:

> 我只是个热爱大海的红色黑人,
> 我接受过良好的殖民文化教育,
> 我身具荷兰、黑人和英国骨血,
> 我是无名之辈,或是整个国家。

沃尔科特1930年出生于圣卢西亚岛,祖母和外祖母都是黑人,祖父是荷兰人,外祖父是英国人,因此他的身上混杂着不同血统和文化基因,丰富着他的个性。他的父亲爱好文学艺术,会写诗作画,给了儿子一定的影响,但是很早就逝世了。真正把他引导上文学之路的是他的母亲,一个学校校长,还是个业余的剧作家。母亲让他从小得到严格而良好的语言教育,让他受到欧洲古典文学传统的熏陶。若非母亲的培养教育,若非他家里拥有丰富的藏书,我们就难以想象,一个小小加勒比岛国的混血年轻黑人,怎么年纪轻轻就具有深厚的文学修养,能用英国古典诗歌形式"商籁体"创作诗歌，能熟悉莎士比亚剧作，能熟读弥尔顿、奥登、狄兰·托马斯等等英国文学经典作家的作品。

1993 年沃尔科特和布罗茨基合影

　　沃尔科特十八岁开始写诗，1962 年发表第一部诗集《在一个绿夜》。到 1992 年沃尔科特获奖的时候，他已经出版了十七本诗集，包括《坐船遇难的人》、《海湾》、《另一种生活》、《海葡萄》、《幸运的流浪汉》、《仲夏》、《阿肯色河的遗嘱》、《欧莫如斯》等等，另外还有《猴山之梦》和《最后的狂欢节》等五部剧作集。研究沃尔科特的创作历程，也可以看出，在"文化认同"的问题上，他并非没有坎坷，并非一帆风顺。早年，因为生长在欧化的家庭环境中，他不太认同当地其他族群的文化风俗，甚至有些格格不入，他的早期诗歌就写出这种矛盾心情，有孤独不合的咏叹。对于自己非洲的血统，他更感到生疏遥远，在一首题为《来自非洲的遥远呼声》的诗作中他曾经这样写出内心的矛盾：

> 大猩猩在跟超人角斗。
>
> 我，沾染了双方的血毒，
>
> 分裂到血管，我该向着哪边？
>
> 我诅咒过
>
> 大英政权喝醉的军官，
>
> 我该如何
>
> 在非洲和我所爱的英语之间抉择？
>
> 是背叛这二者，
>
> 还是把二者给我的奉还？
>
> 我怎能面对屠杀而冷静？
>
> 我怎能背向非洲而生活？

从中期作品《另一种生活》和《海葡萄》开始，博览群书的沃尔科特视野大为广阔，例如他在《另一种生活》的长诗中写下对一个俄罗斯姑娘安娜的思念，"在那头发里我可以穿越俄罗斯的麦地，你的手臂是成熟坠落的梨，因为你，实际上，已变成另一故乡。"在这一时期的作品中，他对于西印度群岛本土文化的认同感也明显加强，欧洲文化传统开始融汇加

沃尔科特十六岁写了五部剧

勒比文化的民间语言特色,并逐渐扩大延伸到他的另一个文化血统资源非洲文化,形成多元而具有历史感的创作风格。

读过沃尔科特诗作的人大都会赞同,这个来自小小加勒比岛国的诗人确实具有语言天赋,词汇选择精妙,字如珠玑,品位很高,在英语文学界已经早有定评。布罗茨基就称赞沃尔科特是"今日英语文学的最好的诗人"。尤其是沃尔科特的史诗《欧莫如斯》(1990年)长达三百页,分六十多章,更能看到其规模宏大可追荷马史诗《奥德赛》,可比但丁《神曲》,也不亚于弥尔顿的《失乐园》。这部诗作描写一个叫阿基利斯的渔民的经历,他离开西印度群岛在海上漂流,经过美国东海岸和欧洲英伦三岛,最后到达西非。这部史诗里既有现代诗风的瑰丽意象,又有加勒比海土著的原始神话传说,有非洲文化的遗痕,还有希腊神话荷马史诗人物的影子,例如诗中描写阿基利斯和一个叫做赫克托尔的出租车司机为了一个叫做海伦的漂亮女仆争风吃醋,而这些人名众所周知都是来自希腊神话荷马史诗。这是叙述一个失去家园的人寻找家园的故事,也是一个失去文化身份的人寻找文化身份的历程。这部作品气势恢弘而非常有光有彩,确实像是给漂流者在海洋上指引航程的灯塔,也就是文学院所说的"光能"。因此有人赞美沃尔科特复活了古希腊史诗,是"新爱琴海传统",还把他誉为"当代荷马"。

沃尔科特得奖那年,我翻译了几首他的诗歌。其中有一首诗是题写画家梵高的《自画像》,写出了一个艺术家必须超越自己的创作过程,这个过程甚至可以是"痛苦的过程"。我正是从这首诗中,感到这个来自加勒比小岛的诗人较之我们一些中国诗人要远高一筹,因为当我们的诗人还只是强调表现自我,并且自我欣赏自己的"自画像"的时候,沃尔科特早已经指出了"这不够",指出了超越的必要,而正如他说自己是一个"无名之辈"同时也是"整个国家",这里,艺术虚构和自我实体完成于对立之中。我把全诗抄录如下:

自画像

梵高的孤独。
梵高的卑俗。
梵高的恐怖。

他照着镜子,
动手画自己。

他发现那里没有别人
只有文森特·冯·梵高。
这不够。

他割去一片耳朵。
他照着镜子:
那里是文森特·冯·梵高。
耳朵缠着绷带。

那和他的肖像相似,

他试图保持,

首先,他必须消失。

需要依靠还原来达到

超越任何更大的恐怖

依靠痛苦的过程

等到镜子不再提供

名声或者痛苦

不摇头也不点头

或是可能,或是立刻,或是

摇头。那里没有别人,

没有文森特·冯·梵高。

卑俗、惊惧、孤独。

只有一个虚构。一个实体。

　　沃尔科特同时是一个相当出色的剧作家,获奖时已经出版了五本剧作集,至今为止则已经创作了二十多部剧作,大多以加勒比岛国的社会生活为题材,写出土著文化与殖民文化和现代文明的冲突,写出加勒比人的"文化认同"困境。那年文学奖揭晓时,瑞典皇家剧院就正在上演他的《最后的狂欢节》。剧院院长当时确实像中了头彩一样高兴,预计剧院的票房收入会立刻大大增加。

　　所以,为什么是沃尔科特?当人们最初的惊讶平息下来之后,大多数人还是觉得瑞典学院的抉择合乎情理,不算是一件什么奇迹。瑞典报纸报道,当年瑞典文学院公布获奖作家姓名之后,来自各国文学界的挑剔批评出奇地少。人们必须承认,就算沃尔科特是一匹黑马,也是一匹无可非议的好马。在此我们应该再次提到最早相中这匹好马的就是大诗人布罗茨基。这个世界的诗人很多,诗人的小圈子也很多,但是有些圈子虽然很小,却聚集了一些伟大的诗人。在沃尔科特比较活跃的这个国际诗人圈子里,除了布罗茨基,还有在他之后于1995年获得诺贝尔文学奖的爱尔兰诗人希尼。我看他们几乎是互相提携着先后进入诺贝尔文学奖的圣殿。1987年,当布罗茨基自己来斯德哥尔摩领奖的时候,他的瑞典文出版商问他今后应该翻译出版谁的作品。这个平时非常傲慢、很看不起其他诗人的布罗茨基却几乎不假思索地回答道:"德瑞克·沃尔科特"。

沃尔科特的第一本也是得奖前出版的唯一一本薄薄的瑞典文翻译的诗集《冬天的灯》就是这样问世的。我想,冬天正是隐喻北欧的寒冷,而灯光给人光明和温暖。沃尔科特的诗歌就带给瑞典读者光明和温暖。布罗茨基亲自为这本诗集写了序。在序中,布罗茨基开首就这样写道:沃尔科特这本瑞典文诗集的出版,就像大西洋暖流流向北欧,流向瑞典,把加勒比海的温暖带给这个斯堪迪纳维亚半岛的寒冷国家。

于是,环球同此凉热!

1992年11月初稿
2009年4月底修改

附沃尔科特诗二首：

海　藤

我的友人一半已经死亡。
我要给你制作新的,大地说。
不,还是把他们还给我,照原来模样,
连他们的瑕疵和一切,我哭嚷。

今夜我可以穿过这些海藤
从微弱低沉的拍岸涛声中
抓住他们的谈话,不过我不能行走

不能在大洋月光荧荧的叶片上
独自走下那条白色的路
或者随着梦绪随意飘荡

似猫头鹰离开大地的负荷。
呵,大地,你留下的友人的数量
超过了那些剩下的开爱的人。

悬崖边的海藤闪烁绿光银光
它们是我的信念披挂的天使长枪

从失落的东西中生长出的更加强壮

它有石头的理性的光芒
有不朽的月色,比绝望更长远,
强壮如风,穿过分开的海藤
把我们心爱的带到眼前,照原来模样,
连他们的瑕疵和一切,不更高贵,一如往常。

准备流亡

我为什么想象曼德尔施塔姆的死亡
是在正变黄的椰果中,
为什么我的天赋已经回头
寻找一片影子去填满大门
还要把这页纸张传递到天食的阴影中?

为什么月亮伸展成了弧光灯
而我沾满墨迹的手对着一个耸肩膀的警官
准备做拇指向下的手势?
空气里的这种新臭味是什么
那空气本来发咸,本来在天亮前像石灰一样融化,
我的猫,这是我的想象,从我的路上跳开,
我的孩子们的眼睛已经好像地平线,
我所有的诗,甚至这一首,都想躲藏起来?

瑞典学院颁奖词：

"通过想象力和诗意为特色的小说艺术，使得美国现实的某个重要方面栩栩如生。"

瑞典文原文：

"som genom en romankonst präglad av visionär kraft och poetisk pregnans levandegör en väsentlig sida av amerikansk verklighet."

托妮·莫里森近照
（Toni Morrison，1931—　）

她拥有成千上万的读者

——1993 年诺贝尔文学奖获奖作家、
美国小说家莫里森解读

　　1993 年的诺贝尔文学奖评选结果，可以算是个爆了一个大冷门。当时六十二岁的美国黑人女作家托妮·莫里森异军突起，拔得头筹。这是继 1986 年尼日利亚作家沃尔·索因卡为黑非洲获得第一块诺贝尔文学奖奖牌，而 1992 年西印度群岛圣卢西亚诗人沃尔科特也获得诺贝尔文学奖而刮起加勒比文学旋风之后，黑人文学又一次在世界文坛上大出风头，大放异彩。而莫里森也成为第一位获得诺贝尔文学奖的黑人女作家。

　　那几年，瑞典学院在评选诺贝尔文学奖的时候，好像总是别出心裁，频频使出怪招，出人意料之外，故意和媒体作对。那些媒体看好的文坛高手，早已蜚声世界文坛的诗人，著作等身的作家，往往往名落孙山，被冷落一旁，倒是本来并不起眼的作家，却能获得院士们的青睐。这好像是新郎在婚礼上把原来已经梳妆打扮停当的新娘撇在旁边，突然去另择新欢。

比如说，按照一般人的思路，由于之前两年的诺贝尔文学奖都是给了英语作家，很多记者和评论家都预测这年的文学奖会发个其他语种的作家，名单也列出了一串。尽量照顾到各个语种是瑞典学院过去的惯例，可是这次瑞典学院并不按照这些人的思路出牌，继续发奖给了一个英语作家。

再比如说，由于来自特利尼达的黑人诗人沃尔科特 1992 年刚刚获奖，而之前 1991 年的南非作家戈迪默也涉及黑人问题，那么几乎没有人会料到瑞典学院会再把绣球抛向黑人文学这个领域。如果再考虑到之前的获奖者是墨西哥诗人帕斯，也是美洲文学，也很少有人估计瑞典学院这次会再次把绣球抛向大西洋的那一边，再次冷落了欧洲。因此，当瑞典学院的常务秘书斯图尔·阿连宣布了本年度评选结果的时候，在场的记者大都愕然，还有一位记者甚至当场惊叫起来："什么？莫里森？一连给了两个黑人，我简直不能相信！"

信不信由他！但是，一句话：谁也号不准瑞典学院的脉！

有关是否实至名归的争议

对于诺贝尔文学奖的评选结果，瑞典文学界历年都有批评和争议，这是用不着大惊小怪的。1983 年英国小说家威廉·戈尔丁获奖的时候，很多瑞典评论家就觉得英国小说家格雷厄姆·格林更应该得奖,为他鸣冤叫屈。不过,近年来,这种争议更加常见,人们对瑞典学院的批评似乎更甚于以往。莫里森获奖的消息公布之后,世界各大媒体的反应虽然还是肯定赞赏的意见为多,但也有一些人为那些他们认为更应该得奖的作家打抱不平,认为瑞典学院的评选越来越不公正,不是以作家的文学成就和艺术价值为准,而是牵涉到了政治因素的考虑,甚至还考虑地域、种族、性别、肤色。有人在报纸上指责说,那些年的得奖作家都名不副实,当之有愧。例如南非女作家戈迪默和这次的莫里森都是,无论在作品的数量上还是质量上都比较逊色,但是她们因为政治立场或者性别、肤色特征而占了便宜。有个评论家说,莫里森充其量只能算是一个通俗小说家,而且也只发表了六部作品,数量都有限。她不过是以题材占了先机,因为涉及黑人生活,而且还有当下流行的女性主义文学的独特视角,所以能够满足一种大众化的阅读趣味。

总而言之,按照这些人的观点,莫里森本来不够分量,不够资格,但是因为她是黑人作家,又是妇女作家,又描写黑人妇女生活,所以瑞典学院是考虑了这些因素才给她颁奖。换句话说,她的得奖更多地反映了政治的因素,社会的因素,而非文学的因素。《瑞典日报》的文化版主编彼得·路德森就尖锐地批评瑞典学院这种力图在政治上保持保险的立场。他不无讥讽地在评论中写道:"瑞典学院今年在政治上当然是百分之百的正确,但是,文学上呢?"言外之意,从文学上看,给莫里森颁奖是有失水准。他还挖苦那些瑞典学院院士由于担心政治上犯错误,害怕阿拉伯国家的压力,就变得小心翼翼,而不敢肯定《撒旦诗篇》的作者萨曼·拉什迪的艺术成就。据我所知,在欧美文学界,发表类似路德森的看法的人,还颇有几位。

对于上述的批评，瑞典学院自然是不会接受的。常务秘书阿连在回答记者的提问时反复强调，院士们评判时只以作品的艺术质量为唯一的标准，他们不会考虑作者的性别和肤色，也不会受到政治因素的干扰。他们高度评价的就是颁奖词中概括的莫里森的小说才华，是她的富有想象力和诗意的语言，是她的独特的叙述技巧和幽默风格，而所有这些都是为了展示美国黑人的现代生活，表现作者对于人类的关注和同情。

小说艺术具有导向的优势

既然争议的双方都认为诺贝尔文学奖的评选不应该受到政治因素的干扰，那么，莫里森的获奖是不是实至名归，就在于如何评价她的小说作品，是否就如反对方说的那样分量不够。更确切地说，是要看她的小说和其他具备竞争力的小说家较量的时候能够显示哪些优势，哪些特点。当代的世界文坛上，拥有诺贝尔文学奖水准的小说家确实很多，有些作家的创作确实数量上远比莫里森要丰富，例如美国的女作家乔伊斯·卡罗尔·欧茨就足可和莫里森匹敌，很可能是有过之而无不及，但是，为什么瑞典学院还是在百花丛中要独采这一枝花朵呢？

我以为，瑞典学院的选择当然有充足的理由，而且其中还颇有深意。这种理由不是政治的，恰恰是文学的，也是文化的。不可否认，诺贝尔文学奖是具有世界影响力的一项殊荣，它对于文学创作者有一种导向和示范的作用。1982年哥伦比亚的加夫列尔·加西亚·马尔克斯获奖之后,拉美的魔幻现实主义文学就风靡世界,甚至影响到了中国作家的写作,这是一个很好的例子,说明诺贝尔文学奖的影响。瑞典学院显然是非常清楚这种导向作用的,而且希望通过颁奖起到这种作用。我后来读到瑞典学院院士、曾经担任评委会主席的埃斯普马克介绍诺贝尔文学奖的书《诺贝尔奖》,其中第六章"不为人知的大师"就提到八十年代以来,瑞典学院希望通过文学奖来引起全世界对于优秀的但是还不太为人熟知的文学的重视,就是所谓的"冷的文学",借此推动世界文学的进步,从而真正实现诺贝尔在他的遗嘱中所规定的,"文学服务于人类文明"的目标。

莫里森的小说不算是"冷的文学",读者广大,但也是西方文学主流外的边缘文学,和之前获奖的加勒比诗人沃尔科特相似。所以,在我看来,瑞典学院选择莫里森,不仅仅是肯定她的作品的艺术价值,也是注意到她的小说虽然数量不多,但是在当下进入多元文化时代的世界文学创作中能起到导向和示范的作用,具有特殊的优势。

莫里森小说的这种优势,首先表现在它显示了现代多元文化社会环境中新兴的边缘文化或者亚文化的生机和活力。她的作品毫无疑问是现代黑人文化的一部分,这种文化本身虽年轻,但是也有丰富的历史资源,同时还能够融合其他文化资源的优秀素质。过去,欧美文化主要是以白人为中心的文化,而这种资源现在显然有耗尽了的趋势,作家所追问的问题几乎穷尽,手段也有些陈旧,那么,莫里森的创作所推动的黑人小说的发展,自然是给资源枯竭的主流文学更换新血,重注生命。如果说,前一年给加勒比诗人沃尔科特颁奖,已经说明了瑞典学院对于边缘文学的重视,而再次给黑人作家发奖,更是表现出瑞典学院顺应当今世界多元文化潮流的决心,也能让人看到瑞典学院当下评选诺贝尔文学奖时的新的标准和想法。

对于那些热衷在主流中随波逐流的作家,这是否也算是一点启示呢?

莫里森小说优势的第二个方面,是她的广泛的可接受性,拥有广大的读者。有些批评家说她通俗,这是说得不错的,她可以算是相当通俗的作家。她的小说数次进入美国畅销小说之列。她本人明确地表示过,她从事小说创作的一个原因,是因为她发现黑人世界太沉默了,表现黑人尤其是黑人妇女生活,并为她们抒发胸臆的作品太少了,所以她愿意做一个黑人的"喉舌",特别是黑人妇女的代言人,为了黑人大众写作。更明确地说,她不是那种号称写作只表现自我、只表现个人的作家,而是为了读者,为了读者又能"被读"。在当时的世界文学界,一些严肃作家声称"告别读者",声称这是不为读者而写作的时代,那么莫里森的想法对于严肃文学来说好像有些不合时宜,有些胆大妄为。有人因此认为莫里森的作品实际上还带有对于主流文化的比较明显的政治抗议的色彩,连她自己都不否认这一点,她在一篇文章中甚至干脆强调,"最好的艺术都是政治性的"。

不过,莫里森不是简单地代表黑人对白人文化抗议,也不是简单地代表女人对男人文化抗议,而是以她本人既作为黑人又作为女人的身份,以自己的丰富经历,加上作家的"想象力和诗意",透视黑人和女人自身的问题,寻找问题的症结,从而对这个世界的不

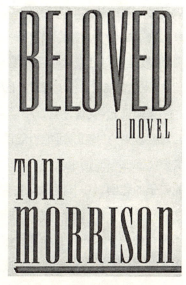

公提出抗议。她涉及的其实是人性的普遍危机，不论黑人白人，不论男人女人，其实都无法逃脱这种危机感，所以她的作品具有了超越种族意识、性别意识的艺术魅力，具有政治性和文学性兼顾的优点，能为更广大的读者接受，这包括白人和男性读者。至少在白人为主的瑞典，根据统计，她的小说译本，销售率和图书馆的出借率也是相当高的，包括男女老少，包括不同阶层，知识分子、劳工阶层和雇主阶级，都有喜欢她的读者，可以说是雅俗共赏，男女咸宜。

代表作《爱儿》的诗意想象

坦率地说，莫里森获奖之前，我对她也是孤陋寡闻，并不知道这位美国女作家，所以当年应约写评论，也就是谈谈对瑞典学院颁奖的看法，皮毛而已。莫里森获奖之后，我总算阅读了她的代表作《爱儿》。我曾看到一篇书评声称，"不读莫里森的《爱儿》就无法理解美国文学"，而我本来自以为对美国文学还是很有兴趣、做过一番研究的，因为我在中央戏剧学

莫里森代表作《爱儿》的原书封面

院读研究生时的专业就是欧美戏剧，而按照导师的分配，另有几位师弟专攻法国戏剧、德国戏剧、莎士比亚戏剧等等，而分配我专攻

易卜生之后的现代欧美戏剧,自然包括了美国的戏剧文学,所以我的硕士论文就是研究1936年获得诺贝尔文学奖的美国剧作家奥尼尔的剧作。那么,照这篇书评的看法,要加深理解美国文学,还真应该读读莫里森的《爱儿》。

这部小说的情节是有历史依据的,参照的是1856年女黑奴马格列特·伽纳在逃亡途中为了避免自己的婴儿重新被奴隶主抓回再遭奴役蹂躏而亲手把孩子杀死的事件。但在《爱儿》中,作者不是用一般写实手法来再现这个事件,而是通过丰富的想象和充满奇异诗意的描述重新复活历史的一个侧面。女主人公——逃亡成功的女黑奴赛特试图重建自己作为自由人的生活,但总是被逃亡中自己杀死的婴儿的阴魂纠缠。"爱儿"本身是母亲杀死的婴儿坟墓上刻写的名字。读者只要想一想,一个让你活得不得安宁的魂灵,居然是你自己被迫杀死的爱儿,这是什么命运什么人生?仅仅就这一点,这部小说也就足以让人感叹、让人深思了!

顺便说起,我现在看到中译本翻译成了《宠儿》,似觉不如《爱儿》合适,因为"宠儿"可能引起误解,也没有突出原文的"爱"字(英文原文 beloved,词根就是 love,"爱"),这是出于母亲的"爱"而杀死亲子的悲剧。还有读者反映翻译糟糕,连女主人赛特的名字也翻译成了塞丝,译者显然并不知道如何发音。我必须坦率地说,中国现在翻译介绍外国文学问题很大,有的胡乱翻译简直是糟蹋文学作品,有损原文,也贻误中文读者。包括翻译瑞典学院的颁奖词都不是非常准确,实在令人遗憾。

《爱儿》不是一个直接叙述奴隶制度本身如何残忍、缺乏人道的故事,不是美国文学史上著名的《汤姆叔叔的小屋》(早年翻译为

《黑奴吁天录》），而是通过描写奴隶制度废除后依然遗留给黑人的难以平复的心灵和精神伤害来谴责这个制度，也是分析黑人本身如何摆脱历史创伤遗留下的心理问题。在小说中，赛特的家总是闹鬼，连两个儿子也听信鬼话，担心母亲也会杀死他们，因此未成年就早早逃离家庭。赛特家后来还来了一个十八岁的黑姑娘，样子也活像是当年的"爱儿"，似乎是"爱儿"复活了，或者是个化身，还会唱赛特给自己的孩子唱的儿歌。她来追究母亲的责任，追索失去的母爱，她像鬼魂一样纠缠母亲，还通过自身具备的巫术般的力量来勾引制服母亲的情人，从而破坏母亲的生活，弄得她寝食不安。当黑人们帮助赛特驱巫赶鬼的时候，"爱儿"又神秘地消失了。她给人留下永久的悬念，因为她可能随时随地回到黑人的生活中来。

这种家里闹鬼、巫术迷信的故事，本来是美国黑人民间文学中的传统，还让人联想到1949年获得诺贝尔文学奖的美国作家福克纳的小说风格，所以，瑞典学院在新闻公报中特别说明，她的小说中也有"福克纳和美国南方作家的文学资源"。当然，资源也不仅于此。例如，小说中其实一直没有点名来到赛特家的这个神秘黑姑娘的真正身份，还有人指认她其实是从某个继续私关黑奴的白人家里逃出来的，让人悬疑。这种悬疑手法加强了小说的神秘性和可读性，依我看，这和英语文学中悬疑大师柯林斯的经典作品《白衣女人》在情节上有些相似，那部小说中也有一个死去的女孩子和活着的女孩子身份交叉的神秘情节。莫里斯是科班出身，学习过英国文学，能够吸取前人的手法而淋漓发挥，也是成功之道。

《爱儿》的确是一部出类拔萃的经典作品。它也证明，瑞典学院的鉴赏能力真是很高很有远见的。2006年，美国《纽约时报》约请美国文学界一百二十五位权威人士,评选二十五年来最好的美国小说,结果莫里森的小说《爱儿》击败所有对手,名列第一。莫里森确实是只美丽的黑天鹅,尽管也有人看走眼,曾经认为她是个"丑小鸭"。

严肃文学在商业社会的成功范例

拥有成千上万的读者,数度登上了畅销书榜,是否就能证明莫里森是个商业化的通俗作家呢?当然不能,因为谁也不能否认她的严肃的写作态度,否认她的作品对于人性揭示的深度,以及她的高超的小说叙述技巧。她不是靠着所谓"下半身写作"和满足读者的低级欲望和趣味来热销作品,而是靠智慧的结构和技巧,靠想象和诗意来引导读者的阅读兴趣,她能提高读者的审美能力、历史感和知识品位。

想起八十年代初中国文坛有个故事,说日本女作家有吉佐和子访问中国,听说自己的《恍惚的人》中文版印刷了上万本,脸色有些不好看,中国的接待者还以为人家嫌印少了,还想解释,可人家的意思是印多了,说是在日本才印两千本,已经算印多了,因为自命是高雅的文学,没有多少人能看得懂。如此看来,越热卖就是越不高雅了。

其实,后现代社会中,所谓严肃文学和通俗文学之间的界限也已经模糊不清,并不能说热卖的作品就一定是低俗的作品,登上排行榜就是落俗。通俗与高雅,也常在位置互换中。以风为雅,中国过去的俗文学,例如话本、小说、宋词、元曲,如今都是高雅的经典了。

　　莫里森的小说实际上是创造了严肃文学在商业化社会中进入通俗领域的一个成功范例。我想,这大概就是瑞典学院最为欣赏莫里森小说的地方。记得 1991 年诺贝尔奖九十周年,瑞典举办了隆重的庆祝纪念活动,邀请很多在世的诺贝尔奖获得者都来参加,安排了一次题目为《困难的文学与商业化社会》的专题研讨会。我也有幸列席参加。让我感到有意思的是,会上发言的这些院士和大作家,并不是简单地对商业社会抱怨和贬斥,摆出对抗的姿态,而都是认真地讨论严肃文学如何解决读者日益减少的困难,如何争取更多的读者来读高雅严肃的诗歌和小说,从而与商业文学和通俗文学分庭抗礼。有一位发言的院士甚至提议,应该动员各大航空公司在飞机上免费提供严肃文学作品供乘客阅读,一如飞机上提供免费的食品和饮料。我当时听到此话,还觉得是有点开玩笑,感到这位院士也太天真了。但是,我也能听出,这些话中不乏一份对于商业大潮中严肃文学困难状态的真挚关切,希望读者能够读到好的文学作品。而现在航空公司,可以在飞机上提供影视娱乐,注重感官享受,确实也没有关注到乘客可能还有更高要求的精神需要。

　　那么,如果瑞典学院发现了莫里森的小说艺术,既属于严肃文学,又能拥有成千上万的读者;既具有个人的独特视角和一流水准,又能带动大众对于社会生活某个方面的关注,就是颁奖词所说的,"使得美国现实的某个重要方面栩栩如生",他们把一个绣球抛给她,也就是自然的事情了,还有什么奇怪呢?

　　莫里森能够处理好个人表达和大众文化的关系,让严肃文学在商业化社会中也获得成功,在这一点上,对中国的作家们应该有所启示。我们的文学不是放弃了自我去向大众献媚，就是躲进了个人艺术的象牙之塔，好像除此之外，别无他路可走。

要问什么是真正意义的为了大众的文学，而同时又是具有高度文学价值的文学，还能让人清晰地听到个人的声音，那么，我们真的应该读读莫里森的小说！

原文发表于 1993 年 11 月号《明报月刊》

2009 年 5 月 16 日改定

瑞典学院颁奖词：

"用诗意的力量创造了一个想象的世界,其中生活和神话浓缩成为当代人类境遇的一幅令人难堪的图画。"

瑞典文原文：

"som med poetisk kraft skapar en imaginär värld, där liv och myt förtätas till en skakande bild av människans belägenhet i nutiden."

大江健三郎
（Ōe Kenzaburō, 1935—　）

抛给一个民族国际主义作家的花环

——1994 年诺贝尔文学奖获奖作家、
日本小说家大江健三郎解读

　　"我一次又一次狠狠地掐我的胳膊,我想证实自己是不是在做梦",这是大江健三郎当时在电话里对采访他的瑞典记者说的。"我的胳膊都被我自己掐青了,现在我才相信我确实是获得了诺贝尔文学奖！"

　　兴奋、喜悦和激动全然溢于言表。

　　一个来自日本爱媛县森林中偏僻山村的少年,五十九岁时居然要登上世界文学最高的领奖台,这当然让他怀疑自己是在做梦,而不敢相信是梦想变成了现实。

　　诺贝尔文学奖,举世公认的文学最高荣誉！ 最有分量、最有权威性、最重要、最受人瞩目的文学桂冠！

　　获得这个桂冠,表示作家的艺术成就得到了国际的承认,就像是他被重新命名和受洗,从此他在世界文学的圣殿里有了一席之地。不仅如此,这个奖还会给作家带来巨大的财富。除了巨额奖金,还有随之而来的源源不断的版税收入。过去,大江健三郎的瑞典文译本在瑞典卖得不好,而现在,他的瑞典出版商说,评选结果一公布,出版社的传真机上就不断打印出从全国各地书店发来的订单,库存已经远远不敷需求,必须马上加印。世界各地都是如此,有的国家还从来没有翻译过他的作品,连大江健三郎的名字都不知道,更别说看过他的书了,而现在世界的各大报纸都在头版登出了他的照片,他的书也摆上书店的橱窗,很快将成为很多家庭的收藏之物,也将成为送赠亲友的理想礼品。

1994 年大江健三郎得奖时到斯德哥尔摩大学东亚系和师生聚会,和作者万之等攀谈。(万之提供)

　　1992 年,大江健三郎曾经到我任教的斯德哥尔摩大学东亚学院来访问,那个时候我们曾经坐在一起午餐。我没想到他的英文也不错,人也和蔼可亲,不摆大作家的架子,交流起来没有一点问题,也能看出大江健三郎对中国人特别友好。我们曾谈到中国文学,他也非常熟悉、非常关注,既熟悉鲁迅的作品,也谈到了郑义、莫言等乡土气息浓厚的当代中国作家,对他们非常欣赏。当时我更没有想到,两年后大江健三郎就又来到了斯大东亚学院,而这次他是来接受全体师生的庆贺,是来领取诺贝尔文学奖,而他在做例行的得奖作家演讲时,确实特意提到了中国作家郑义、莫言的名字。

缩小东西方文化的落差

其实,瑞典学院的评选结果不太出人意料。之前,斯大东亚学院日语系的教授就在努力推动,所以还请大江健三郎来访问,只是我也没有想到会那么快有结果。他的名字在瑞典新闻界预测评奖结果的作家名单上已经频繁出现。根据瑞典学院近年来比较侧重非西方主流文学的趋势,以及对亚洲文学的越来越明显的关切,一个亚洲作家很快会登上领奖台已经在人们的意料之中。不过,评选结果揭晓之前,新闻界也有人认为,由于前几届都是南非、北美、加勒比海岛国,那么今年应该轮到一个欧洲作家了。欧洲依然是人文荟萃之地,有众多具备问鼎诺贝尔文学奖实力的优秀作家,再次冷落他们,似乎有失公允。然而,瑞典学院这次还是把花环抛到欧洲之外,而且从西方抛向东方,从大西洋抛向了太平洋。

九十年代初,有关"世界文学"的讨论比较热烈,最纠缠不休的一个问题就是东西方文化之间的落差和冲突,对于"西方文化霸权"的批评比较严厉,爱德华·萨义德的"东方主义"理论正风行世界。那么,如果瑞典学院希望诺贝尔文学奖是名副其实的代表"世界文学"最高成就的一项荣誉,长长的获奖作家名单就不能总是让西方作家垄断,而亚非作家的名字寥寥无几。瑞典学院已经注意到这种不平衡不合理,而希望能够逐步扭转这种局面。给大江健三郎颁奖,说明瑞典学院继续努力缩小诺贝尔文学奖席位分布上东西方之间的巨大落差,继续提升非西方文学或者第三世界文学的地位,继续推动各国文学的"国际化"。诺贝尔文学奖显然已经和"世界文学"的概念联系在一起,并且在这种世界文学的发展中将会扮演比较重要的角色。例如,通过给哥伦比亚作家马尔克斯颁奖而在世界文坛上引起所谓"拉美魔幻现实主义文学"的爆炸,通过给圣卢西亚诗人沃尔科特颁奖,刮起过"加勒比旋风"。

遗憾的当然是中文作家依然落后于日文作家,继续在获奖作家名单上缺席。依我个人的理解来说,因为日文作家已经有了1968年获奖的川端康成,瑞典学院这次应该考虑中文作家的人选。那年,我在文章中写道:"种种迹象表明,瑞典学院这几年一直在认真考虑给中文作家颁奖的可能性,使这一历史悠久、使用人口众多的语种的文学不再在诺贝尔文学奖的名单上继续缺席(作者注——最初发表原文其实是用'中国',马悦然先生阅读此文后曾经特别指出,诺贝尔文学奖不是给哪个国家的作家发奖,而就是给一个作家发奖,不论国籍。本文作者也深感自己的说法有问题,应该强调的是'中文'而不是'中国',因此修订此文时作了修改,和原来发表的文章已有不同。)。1985年瑞典学院把著名汉学家马悦然接纳为院士,就是希望增加对中国文学的了解,而马悦然先生为翻译介绍中国当代文学、为争取中国作家获奖,确实做了大量的工作,其卓越贡献有目共睹。据马悦然先生本人介绍,如果沈从文先生没有去世,就很可能已经获奖了。"这种说法,后来也有瑞典学院的其他院士证实,例如执行初选的五个院士组成的评委会主席埃斯普马克就对我说过。

那两年,有关中国作家或者诗人入围出线的传闻确实也很多。马悦然翻译出版了北岛的诗歌和高行健的《灵山》及收集十个剧本的《彼岸》,瑞典皇家剧院还上演了高行健的剧作《逃亡》。斯大中文系主任、汉学家罗多弼教授也一直在提名推动这两位作家。马悦然还安排北岛出席了1991年诺贝尔文学奖九十大庆活动,北岛也穿上燕尾服出席了诺贝尔宴会,已经和应邀来参加庆典的获奖作家地位同等,而大江健三郎倒没有这样的荣幸。所以,虽然我知道日语教授也在提名推动大江健三郎,但我总以为中文作家应该在优先考虑范围内。为什么这次还是日文作家而不是中文作家获奖,我以为只有这样解释:一、瑞典学院对于这些中文作家的文学成就还不尽满意或者还不够充分了解,需要假以时日继续考察,等待这些作家拿出更有说服力的作品,水到才能渠成;二、对于谁是合适的中文作家颁奖人选瑞典学院内部还没有达成多数赞成可以通过的意见,因为这个评奖机构毕竟是众多院士组成的,不是一两位院士的推荐就可以通过的。我个人认为第二种可能性更大,因为就创作实绩来说,这些作家也不一定就比大江健三郎或者其他诺贝尔文学奖得奖作家逊色,况且孰优孰劣,总会有不同看法。所以,只可能是瑞典学院内部对中文作家人选还没有取得一致,那么，如果要物色一个亚洲作家，大江健三郎出类拔萃，反而更容易成为多数院士接受的选择了。于是，中日作家对诺贝尔文学奖的角逐，中文作家再一次比分落后，成了零比二。

无论如何，东西方文化的落差在缩小，而中文作家获奖，也不会是遥远的事情了。

"深刻的日本国际主义者"

大江健三郎的获奖，和之前墨西哥诗人帕斯、南非女作家戈迪默、加勒比诗人沃尔科特、美国黑人女作家莫里森的获奖，足可说明瑞典学院在东西方文化冲突问题上新的态度、新的立场和评价标准：作家既不应该屈从"欧洲中心主义"或"西方文化霸权"或"白人文化优势"，又要超越保守狭隘的民族主义，防止极端的种族情绪和原教旨主义，不利用反对"西方文化霸权"的名义来排斥本来可以超越东西方文化冲突思维模式的人文价值。

换一种说法，就是作家应该立足于本国文学而又不囿于本国文学的局限；他不能仅仅以本国文化传统来自我定位，而是应该以本国文化传统在当今世界国际化文化环境中的位置来定位。这就是一种文化上的"民族国际主义"的立场。大江健三郎其实就是一个典型的"民族国际主义"的作家，所以瑞典学院给他颁奖，也是抛给一个"民族国际主义"作家的花环。

瑞典学院称赞大江健三郎一方面是为日本读者写作，另一方面打动日本之外的读者的心，因为他的作品"用诗意的力量创造了一个想象的世界，其中生活和神话浓缩成为当代人类境遇的一幅令人难堪的图画"。这里说的"当代人类"当然不仅仅指日本人民，而是地球上的人类。这些话如果仔细分析，也完全可以用于很多其他国家的作家，成为"民族国际主义"文学很好的注释。

"民族国际主义"这个词听起来有些荒唐，好像是把两个截然相对的概念硬凑在一起，民族主义者往往也不会是国际主义者。但是，我也无法想出一个更合适的词来描述一个作家在全球化的文化互动环境中面对本国文化时的力求两全的立场和心态。其实，这个词也并非我的新创，而是借用执教于东京索非亚大学的希腊籍哲学教授亚松·洛索斯的说法，他认为大江健三郎是一个"深刻的日本国际主义者"。这里，"日本"不仅仅是表示作家的身份国籍，还是他的立场。洛索斯说，在日本这样一个民族主义传统根深蒂固的国家，大江健三郎本来是一个著名的反民族主义者，同时也是最具有国际主义色彩的作家，然而，在某种意义上，正是因为他的这种态度，他又比所有日本人都更日本。

在这方面，大江健三郎本人的思想表述、文学方面的实践和理论都可以成为一种佐证。他本人非常强调他是日本作家，是为日本读者写作，他的作品总是描写当代日本人和他们的生活，而且主题都是针对日本在第二次世界大战之后的重大社会问题。日本文学界，还有他的译者，都认为他的文学语言丰富了当代日语，其特色难以用其他语言转述，非常难翻译。同时，他也强调今天的日本是在国际化的社会和文化环境中，日本人面对的问题和生存困境，也往往是人类共同的问题和生存困境，所以，描写日本人的日本文学，也自然就是世界文学的一部分。

大江健三郎在斯德哥尔摩大学演讲介绍日本当代文学的时

候,提到一个比较著名的日本当代作家安部公房,称赞他以超越了民族主义的心态来展现日本人的现代生活,倒使得作品更具全人类都能接受的普世性意义。我想这些话,也都适用于大江健三郎本人。欧盟曾经在1989年授予他犹罗帕利文学奖,颁奖词也是表彰他创造的文体既能够表现作为日本人的个人体验,又与人类普遍性经验相结合,对欧洲文学也给予了相当的影响。

把大江健三郎和之前的获奖作家川端康成做一个比较,对于大江健三郎"民族国际主义"的特点可以看得更加清楚。川端康成1968年到斯德哥尔摩来领奖的时候,他的诺贝尔文学奖演说辞是用日语,题目是《日本、美和我本身》,就是说,民族国家、艺术之美和作家三者之间构成一种自在的共存互属关系和互相确证关系。只要表现为日本的独特的,就是美的,同时也是能确认作家的自我身份的。川端康成钟情于日本古典文学的优美,钟情于东方的神秘主义,毫不否认《源氏物语》和禅宗诗歌对他的影响,在演说辞中大量引用了日本的古典诗歌,并强调这样才可以把他自己和西方文化区别开来,例如把自己的禅宗式空灵和西方的虚无主义区别开来。当时的瑞典学院院士们着迷的正是这种西方人不熟悉的异国情调,是典型的日本特色。他的作品后来在中国还颇为流行,比如《雪国》和《伊豆的舞女》等等都有中文翻译,我想读过这些作品的读者大都能感觉到这种典型的日本特色,自然也是作家自己的特色。这和我们阅读中国的《红楼梦》等古典小说一样,这些作品自成一体,我们可以感觉到作品的强烈的民族性,能看到作家不可置疑的民族身份,它和一个国际文化的环境几乎没有关联。

日本还有一个狂热的民族主义作家三岛由纪夫,还是川端康成的挚友。三岛由纪夫剖腹自杀之时,很多日本作家闻讯赶去,而他只允许川端康成一人进入听他的临终遗言。川端康成本人也于1972年自杀而死。他们都是想竭力维持日本文化古典之美的唯美主义作家,而哀叹日本文化在西方文化冲击下的堕落,我们从川端康成的诺贝尔文学奖演讲辞《日本、美和我》去理解,也可以说"日本之美"之消亡就是"我"之死日,所以他们也是殉美而死。三岛由纪夫后来在西方还很走红,也应该算是一个具有世界眼光的作家。瑞典上演过他的剧作《萨德侯爵夫人》,题材居然是取自法国那位以残暴折磨异性出名的萨德侯爵的家庭故事,性虐待的外文因此就叫做"萨德主义"。此剧由瑞典著名导演伯格曼执导,还应邀到台北演出,我还应命把演出本翻译成了中文,以便演出时同声传译。虽然三岛由纪夫写了西方文学题材,但还是只注意展现自己的日本式的独特心理视角,他和世界文学其实也缺少真正的交流。

大江健三郎显然与川端康成和三岛由纪夫有了不同的立场。他的诺贝尔文学奖演说辞不是用日文而是用英文演讲的,题目则是模仿改换川端康成的题目,只改了一个词,成为《日本、模棱两可和我本身》。"美"在这里换成了"模棱两可",也是模糊不清具有双重性质的意思,表示当代日本文化已经有了传统和西方文化的两极对立,也是日本在世界文化格局内的一种尴尬处境。就是说,由于新的世界格局,由于在全球化的文化环境中,维持川端康成推崇的单极的日本古典美已经不再可能。如果日本作家继续像川端康成和三岛由纪夫那样过于钟情日本的古典美,缺乏和世界文学其他民族文化、其他艺术之美的对话交流,抗拒外来文化影响,不顺应时代潮流,顽固把守传统阵地,确实也只有死路一条。

大江健三郎在演讲辞中指出,日本的现代化已经有了一百二十多年的历史,日本人已经处在"模棱两可"的两极分化之间,连他本人身上都不可避免带上了这种分化的烙印。一极是现代化西方化的日本,经济上已经归属于西方强国集团,脱离了所谓第三世界,而另一极依然还是属于东方的文化传统。特别是二战后日本经济起飞,工业和科技产品带动了文化产品的出口销售,商品文化也被打上所谓"日本"标记,而这种"日本"的文化其实已经是"模棱两可"的东西。他在演讲辞中说,"我所谓的日本的'模棱两可'是贯穿了整个现代时期的慢性疾病。日本的经济繁荣也没有能摆脱这种疾病,而伴随着的是在世界经济结构的光照下出现的各种潜在危险。"

提到潜在危险,不可能不提到日本的战争罪恶。日本进入现代化、工业化比较早,而经济上的发达加上狭隘的爱国主义和军国主义扩张反而把日本推上了发动侵略战争的罪恶深渊,这使得二战后成长起来的有良知的日本知识分子都不得不深刻地反省。大江健三郎不仅是这代知识分子中的文学代表人物,也是活跃的社会活动家,有激进左翼色彩的政治人物。除了小说,他还发表了很多政论,在重大政治问题上总是态度非常鲜明。例如他反对日本国家领导人参拜靖国神社,反对日本军国主义复辟,反对核武器,甚至对于整个制度也提出质疑。在文化上,他也反对国粹主义,反对不分青红皂白地拒绝西方文化,反对文化封闭。他认为犯有战争罪恶的日本只有寻求和世界文化的交流,接受普世的人权和民主理念,开阔视野,才能被世界原谅和接受。

所以,著名文化批评家弗雷德里克·詹姆逊曾经这样评价大江健三郎:"大江健三郎是日本最尖锐的社会批评者,从来不认同官方的和传统的形象。他和日本其他作家都不一样,最无日本传统的陈腐的民族主义气息,在某种意义上,他既是日本的同时也是最美国化的小说家,是开放外向的,是不受拘束的。"詹姆逊这种说法,也是从另一个角度道出了大江健三郎的"民族国际主义"色彩。

西方人文主义文学的深厚渊源

是什么样的文化资源能够把"民族的"和"国际的"这样的两极对立重新连接在一起,消弭其中的所谓"模棱两可",而造就一个"民族国际主义"的伟大作家,答案并不难找,全都可以在大江健三郎自己的诺贝尔文学奖演讲辞中找到。

这种资源就是西方的人文主义文学资源。

和川端康成的诺贝尔文学奖演讲辞形成鲜明对照的是,大江健三郎在自己的演讲辞中不是大谈日本古典文学之美,不是引用日本禅宗诗歌,而是承认自己的文学道路追随爱尔兰诗人叶芝,坦然承认他的小说《燃烧的绿树》书名就是来自叶芝诗歌的意象,是引用英国诗人布莱克或奥登的诗歌,是提到小时候就着迷于美国作家马克·吐温的《哈克贝利·芬历险记》或者瑞典女作家拉格洛夫的《尼尔斯骑鹅旅行记》这样的儿童故事,是引述英国小说家奥威尔,是介绍欧洲文艺复兴时代法国文学家拉伯雷对自己的影响,如此等等,公开坦诚展现自己和西方文学的深厚渊源,显示了西方文学方面的丰富知识。

大江健三郎大学本科时主修了四年法语和法国文学,也是在拉伯雷、巴尔扎克、雨果等法国作家的影响下开始写作的,而他对萨特和加缪的存在主义哲学与文学有特殊的兴趣,他的毕业论文就是论述萨特的存在主义文学。初期作品如《奇妙的工作》和《死者的奢华》等也都表现出存在主义的色彩。这种学历和创作经历与后来获得诺贝尔文学奖的高行健如出一辙,倒是让人觉得是有意思的一件事情,是否法国文化最适合帮助东方培养诺贝尔文学奖水准的作家?

大江健三郎在演讲辞中说,日本作家要寻求理想的新的文化身份,恢复日本人的尊严和体面,应该接受的就是人文主义。而这种人文主义,更明确地说,就是欧洲文艺复兴时代的人文主义。他把自己在人文主义方面接受的熏陶,都归功于自己大学时代的恩师、日本的法国文学专家渡边一夫教授,说他自己在多方面受到渡边一夫的重要影响。他赞扬渡边一夫即使在日本处于对外战争的爱国狂热年代,却仍独立独行梦想着要将西欧人文主义融入到日本传统的审美意识和自然观中去,而这是不同于川端康成的"美"的另一种观念。也可以说,大江健三郎本人也坚持着这样的梦想,并一步步在文学创作中努力把这种梦想转为可以让世界各地的读者都能体验到的形象世界。

对于大江健三郎来说,渡边一夫向他和日本读者介绍的欧洲人文主义,特别是文艺复兴时代的拉伯雷、伊拉斯谟等等,都是"有生命活力的整体性的欧洲文化精华",也正是米兰·昆德拉所定义的"小说精神"。这是最具人性的人文主义,尤其强调宽容的重要性,能看到人类的自身弱点。正是在这种意义上,应该反对人类互相残杀的任何战争，正如他引用的丹麦哲学家尼罗普的名言，"那些不反对战争的人，就是战争的帮凶。"

理解大江健三郎的这种人文主义资源，就能理解他的大小著作中为什么总是充溢着人性、人道的气息。例如以作者自己的爱子、先天性头盖骨缺损和脑组织外溢的大江光为核心人物的长篇小说《个人的体验》，虽然是描写个人独特的痛苦经历，却因为充满父子之情，因为对于死亡和人生意义的思考，而能激荡世界众多读者的同情感，深得瑞典学院院士们的赞赏。

通过阅读渡边一夫翻译的法国作家拉伯雷的经典作品，大江健三郎也建立起了自己创作小说的独特形象系统，这是我们理解大江健三郎文学创作的另一条重要线索，而其资源也同样来自西方人文主义文学。读过拉伯雷文学作品《巨人传》的读者，都能够体会到作品的奇异风格，完全不同于后来的巴尔扎克式批判现实主义文学，也不同于雨果式浪漫主义文学，大江健三郎引用当代著名的文化批评家米哈伊尔·巴赫金的说法，就是"荒诞现实主义或大众笑者文化的形象系统"。拉伯雷小说中的"德廉美修道院"，也是一个理想世界，可以算是大江健三郎后来在小说中描写的现代乌托邦的影子，而他对于民间神话传说的挖掘，也得益于拉伯雷巨人传说的启发。这就是瑞典学院颁奖词中"生活和神话融合"的注脚。

当然，大江健三郎并非简单地模仿复制西方文化，因为这仅仅是创作方法的资源之一，而他自己建立的形象系统，还是要移植到亚洲的环境中。他说，这个亚洲当然不是如今作为新兴经济势力崛起的亚洲，还是过去的、贫瘠的、乡村而自然的亚洲，因此他提到自己和韩国作家金芝河、中国作家莫言分享着的感觉。在他看来，文学的世界性，就是建立在这种具体形象的分享之中。这样的形象系统，使得他这样一个本来出生在世界文化边缘的国家的最边缘地区的人，能够获得普遍的承认。

无论怎样分析解说大江健三郎获得诺贝尔文学奖的原因，机遇也好资源也好，我们不能否认的是他个人的文学天赋。并非所有汲取西方人文主义资源的作家，都能达到他这样的成就。著名的美国作家亨利·米勒曾这样高度评价大江健三郎："大江虽然是地道的日本作家，但是通过对于人物的希望和困惑的描写与控制，我以为他达到了陀思妥耶夫斯基的水准。"连政治上和大江健三郎截然对立的三岛由纪夫当年也不得不承认，"大江健三郎把战后的日本文学提到了一个新的高度"。

原文发表于《明报月刊》1994年11月号

2009年5月11日改定

瑞典学院颁奖词：
"因为一种有抒情之美和伦理之深的创作，弘扬日常生活的奇迹和栩栩如生的过去。"

瑞典文原文：
"för ett författarskap av lyrisk skönhet och etiskt djup, som lyfter fram vardagens mirakler och det levande förflutna."

谢默斯·希尼
(Seamus Heaney, 1939—2013)

一个自然主义者的重生
——解读 1995 年诺贝尔文学奖获奖作家、爱尔兰诗人希尼

  爱尔兰诗人谢默斯·希尼 1939 年出生于北爱尔兰的一个乡村，在那里成长到十二岁才离开，到城里去上寄宿中学，从乡下人变成了一个城里人，从一个浑身泥浆的野孩子变成了温文尔雅的文人，甚至成为进入诺贝尔文学奖圣殿的桂冠诗人。

  希尼最早的一本重要诗集名叫《一个自然主义者的死亡》。在这部诗集里，这个农民之子，回忆着逝去的童年，确实表现出他对故乡的深情怀念，感情浓郁香醇胜过爱尔兰的威士忌陈酿。这里有他的种种童年乐趣，有对于父辈身影的追寻辨认，有乡村生活的细致描画。这本诗集仿佛能让我闻到爱尔兰农村特有的泥沼气息，马厩里干草的气息；让我听到铁匠铺里丁丁当当的打铁声音；

让我看到希尼的挥着铁锹翻挖泥炭的父辈,看到他的早逝的静静躺在小棺椁里的小兄弟,看到夕阳中的水塘和漂浮的红藻……。总之,乡村、自然、土地、人,这些都进入了他的诗歌。在生活中,一个浑身泥浆却是最纯真无邪的孩子,也就是一个充满童心的"自然主义者",当他逐渐洗去了泥浆,离开乡村走向了都市走向了繁华世界,变得外表体面、干干净净、绅士气派,但是身上原来有的那个"自然主义者"死亡了!

有人说,文学来源于生活,但文学却具有超越生活的力量,在生活中死亡了的逝去了的,还会在文学中重新获得永恒的生命,而且那些本来属于朴素自然的日常生活的,现在也奇迹般地具有了审美的价值。因此这本怀旧的诗集读起来并不是让人伤感伤逝,反而有着亲近温暖,让人感到安慰。超越生活,这正反映出希尼对文学的特别是诗歌的意义和作用有着深刻理解,这种理解贯穿他的写作生涯,成为他的独特诗学理想。一个死亡了的"自然主义者",因此可以在他的诗歌中重新涂上泥浆,获得重生,而且还获得世界文学的最高奖赏——诺贝尔文学奖!

用笔挖掘文学之美

《一个自然主义者的死亡》开卷第一首诗,也是希尼最著名的作品之一,叫做"挖掘"。在研究希尼的著作中一般都会提到这首诗,而任何一个希望了解希尼诗歌艺术的人,都不应该漏掉这首诗。我就把这首诗歌翻译如下:

挖　掘

我的手指和我的拇指之间
放着这粗短的笔；顺手得像支枪。

当铁锹深入砾石累累的土壤
我的窗下有清楚刺耳的声响：
我父亲，在挖土。我向下望

直到他绷紧的臀部在花床中
弯下去伸上来二十年如一日，
有节奏地起伏着穿过土豆垄，
他曾经在那里挖掘。

粗大靴子贴在锹檐上，锹柄
顶着膝盖内弯来回有力晃动，
他把铁刃深埋连根掀起成堆，
铺撒开新鲜土豆让我们捡拾，
喜爱我们手中它们凉爽坚硬。

千真万确，这老头会使铁锹
就像他那老头子一样灵巧。

我爷爷一天里挖出的泥炭

比图纳泥沼地任何人都多。
有一次我去给他送瓶牛奶，
用纸松松塞住瓶口。他直起腰
把它喝掉，马上埋头又挖，
整齐地截短切开，掀起土块
撩过肩后，向下再向下挖掘
为了好泥炭。挖掘。

土豆地的冷气息、潮湿泥炭的
吱嘎踩踏和拍打声、锹刃切过
活根的清脆声响在我头脑中苏醒。
但我没有铁锹跟随他们那样的人。

我的手指和我的拇指之间
放着这粗短的笔。
我要用它挖掘。

这首诗歌的重要性，在于希尼把手中写诗歌的笔和父辈用来挖掘泥炭或者土豆的铁锹作了对比。开头和结尾都强调了手里握着的笔，中间回忆了父辈的挖掘劳作和使用工具的技巧，但是最后点明了，他并没有铁锹去跟随父辈那样的人，也没有这样的打算，而是要用笔来"挖掘"，他更需要的是用笔的技巧，希望自己能够达到父辈使用铁锹一样的灵巧，去进行自己的"挖掘"工作。我们可以问，希尼用笔去挖掘什么呢？一方面，他用笔写下的这首诗本身证明，诗歌可以挖掘生活、挖掘历史，可以挖掘他的血缘、他的乡土之根和他成长起来之前的自我之源。他曾提到这首诗是他诗歌写作的"胚胎",为他"开掘了人生经验的矿脉",使他的感情能够进入文字的诗,为他以后的写作打下了基础。另一方面,他也清楚地表明生活和文学是两个不同的世界,如果每个人都有自己的生活和生命价值,都有自己的挖掘对象,那么希尼把诗歌作为自己的生活和生命价值,而要用笔去挖掘。希尼和自己的父辈既有联系又有区别,有了截然不同的职业,这也是一个诗人和常人的区别。

瑞典学院的网站上,有一篇文章这样分析希尼诗歌的核心思想,"希尼诗歌揭示出的是一种深刻的经验——可说之物的整体和可证之物的整体之间的鸿沟,也是语言限制和我们生活之世界边界之间的鸿沟。对于希尼来说,'诗歌'就是测量这一鸿沟的手段——如果不是搭座桥梁让他们沟通的话。"

从希尼这首诗里,以及类似的很多诗作和论文里,比如有一篇叫做《感情进入词汇》的论文中,我们还能看到希尼为诗歌的独立存在做了辩护:笔和铁锹一样,不过是一种生存工具,不过是一种手段。那么,如果有人问,诗歌应该在我们的生活中具有什么样的地位,起什么样的作用,当诗人面对一个不公平的社会,面对一个充满暴力和危机的世界,面对一部血腥的历史,他还能继续写诗吗?或者说,他的诗歌是否能够承担更多的责任?希尼就会很清楚地回答你,诗人不需要放下笔去做别的事情,把笔换成铁锹,或者换成这首诗中并非无意提到的"枪",诗人只需要用笔去"挖掘"文学之美。挖掘文学之美,维护诗歌之美,就是最高的伦理,最好的道德。这种文学观艺术观,不仅是希尼这样主张,数位获得诺贝尔文学奖的桂冠诗人,例如波兰的米沃什、前苏联流亡美国的诗人布罗茨基、西印度群岛诗人沃尔科特等等,都具有同样的文学理想。维护诗歌之美就具备伦理之深,这才是对人类文明的真正维护,也才符合诺贝尔文学奖的理想标准,这是理解瑞典学院为什么给这些诗人颁奖的关键。

爱尔兰文学传统的继往开来者

想到爱尔兰这个岛国,我的脑海里经常出现一些互相冲突的图像。一个图像绿意盎然,是自然之美,还能让人闻到威士忌琼浆玉液的浓香;而另一个图像充满血腥,让人看到不肯妥协的北爱尔兰共和军的恐怖炸弹硝烟,是贝尔法斯特街头惨不忍睹的尸体。再一个图像则充满蓝色,是大海与天空,洋溢诗意之美,而这就是爱尔兰伟大的文学传统,一个个文学巨人在我前面走过。虽然这是个偏远岛国,爱尔兰却为我们抚育出优秀的文学家。不提其他,就进入了诺贝尔文学奖圣殿的作家来说。我就可以举出1923年获奖的诗人叶芝、1969年获奖的剧作家贝克特。其实,1925年获奖的戏剧家萧伯纳和1936年获奖的美国剧作家奥尼尔,故乡也都是爱尔兰。

在这些伟大文学家的身后,希尼循着前人的脚印跟踪而来。他的文学启蒙,从阅读英语文学作品开始,其中当然有莎士比亚、弥尔顿、布莱克、艾略特、奥登等人的作品,但最重要的还是他的前辈、爱尔兰本土诗人叶芝的作品,所以,理解希尼的诗歌,应该从理解叶芝着眼。叶芝是爱尔兰诗歌传统的集大成者,也是爱尔兰民族戏剧的奠基者,代表着爱尔兰的民族精神。瑞典学院给叶芝的颁奖词就说,给他颁奖是"因为他总是受灵感支配的诗歌,以高度艺术性的形式表达了整个民族的精神"。希尼继承了叶芝的这种民族精神,努力挖掘民族的历史和文化资源,用具有民族特色的语言写作,又为这种民族文化传统注入了新的生命,正如颁奖词所说的,希尼使得已经过去的"过去"又变得"栩栩如生",这个"过去"不仅是历史,也是文学。

叶芝也是我非常崇敬的诗人,他的"高度艺术性的"诗歌风格典雅,总是让人不由起敬。这里我先不谈希尼,而愿意多谈谈叶芝,也算我多介绍了一位诺贝尔文学奖获奖诗人,不仅因为理解希尼也需要理解叶芝表达的"民族的精神",这样有助于理解他的诗学理想,而且还有些和中文翻译介绍外国诗歌有关的重要的问题需要谈一谈。

记得叶芝有一首著名的爱情诗歌,是叶芝为献身爱尔兰民族独立事业的女朋友茅德·冈写的,题目是《当你老去》。我曾经研究过大陆很多翻译家以及台湾诗人的六七种译文。这些译文各有千秋,但是都有一点缺憾,就是都用自由体翻译,而没有反映出原诗的音乐性、格律性。所以,我自己尝试翻译了一下,下面就是我的译文:

当你年老

> 年迈鬓白困盹时,
> 炉边惺忪拾吾诗,
> 慢诵犹梦温柔貌,
> 深眸暗影曾相识。
>
> 华年笑貌倾城思,

真情假意为艳姿。
圣洁品质恋一人，
色衰貌改依旧痴。

佝偻低凝炉火炽，
嗳嚅伤怀爱逃失。
情思漫游群山上，
众星烁烁掩君子。

我之所以尝试用中国古典诗体翻译，完全因为叶芝本身也是具有古典诗歌风格的诗人。叶芝这首诗属于他的早年诗歌，是写于十九世纪末所谓"前拉菲尔风格"时期的作品，有古典和唯美倾向，不仅是有韵脚韵尾的，都是古典的 ABBA 韵（如首段韵尾原文是 sleep、book、look、deep）而且韵步是非常整齐的（每句都是十个音节），英语原诗本身读来琅琅上口，和中国律诗本身很接近。那么，确实只有中国律诗最能传达其神韵。翻译体的选择应该根据原作，因诗而宜，如果原作是有格律的，应该用律体翻译，如果原作是没有韵脚韵步的自由体，才适于用自由体翻译。

这就牵涉到我前面说的翻译诗歌的问题。翻译诗歌本来是非常困难的事情，中外都一样。外文翻译中文诗歌，特别是古典诗歌，也鲜有高手。而中文翻译外文诗歌更加糟糕，往往由于翻译不注意反映原文的音乐性、格律性，所以，中国当代诗歌在通过翻译去学习了解西方诗歌模仿西方诗歌的时候，就误以为写诗可以不再重视音乐性、格律性，即使中看，也不中听，这是不少中国人包括中国诗人对于当代西方诗歌的一个很大误解。其实，诗歌的抒情之美，离不开其语言之美，尤其是语言的音韵之美。希尼讨论诗学的论文集题目为《舌头的政府》，而不说是《笔头的政府》，就是强调诗歌是用舌头朗诵的，是说出的声音的力量在控制着我们的感情和思想。

让我感慨的是，西方对中国文化的误解很多，中国对西方文化的误解也很多。这里的误会，往往是由于翻译不力而造成的。中西文化交往、交流、交锋，中国人学习外语一直很热，外国人学习中文现在也很热，但中文好而外文也好者实在不多。在中国，学习外文的往往中文基础不好，而中文基础好的大多外语不好，很少有人做到两全其美。不能做到两全其美，如果只是自己用用还不要紧，如果要做翻译，特别是文学翻译，就常常会捉襟见肘，既是糟蹋原文原作者，也是糊弄甚至愚弄不懂外语的中文读者。这种掺假的误人子弟，到了严重的程度，真和毒奶粉毒害孩子差不多。毒奶粉谋财害命毒害孩子，也许只是一时的事故，可掺假的文化产品，可以贻害数代人，祸害更是无穷！

上面从谈叶芝到谈诗歌翻译，似乎是题外话了，其实不然，这里正牵涉到诗歌之美和伦理之深的关系问题。如果维护诗歌之美就具备伦理之深，那么翻译牵涉到了原文和译文两种语言的诗歌之美，忠实而唯美就更加重要，就有更高的道德价值，更重要的文化意义。所以，诗歌翻译往往还是一种语言的诗意之美在另一种语言中再创造，而不仅仅是翻译。

其实，还有人认为一种语言的诗歌之美本质上是无法翻译的，希尼就说过，他觉得布罗茨基诗歌的英语翻译，让他感觉到缺少了原文的音韵之美。希尼的抒情诗歌，也非常重视自身母语的音乐之美、音韵之美，例如"挖掘"一诗中有很多头韵，中文实在难以表现。

因为语言的差异,能够掌握不同语言的诗人很少,诗人基本都是用母语来写作诗歌。例如,布罗茨基可以用英语发表论文,但是他创作诗歌的时候,还是回到俄语。那么,我们可以说,一个诗人的维护诗歌之美,自然还是维护自身母语的诗歌之美。翻译也应该尽量尊重原文的母语之美。如果为了翻译,例如为了进入西方文学世界,而根本不顾母语之美,那么这种翻译,就违反了诗歌之美的原则,也就是违反了伦理。我最近听说某个在瑞典的华裔诗人把另一个中国诗人的诗作翻译成了瑞典文发表,但是他觉得原文太啰嗦了,所以删去一些句子。这是让我吃惊的事情,因为如果原文"啰嗦",那么本身就是不美的诗歌,如果没有母语的诗歌之美,还有什么必要翻译。

这里我就要介绍希尼为什么是叶芝建立的爱尔兰文学传统的继往开来者。除了"挖掘"民族的历史和文化,描画民族的社会生活,希尼还特别注重自己的特殊的爱尔兰语言的运用。例如在上面提到的诗集《一个自然主义者的死亡》中,希尼使用了大量的只属于爱尔兰民族语言的词汇,还有学者专门列出了词汇表来研究。这是很多英国人都不懂的语言,就如中国的上海话词汇北方人都听不懂一样,但是,希尼并不因为考虑要让英国人听懂而去更改自己的语言。这种态度,我看是值得我们一些中文诗人深思和学习的!

所以,让我换个角度说吧:真正的爱国主义、民族主义,首先应该是爱文主义,就是爱护民族语言,就是尊重母语的纯洁,维护母语的优美,特别是维护母语不受到意识形态语言暴力的欺凌,不变成"假、大、空"的语言垃圾,而在商业化的社会中,这也包括不让母语受到商业文化的亵渎,不粗制滥造,不推销语言垃圾。

就是在这个意义上，因为希尼对于母语的诗歌之美的热爱，对于母语的诗歌之美的"挖掘"和维护，我肯定他是爱尔兰民族语言和文学传统的继往开来者。

当代世界诗歌的重要推手

回顾过去二十多年的诺贝尔文学奖获奖作家名单，可以注意到一个文学体裁上侧重不同的有趣变化。在这二十多年的前期，诗歌占据了很大的优势，而后期则一个诗人都没有。在前期，我们看到，从 1987 年前苏联流亡美国的诗人布罗茨基获奖开始，先后有墨西哥诗人帕斯、西印度群岛圣卢西亚诗人沃尔科特、爱尔兰诗人希尼和波兰女诗人辛波斯卡等连连获奖，而之后十几年则全都是小说家和戏剧家，再没有一个诗人。我最近正好在一个瑞典笔会的会议上碰到辛波斯卡的瑞典文翻译安德斯·布德果德教授，闲聊中他告诉我，辛波斯卡 1996 年获知得奖消息的时候自己都非常吃惊，因为前一年是诗人希尼得奖，她觉得瑞典学院不可能连续给诗人发奖，所以都不抱希望了，没想到瑞典学院接着还是发奖给她，又给了一个诗人。

瑞典学院总是神秘莫测，诗歌缪斯一时受青睐一时被冷落，这里面到底是什么内部原因我个人当然无法了解。这只能等有关的保密材料五十年后解密时才能分晓。不过，从外部原因来看，在过去这二十多年的前期，世界诗歌确实精彩纷呈，形成一个发展的高潮期，才出现这批优秀而活跃的桂冠诗人，而在这个高潮期后面，布罗茨基和希尼都是推波助澜的重要推手。布罗茨基不仅自己夺得 1987 年的诺贝尔文学奖，也促成了其他诗人的获奖。我在本书中介绍沃尔科特的文章已经提到,沃尔科特第一本瑞典语诗集《冬天的灯》就是布罗茨基本人推荐给瑞典的出版商翻译出版的,而且他亲自为瑞典语版写了序言。沃尔科特的获奖明显有布罗茨基的直接贡献。

布罗茨基掌握了俄语和英语两种语言,因为有开阔的文学史的视野,他常被人形容为一个坐在峰顶的诗人,可以看到山峰的两面,看到东方和西方,看到历史和将来。不仅他的诗歌在西方有很高的声誉,而且他用英文直接撰写的著名论文集《小于一》,除了介绍自己的经历,还把一批前苏联诗人如曼德尔施塔姆、茨维塔耶娃、阿赫玛托娃等人介绍给英文文学世界。《小于一》1986年出版,一年之后布罗茨基获得诺贝尔文学奖,这本论文集就更加知名,也促成这些诗人的诗歌作品更完整全面地被翻译成英语,产生更大影响。

两年后,希尼也出版评论世界诗歌的著名论文集《舌头的政府》,同样特别分析了上述的前苏联和一批东欧诗人的作品,介绍他们在斯大林时代还坚持诗歌创作的经验和方式,那种以维护诗歌之美坚持道德伦理的努力。1989年他又出版了论文集《写作的位置》,更加明确地说明,诗人的任务就是保证"美的幸存",特别是在这种美受到压制和破坏的时候。

布罗茨基和希尼对东欧诗歌的分析介绍,以及他们的诗学论述,对英语文学世界乃至整个世界文学界产生了相当大的震撼及冲击,激发了世界文学界对于东欧诗歌的兴趣,这里当然也包括对辛波斯卡这样的波兰女诗人的兴趣。那么,辛波斯卡紧接在希尼之后,又获得了诺贝尔文学奖,难道仅仅是巧合吗?

实际上,我们要是注意到瑞典学院给希尼的颁奖词中说的"抒情之美和伦理之深",其实呼应着布罗茨基当年诺贝尔文学奖演讲的命题"美为伦理之母",而希尼本人热情坦诚地表示了他对包括布罗茨基在内的前苏联和东欧诗人的尊敬,就能看出希尼和布罗茨基的精神基本是一致的。这些诗人的一个共同特点,或者共同的诗歌理想,就是"美为伦理之母"的精神。或许,这对于中国文学界和诗歌界多年来争论不休的"纯文学"问题,也不失为一种解答。

诗人不需要把自己手中的笔换成"铁锹"去挖掘泥沼和土豆,更不用换成枪支去冒着枪林弹雨冲锋陷阵,但是诗人应该拒绝充当政治的仆从,不为权贵服务,也不向商业资本低头,更不低三下四地乞讨饭碗和金钱,这就是最高的伦理道德!诗歌应该追求和维护母语的诗歌之美,这才是最高层次的民族主义和爱国主义!

布罗茨基已于1996年去世了,在我看来,他的辞世标志着那个伟大的诗歌时代告一段落。1996年之后确实还没有一个诗人再获得诺贝尔文学奖,恐怕也不是偶然的巧合。布罗茨基是一个伟人。一个伟人的标志,就在于他走过的地方,总会留下不可磨灭的脚印。后来者接踵而来,可还有谁能与他以及他的诗友沃尔科特、希尼比肩而立?

原文发表于1995年10月号香港《明报月刊》

改定于2009年6月

补记:希尼已于2013年辞世。而布罗茨基和希尼都推崇的一位瑞典诗人特朗斯特罗姆2011年获得诺贝尔文学奖,终于打破十几年没有诗人获奖的记录。不过,特朗斯特罗姆最近也已不幸辞世。请参阅本书介绍特朗斯特罗姆的文章。

瑞典学院颁奖词：
"仿效中世纪的丑角，鞭笞权威，支持被踩躏被损害者的尊严。"

瑞典文原文：
"som i medeltida gycklares efterföljd gisslar makten och upprättar de utsattas värdighet."

达里奥·福
(Dario Fo, 1926—)

文学圣殿里的丑角

——解读 1997 年诺贝尔文学奖获奖作家、意大利戏剧家达里奥·福

　　我有幸听过很多次诺贝尔文学奖获奖作家的现场演讲，而 1997 年获奖的意大利戏剧家达里奥·福的演讲，恐怕是最为独特的一次，也完全可以说是一次精彩的戏剧表演，是这位戏剧家精心设计的类似意大利式即兴喜剧的演出。一般的诺贝尔文学奖演讲，都是照本宣科，听众都是事先拿到打印好的讲稿、原稿或是各种文本的翻译稿，不论作家是使用什么语言演讲，英语、法语、德语、俄语、西班牙语、意大利语，或是中文、日文。但达里奥·福分发的不是讲稿，而是他的一叠漫画，一个漫画系列，而他也不是照本宣科，都是根据这些漫画现场发挥，就像意大利式即兴喜剧那样，没有一个成文的剧本，只有幕表或者提纲。他说，自己早已习

惯这样的演讲方式，可以即兴表演，可以现场激发自己的想象，也是激发听众的想象。达里奥·福名不虚传，果然是个出色的丑角，他的演讲常常能引来全场的哄堂大笑。而且听众要分别至少笑两次，一次是能听懂他的意大利语即兴发言人的笑，然后是听了现场瑞典语翻译的笑。那些这两种语言都听不懂的人只好跟着傻笑。

达里奥·福在诺贝尔文学奖演讲时散发的漫画选登。左图右上角标是瑞典学院作出了决定给他颁奖，其他则是有人抗议有人庆祝的场面。

在历史上，戏剧中的丑角演员，社会地位非常低下。就是在中国戏剧中，"生旦净末丑"排列地位，丑角也是最末的。达里奥·福的演讲题目是拉丁文"contra jogulatores obloquentes"，中文可以翻译成"针对诽谤侮辱人的丑角的惩治法令"。达里奥·福介绍说，这是1221年墨西拿皇帝弗里德里克二世发布法令的名称。这条法令允许任何国民可以羞辱、鞭打丑角，甚至在高兴的时候可以取了他们的小命，而无须承担任何罪名。达里奥·福笑着说，"不过我得赶紧告诉你们，幸亏这条法律不再有效了，所以我还平安无事,可以继续。"

无独有偶,在诺贝尔颁奖仪式上,当年的瑞典学院常务秘书斯图尔·阿连教授在获奖作家介绍中也提到,中世纪的瑞典居然有相同的法律。根据十三世纪的一项法令,一个瑞典国民要是欺负邻国人可能要比欺负本国人少付点罚款,但是攻击一个演戏的丑角则完全不用担心任何罚款。根据这个法令,殴打丑角不算犯法。"他不要企图得到比一个女奴被赤背鞭笞更多的公正。"

就算时代已经不同了,戏剧丑角也获得了平等的社会地位,但是在很多人心目中,丑角毕竟还是丑角,并不属于高雅的令人崇敬的文学艺术,而把丑角接纳到诺贝尔文学奖的圣殿里,大概是这个奖颁发近百年来的破天荒的事情。无怪乎瑞典学院这次的评选结果让很多人瞠目结舌,认为瑞典学院再怎么别出心裁,这次也做得实在有点"太离谱",不成体统。一个八十六岁高龄的意大利老作家,痛心疾首地说,难道世界竟变得如此人心不古,人们的文学观念变化如此之大,连什么是文学都搞不懂了?

连达里奥·福自己都比较吃惊。公布结果那天,他刚在罗马完成一个电视节目的制作,开着车返回米兰的家。有一位记者收听到了电台广播,在高速公路上追上他的汽车,然后向他出示"达里奥·福,你得了诺贝尔文学奖"的大字纸条,他才知道这个消息。后来他告诉记者说:"半个月前我就听说我进入了最后竞争的候选人名单,但我也没有奢望我能得到它。当然,能够跻身于皮兰德娄、贝克特这样的伟大戏剧家的行列,是很可以得意洋洋的事情。"(作者注:皮兰德娄是 1934 年获得诺贝尔文学奖的意大利剧作家,而贝克特是 1969 年获奖的爱尔兰剧作家。)

达里奥·福在演讲中笑着问:"亲爱的瑞典学院院士们,让我们承认吧,这次你们是否做过头了。我的意思是,瞧你们,先给一个黑人发奖,然后给一个犹太人发奖,现在你们又给一个小丑发奖,给什么奖? 他们在那波利斯的人说:疯了吗? 我们是否都失去了理智失去了感觉?"

做出给达里奥·福发颁发诺贝尔文学奖的决定,确实需要不拘一格的气魄,需要有充分的勇气,甚至敢冒天下之大不韪。所以,达里奥·福在演讲中也笑着说,应该给瑞典学院颁发"勇气奖"。

继承意大利即兴喜剧的人文主义传统

要理解达里奥·福,要理解瑞典学院给他颁奖的原因,应该仔细领会瑞典学院颁奖词中说的"他仿效中世纪的戏剧丑角"到底是什么意义,是哪种丑角。丑角和丑角,也是有着重大区别的。

从文化资源来看,达里奥·福的资源是很丰富多样的,例如他有一个剧本叫做《喜剧的神秘》,实际上是借用了苏联诗人马雅可夫斯基1918年创作的一个同名剧本。达里奥·福的剧作元素还可以追溯到罗马帝国时代的喜剧家普劳图斯和泰伦斯的作品,可以看到德国戏剧家布莱希特的影响,但是,最主要的,就是他受到意大利即兴喜剧的影响,他的喜剧人物塑造、即兴发挥的表演方式,都来源于这种传统,特别是仿效了其中的"丑角"。

我这里要特别指出,有人把"丑角"这个词翻译成"弄臣",我看很不合适。中世纪的"丑角",确实有被宫廷雇用去取悦帝王将相的,所以朱生豪先生等老翻译家在翻译莎士比亚戏剧如《李尔王》和《奥赛罗》时，把其中的"fool"或者"clown"翻译成"弄臣"，把他们伺候帝王的臣下身份点清楚，我觉得很妙很恰当，但是，用"弄臣"来翻译瑞典学院给达里奥·福的颁奖词中的"jester"，这是不合适的，因为达里奥·福所仿效的这种"中世纪的丑角"，还是民间戏剧传统的丑角，就是他在演讲中也提到的最下层的曾经备受欺凌和鄙视的丑角，但他们不伺候任何权贵，不是宫廷里的"弄臣"，而是完全代表着民间的下层的声音，反而藐视权贵，嘲弄权贵，而维护着自身的"尊严"，所以才有瑞典学院颁奖词所说的通过效仿而"鞭笞权威，支持被践踏被损害者的尊严"的意义。

不要小看一个词的词汇，因为其中也能充分反映出对一种文化价值的理解。因为我们必须看到这里有关一种人的"尊严"意识，人不再是奴仆或臣下，而这是瑞典学院颁奖词把达里奥·福和中世纪戏剧丑角联系起来的关键词义。效仿丑角只是一种形式，还要注意的是内在的精神。这个世界上，有些丑角是没有"尊严"的，而有些丑角是有"尊严"的。斯图尔·阿连教授在颁奖仪式上的介绍发言中，就特别强调，"尊严"（dignity）是理解达里奥·福戏剧创作的关键词，也是他的一部剧作《丑角的诞生》的核心。而正是用"尊严"的价值，阿连教授为瑞典学院给达里奥·福颁奖作了辩护，反驳了那种认为瑞典学院的评选"太离谱"的批评。斯图尔·阿连教授说，"对于阿尔弗雷德·诺贝尔来说，设立各奖项的基本目的是要给人类带来好处，而文学的成就就是实现维护人的尊严的重要手段，毫无疑问的是这个好处的至关重要的方面。"

鲁迅先生有一种很经典的戏剧定义，即悲剧就是把人生有价值的东西毁灭给人看，喜剧就是把无价值的东西揭示给人看。这种喜剧定义一般来说不错，喜剧主要就是揭露和嘲弄无价值的东西，尤其是揭露那些虚伪的表面高雅实际龌龊的东西，俗话说是根葱还要装蒜的东西。不过，喜剧也不总是否定性甚至破坏性的，并不总是批判无价值的东西，那就会流于低俗。优秀的喜剧也能肯定正面的有意义的价值，可以通过否定无价值的东西来达到肯定有价值的东西的效果。意大利即兴喜剧，就有这样的正面意义。

要介绍意大利即兴喜剧需要另外写长篇论文，但这不是本文的任务。只能简单地说，意大利即兴喜剧兴盛于十六世纪，和意大利文艺复兴有紧密而直接的关联，而文艺复兴的最主要方面，就是人文主义精神，就是提高人权的地位，对抗神权和王权，对压迫人的"尊严"的神权和王权进行了抨击。意大利是宗教势力强大的地区，我们都知道臭名昭著的宗教裁判所就是在这里迫害伽利略的。在意大利即兴喜剧形成之前，十四世纪时，意大利人文主义作家薄伽丘创作了《十日谈》，就是揭露抨击教会的虚伪而强调了"人间的幸福"。意大利即兴喜剧在这种氛围中形成，具有浓厚的人文主义色彩，嘲弄神权，所以当时梵蒂冈教廷对这种喜剧就已经很头痛。达里奥·福继承这种喜剧传统，他的诺贝尔奖演讲中介绍了他受惠于这种喜剧艺术的各个方面，我们可以在他的剧作中经常看到对于神权和教廷的嘲弄。上面提到的《喜剧的神秘》，就有很多段子是对于《圣经》的冷嘲热讽。此剧1969年演出，1977年意大利电视台还播放了演出录像，结果引来梵蒂冈的强烈抗议，说这是

"电视历史上最亵渎神圣的演出"。

十六世纪意大利即兴喜剧中的丑角(作者提供图片)

有没有人文主义精神,在我看来是有"尊严"的丑角和没有"尊严"的丑角的重大区别。所以,我们不能泛泛地谈达里奥·福效仿中世纪丑角,而要注意其中的人文主义精神背景。

记得法国作家雨果在他的小说《九三年》中就说过,即使革命是绝对正确的,但是在绝对正确的革命之上,还有更正确的人道主义。那些高扬人道主义的人,可以超越政治的分歧,突破意识形态的局限。瑞典学院的评估考量确实超越政治,不拘泥于作者的政治态度,所以获奖作家中,既有左派也有右派,既有共产党员,也不乏自由派保守派。有主张逃避政治远离政治的作家,也有积极参与政治的作家,这是因为瑞典学院从来不是奖励一个作家的政治观点,而是奖励这个作家身上体现的人文主义精神。

像达里奥·福这样的一个"左派"戏剧家，正因为具备人文主义精神的传承，也可以超越政治和意识形态的局限，维护人的"尊严"，从而达到诺贝尔遗嘱的理想主义高度，而当之无愧地接受这个文学奖。

把权威作为鞭笞的对象

不错，"丑角"戏剧家达里奥·福在政治上是个左派，甚至常被人误以为是共产党员（其实从来不是，只是妻子拉梅曾经是活跃的共产党员）。据说他也反对苏共和意共的修正主义，而憧憬向往中国的无产阶级文化大革命，喜欢"敢把皇帝拉下马"、"造反有理"的精神，1970 年，正值中国"文革"时期，他还特地去访问中国。

达里奥·福的最突出的思想特点就是同情穷人而憎恶富人，总是看到社会的不公，看到阶级的差别，看到人们的贫富差距，对此耿耿于怀、深恶痛绝。他的最有名的剧作之一，就是《不付账？不付账！》，可以说是明目张胆地蔑视权威，鼓动穷人造反和可以哄抢超市的食品而拒绝付钱。应该看到，达里奥·福从来不是御用文人，不谄媚权贵，他的戏剧也多半不是在金碧辉煌的国家大剧院为上流社会文化精英演出，而是在罢工者占领的工厂、示威游行者聚集的街头广场、群众集会的公园和体育场等公共场所，是为受压迫的普通民众演出，所以有人说他是一个真正"为人民服务"的无产阶级剧作家。但是，在我看来，同情和怜悯贫弱者，从来不是属于左派的专利，这更是普遍的人道，是基本的人性。站在贫穷者弱小者这一边，站在被践踏者、被侮辱者、被损害者这一边，不会因为一个人穷困潦倒而给以白眼，不会因为一个妓女卖淫为生而让她失去怜爱，失去楚楚动人的美丽。这些我们看看列夫·托尔斯泰和陀思妥耶夫斯基的作品就能证明。

达里奥·福的喜剧，一方面是对弱小的同情，另一方面则是对于强权和暴力的抗议和批评，是对富人和统治阶级的挖苦，是对司法和警察机构黑暗内幕的揭露，是对利欲熏心的资产阶级的批判，是对腐败官僚制度的挞伐。最典型的例子大概是《一个无政府主义者的意外死亡》，这是根据 1969 年在意大利米兰发生的爆炸事件编写的，当时当局和媒体都把事件归因于恐怖分子，但是调查中有一个当事人从十五层的高楼跳下自杀，事件真相疑云密布。达里奥·福用近乎荒诞的手法，揭露出警察施暴打死无辜者，还谎报死者是恐怖分子畏罪自杀的黑幕。瑞典学院的新闻公报也提到这出戏，认为"该剧主角逐渐成为哈姆雷特那样的人物，装疯卖傻，但使得官员们的谎言昭然若揭"。这部作品后来在欧美轰动一时，很多国家都有演出。

然而，要和权势作对的剧作家，难免也会遇到麻烦。意大利本来是个腐败盛行、权力常被滥用的国家，黑社会势力之猖獗也是世界闻名，还有纳粹右翼的顽固传统，在这样的国家，达里奥·福挑战权势，需要相当的勇气。实际上，他和妻子都不断受到恐吓、威胁、辱骂甚至殴打，他的妻子拉梅甚至被右翼的暴徒轮奸过。但是，这两位可敬的艺术家，从来没有在恶势力面前屈服退缩。相反，他们能够坚持不懈，达里奥·福最终还取得诺贝尔文学奖的殊荣,这要感谢意大利毕竟有民主制度和法制,即使腐败势力滥用权力也是见不得阳光偷偷摸摸;也要感谢意大利毕竟有新闻自由和艺术创作自由,达里奥·福可以排除干扰而表达自己的声音、展现自己的艺术才华;最重要的是,意大利一直有正义的力量存在,有人文主义思想深入人心,所以达里奥·福可以得到民众的支持和保护。达里奥·福在诺贝尔奖演讲中出示的最后一张漫画,就是米兰的市民们在获知他获奖的当天,如何聚集在他的剧院门口庆祝:

达里奥·福的获奖,也可以证明另一个常见的说法:一个成功的男人后面,常常会有一个出色的女人。达里奥·福自己都承认,他能有今天这样的成就,这样的福分,这是和妻子、著名戏剧演员弗兰卡·拉梅的一贯支持,一贯同心协力的奋斗分不开的。

而达里奥·福更强调的是:"……这个诺贝尔文学奖不只是给我一个人的,也是给所有那些从事戏剧的人。这

达里奥·福在诺贝尔文学奖演讲时散发的漫画中的最后一张。画上有他的妻子、他一生戏剧事业的忠实伙伴弗兰卡·拉梅的名字"弗兰卡"。漫画表现在他获知得到诺贝尔文学奖的当天,米兰市民在剧院门口为他们夫妇喝彩。

是第一次把诺贝尔文学奖发给一个剧作作家兼舞台演员。这让人第一次认识到,不仅写出来的语言有价值,说出来的语言也同样有价值。皮兰德娄是一位非凡的戏剧大师,但他没上过台演过戏,我

还上台演戏。这样,这个诺贝尔文学奖就意味着对戏剧演员的一个鞭策。喜剧丑角演员,自古便被强权所压迫禁止,被皇帝下令放逐,而这些可怜的江湖艺人,今天可以用这个奖来平反昭雪了。"

一个丑角,就这样登上文学的圣殿!

部分内容发表于 1997 年 11 月号香港《明报月刊》

2009 年 5 月 28 日增补改定

瑞典学院颁奖词：

"用他以想象、同情和反讽维系的说教寓言，不断地使我们再次领悟难以捉摸的现实"。

瑞典文原文：

"som med liknelser burna av fantasi, medkänsla och ironi ständigt på nytt gör en undflyende verklighet gripbar."

若泽·萨拉马戈
(José Saramago，1922—2010)

我为人民大众写作

——解读 1998 年诺贝尔文学奖获奖作家、葡萄牙小说家萨拉马戈

葡萄牙小说家若泽·萨拉马戈出生于 1922 年，五十岁才作为作家成名，属于大器晚成。1998 年获得诺贝尔文学奖的时候，已经是七十六岁的高龄了，在获奖作家中属于老字辈，可依然笔耕不辍，得奖之后还连续发表四部作品。最近我还在香港《明报月刊》上发表过一篇书评，题目是《萨拉马戈的死亡游戏》，就是介绍萨拉马戈 2005 年出版的最新小说《死亡的间歇》。这部小说依然是个寓言故事，可以验证瑞典学院的颁奖词概括准确：这个作家总是"用他以想象、同情和反讽维系的说教寓言，不断地使我们再次领悟难以捉摸的现实"。

作家战胜死神的游戏

在那篇书评中我写道：

我相信，惧怕死亡的人，读读这部小说会有一点益处。

我相信，不惧怕死亡的人，读读这部小说也会有一点益处。

惧怕死亡的人，读了可能会多一点轻松，少一点恐惧。

不惧怕死亡的人，读了可能对生命多一点重视，对死亡少一点轻蔑。

因为长篇小说《死亡的间歇》本身就是充满了反讽和对称的作品。既是谐谑的，又是严肃的；既是让人发笑的，又是让人深思的；既是圣经，又是童话；既是反映现实刻画人性的，又是哲理象征寓意说教的；既让你觉得死亡很近，又让你觉得死亡遥远；既有死亡的沉重，又有游戏的轻松；既是指向此世的，又是想象来世的；既是指向外界的，又是窥视内心的；既是平铺直叙的散文，又是情致丰富的诗歌；既有古典的巴洛克式的精致风格和语言结构（它的长句长段甚至让人联想起意识流大师普鲁斯特，以及乔伊斯同样以死亡为主题的《芬尼根的守灵夜》，这些语句不经过反复阅读、仔细推敲，不能一下子明白），又有后现代的奇思异想……

《死亡的间歇》的背景是一个无名国度。管理死亡的死神突发奇想，休假歇工了，让所有国民都可以无限期地活下去。小说的头一句就是这样开始的："从这天开始再没有人死亡了。"

起初，人人都觉得像得了乐透头彩那样高兴，他们获得了永恒的生命！但是，幸福感很快就终结了，因为人虽然不死，可依然衰老,依然疾病缠身,依然有种种烦恼。医院和养老院都人满为患。很多人家躺着痛苦呻吟的病人却无法送终(或称为"悬置的死亡")。谁说人人都会敬老爱老?久病床前无孝子,那些要摆脱病重衰老亲属的人,不得不买通黑社会把人偷渡过边界,送到依然有死亡的国度去,于是经营偷渡的蛇头可以大发横财。只不过这种偷渡和今天为了追求幸福生活的偷渡目的恰恰相反而已。

这是小说的上半部,描写的是人间世相、社会风貌,刻画人性之恶,还是显示萨拉马戈一贯的奇异与寓意风格(如他之前的小说《失明》写所有人一夜间同时失明的荒诞故事,也是描写社会世相的寓意作品)。小说的下半部描写在造成这种"人满为患"的混乱之后,死神意识到死亡对于恢复人间秩序的重要性(所以让我们都为了社会秩序而对死亡少点抱怨吧!)。死神开始重新上班工作,不过这次她又想玩

《死亡的间歇》葡萄牙文原版封面,死神散发紫色的死亡通知书。

点花样,在人的死期之前一周,她就会亲笔发出一封死亡通知书,还配上精美的紫色信封,这样可以给人一周时间了结尘世的俗务。这是死神的异想天开(我读的瑞典文版书名就改名为《死神的奇想》),但当然也是作者的异想天开。

奇怪的是有一封通知书总是退回,复寄复退。好奇的死神于

是决定亲自出马去考察究竟,面交她的死亡通知书。她以一个高贵而美艳的女人形象出现在人间,出现在尘世的阳光之下。一改前半部的社会的宏观的叙事,在后半部中,作者为读者打开一个私人生活的空间。死神就近观察应该收信而死的一位大提琴家的生活,出席他的音乐会,了解他的生活细节。死神和他建立了个人的联系,也是和普通意义上的"人"建立了生活的联系,死神本身具有了活人的"人性",有了和大提琴家的男女之暧昧情感。甚至这里有些细致的心理刻画,有另一角度的人生意义考察。死神无法让这个人去死,去告别和了结依然有意义的人生。在小说的结尾,死神在和大提琴家做爱之后,把本来打算留下的死亡通知书烧掉了,而这个从来不知道睡眠的死神,自己倒在爱人的怀抱中睡着了。把"人"拉到阴间去的死神自己被"人"拉到人间。因此小说结尾的最后一句也呼应了开始:"从这天开始再没有人死亡了。"

这也许正是现在已经八十七岁高龄的作家萨拉马戈自己的奇想吧:拒绝死神的召唤,而依靠自己的大提琴师般的艺术力量,能征服美艳的死神,反把死神留在人间,而获得生命的不朽。他动笔创作《死亡的间歇》的时候,已年届八十二岁高龄,死亡离他确实越来越近,死亡主题进入他的思考、他的视野当然毫不奇怪。这是一部有关死亡的书,既是讨论死亡叩问死亡的书,也是用死亡讨论人生叩问人性的书(有意思值得一提的是《叩问死亡》也是另一诺奖得主高行健新近剧作之名)。

死亡是我们每个人都不得不最后面对的问题,也是一种"难以捉摸的现实",是人类永恒的"迷惘"或者"困惑",因此也是历代作家文人写不尽的文学主题。例如莎士比亚悲剧《哈姆雷特》中主角的著名独白就是对死亡的思考。死神也是各国文学中常出现的角色。中国文化传统中有阎罗王,有牛头马面鬼,中世纪欧洲道德剧《人人》、十八世纪英语长诗《德医生的死亡》、十九世纪易卜生戏剧《培尔·金特》中都有死神作为人物出现。萨拉马戈的这部小说是他异想天开地与死神做的游戏,为世界文学的死神人物长廊又增加一个让人难忘的活脱生动的妇女形象,展现了这位当代少有的叙事大师的精彩技巧。

期而不至、不期而至的荣誉

在萨拉马戈获得诺贝尔文学奖之前的很多年中,有关他已经入围的传言就纷纷扬扬。所谓入围,也就是进入了最后只剩四五名作家的投票名单,离得奖已经不太遥远。那时瑞典新闻媒体预测的得奖作家名单中经常出现他的名字,是人们普遍看好的热门得奖人选。

或有人问,瑞典学院评奖的过程不是严格保密吗,这些内情又从何知道?常言说,世上没有不透风的墙,院士们口风再严有时也难免泄漏些天机,而善于打探的记者们也总能通过种种手段摸到些内情。比如,有个瑞典记者告诉我,一个办法是在夏天的时候到文学院对外开放的诺贝尔图书馆去查看院士们都借阅了哪些作家的作品。尽管院士们为了保密,会故意扩大借阅的范围,甚至派人到外面另外买书,但是,如果某个作家的书都被院士们借走了,那这个作家八九不离十很可能就在最后的评选范围之内。因此,瑞典媒体的很多传闻往往不是空穴来风,都有一定根据。

　　诺贝尔文学奖是世界文学至高无上的奖项,所以作家本人对入围的传闻和预测也不会无动于衷。要说有些作家自己曾经期待过这一殊荣,我也可以理解。就萨拉马戈已经取得的成就和声望而言,有问鼎诺贝尔文学奖的雄心当然也不算什么非分之想。不过,传闻总是传闻,预测总是预测,最后公布的结果往往出乎人们的意料,尤其是近几年瑞典学院声东击西,屡出怪招,常常让那些自作聪明的文学行家和记者们大跌眼镜。虽然传闻萨拉马戈已多次入围,但是最后公布的结果却还是没有他。1997 年评选结果公布前夕,有关萨拉马戈会得奖的传闻又再度纷扬,还有一家出版社把他本人也请到瑞典,当作"准得主"炒作了一番,事与愿违,最后仍然是意大利戏剧家达里奥·福夺走桂冠。有人说,萨拉马戈恐怕再没有希望得奖了,因为他已到七十六岁高龄,来日无多,而瑞典学院已经连续三年给欧洲作家发奖(达里奥·福之前有爱尔兰诗人希尼和波兰女诗人辛波斯卡),此后几年肯定会考虑欧洲之外的作家。

　　萨拉马戈自己也心灰意懒,不再期盼得奖了。这年诺贝尔文学奖公布的时刻,即十月第一个星期四下午一点多的时候,他正好结束法兰克福书展的活动,选择立刻上飞机离开回家。他的出版商曾请求他等评奖结果公布了再走,或许评选还会出现转机,但他谢绝了出版商的挽留。留下来等,意味着他对获奖还心存期许,而他确实不再抱什么期望,也厌倦了记者们的纠缠。他更希望早点回家去过一段清静悠闲的日子。他的家在属于西班牙的阳光明媚的度假胜地加纳利群岛上,他的第三任妻子、西班牙记者皮拉还在家里等他。即使不得诺贝尔奖,他对自己的生活和文学事业都已是非常满足的。用他自己的话说,"我现在的生活很幸福,几乎随心所欲,想干什么干什么"。

在法兰克福机场,萨拉马戈已办好了登机手续,托运了行李,马上就要上飞机了,这时他听到登机口的地勤小姐在广播里召唤他。他被告知,根据瑞典学院刚才公布的结果,他获得了诺贝尔文学奖,现在他的出版商请他无论如何不要离开,务必再回书展去,他们马上要为他举行一个记者招待会,几乎全书展的记者都在等他,自然还有香槟酒和玫瑰花。萨拉马戈真的有些不敢相信这一消息,不管怎样,他还是有些吃惊。他一个人走到登机走廊的尽头去让自己镇静下来。诺贝尔文学奖的评选有时真像是一场冷门选出的跑马赌赛。当他是热马的时候他落选了,而当他自以为成了冷马的时候,他却中奖了。

这真是一个期而不至、不期而至的荣誉。迟来也比不来好。这是一句西方常说的民谚。

这是姗姗来迟的殊荣。七十六岁高龄的葡萄牙作家若泽·萨拉马戈成为第一位获得这项世界文学最高荣誉的葡萄牙语作家。

萨拉马戈展示他的诺贝尔证书

自学成才、大器晚成的小说家

借用我们自己的一句套话来说，若泽·萨拉马戈应该算是"自学成才"。他在文学方面的兴趣修养既无家学渊源，也不是靠大学科班培养，更不是受哪位名家指点。萨拉马戈于 1922 年出生在葡萄牙首都里斯本北郊的一个贫民家庭。照他本人的说法，他的父母都是文盲，几乎目不识丁。他曾经动人地写到在他成年离家之后，他母亲为了给他写信还常常要去敲邻居家的门央求别人代笔。事实上，他父母家里也几乎没有一本藏书，少年时代的萨拉马戈完全是靠乡镇上一个免费的公共图书馆得到文学方面的启蒙的。由于家境贫寒，他没能上大学。上高中的时候，他本来是个成绩优异的学生，但因为家里交不起学费而辍学，只能转到一个职业学校去读学费最低的锁匠培训班。萨拉马戈的这种"无产阶级"家庭背景和他后来在政治上靠拢共产主义很有关系，获奖时他依然是共产党员。瑞典学院颁奖，本来就不考虑作家的政治倾向，是左派还是右派，很多共产党员作家都得过奖，例如聂鲁达和肖洛霍夫，所以那些攻击瑞典学院反共的人实在是无知到了极点。

萨拉马戈很早就离家到里斯本谋生，先后当过锁匠、医院职工、车间工人和社会服务人员等等。空闲的时候他就做些文学梦，写点商籁体十四行诗，也经常出入里斯本一家文人们聚会的咖啡馆，和一些作家成了好朋友。他在二十五岁时曾经写出第一部长篇小说。本来他自己给小说起的名字是《寡妇》，但出版商硬把它改为《罪孽之乡》，让他大为光火。这部小说并没有卖掉多少册，也没有引起多大反响,这部处女作的失败对萨拉马戈的文学自信心大概是个不小的打击,所以在其后的二十六年中他没有再写什么小说。后来,在萨拉马戈成名之后,有出版商又找到了这部作品重新出版。萨拉马戈虽然觉得年轻时代的这部作品确实幼稚可笑,但还是一字不改按原样再版。用他自我解嘲的话来说,一个人二十五岁时也许可以当个好诗人,但很难成为好小说家,因为他能告诉读者的东西实在太少了。

第一部小说失败之后,萨拉马戈的作家之梦似乎就此破灭了,主要还是打工谋生。不过,他不用再干体力活,而是靠他的作家朋友给他介绍一些文字工作,比如当报社编辑、记者和翻译。在这段时间里他的社会活动非常活跃,思想也日益左倾,并且在 1969 年加入了葡萄牙共产党。该党当时还是一个被当局查禁的非法组织,他因此被他供职的报馆开除。1974 年葡萄牙的右派独裁政权垮台,葡共有一度掌权,他被任命为首都一家大报的副主编。后来葡共很快就下台了,萨拉马戈也失去了工作,那时他面对生活道路的一次重大抉择:要么是再随便找份工作谋生养家糊口,要么重新开始写小说,完全从事文学生涯。萨拉马戈犹疑了很久,最终还是选择了后者。获得诺贝尔文学奖之后,作者对一些记者回忆说,当时有人说他是异想天开,但现在的结果说明他选对了。他还风趣地说,"是失业逼我当小说家的。"

萨拉马戈当时已经五十二岁。虽然他已多少发表过一些零碎的文学作品,有诗集和剧本,但是在他本人看来,他的文学生命从此才真正开始。他曾说:"假如我是在五十岁前去世的话,那我和我过去写的那些东西在葡萄牙语文学史上简直就不值得一提。"如果说他二十五岁时的那部小说确实还显得浅薄，那么现在他到了知天命之年，阅尽人间沧桑，就可以有许多东西提供给读者了。

其实，我们可以把萨拉马戈文学生命的真正开始再推后几年，不仅再推后到 1977 年他发表小说《绘画书法手册》，甚至推迟至 1980 年的小说《离开尘土》。根据瑞典学院的评论，这两部小说都有明显的自传性因素，都提供了拆解作者本人生活和思想的重要线索。前者是写一个人如何成长为艺术家，也发表了很多作者在葡萄牙旅行时的感受，后者是一部家族编年史形式的小说，描写葡萄牙南部农村佃农和地主的阶级冲突，其中也能看到作者本人早年生活的影子。但后者被评论界看成是作者第一部有分量的重要作品，不仅在艺术上更成熟，而且由于作品中出现了一种全新的叙述方式，在作者的小说创作道路上是一个里程碑。在这部小说中，作者第一次使用了一个特别的叙述者。按照作者本人的介绍，这不是他预设的方法，也不是他有意寻找的方法，而是在写作中突然的神来之笔，好像是一个从他内心自然地发出的声音在叙述，但这个叙述者又不是一个一般意义上的"我"，不是作家的自我，而是一个分辨是非、维持公正的法官，是为善良、尊严、理性和生命辩护的贤哲。从此，他好像就是在这个来自内心的声音的指导下写作。

当然，真正为萨拉马戈赢得国际声誉的是他 1982 年发表的长篇小说《修道院纪事》。这部作品以里斯本附近建于 1730 年的著名的玛夫拉大修道院为背景，描写人的理性和情感的冲突、对不朽的荣耀的追求以及征服世界的欲望和幻想（比如书中有个修士一心想建造一部飞行器）。小说具有巴洛克式的奇幻瑰丽风格，充分展现了作者的想象力和用语言创造视觉形象的天才,不仅轰动了葡萄牙语文学世界,并在一两年内被译成了多种欧洲文字。已故的意大利著名电影导演费里尼对这部小说推崇备至,尤其赞赏小说中可以和电影媲美的画面感,他认为这是他读过的最出色的小说。

　　萨拉马戈从此扬名世界,这时他已过了六十岁,他的文学创作这才跨进了黄金时代。可以说,他的所有优秀作品都是在他六十岁之后的十五年间写成的,而且越到老年他的创作力越旺盛,产量越高,每两三年总有一本力作问世,而且质量日臻完美,文字也越发老辣。在获得诺贝尔文学奖的作家中,像萨拉马戈这样大器晚成的小说家的确是不多见的。

成功秘诀:说教而不乏同情,理性而充满想象

　　瑞典学院每年公布诺贝尔文学奖评选结果时发表的颁奖词,对得奖作家的文学成就都是非常简洁准确的概括,同时说明了院士们作出评判的理由和原因,从中我们也可以看到作者成功的秘诀。瑞典学院给萨拉马戈的颁奖词是:"用他以想象、同情和反讽维系的说教寓言,不断地使我们再次领悟难以捉摸的现实。"

　　这里几乎全是关键词,有些词似乎还是互相矛盾的,但在这一语言组合中显示了全新的意义。"说教寓言"(瑞典语原文 liknelse,英文译文 parables,指一种寓有教育意义的故事,例如《圣经》中的很多故事,或者像是中国的"愚公移山"等先秦寓言),说明他的小说都有理性思辨的色彩,要讲究道德和是非,要为以往的历史和今

天的现实重新讨一个说法。他自己也曾说过,他写作的目的是要引起读者的思考。有人因此把他和法国启蒙时代的作家伏尔泰及其小说《老实人》作比较,这也不无道理。但是,通常的"说教寓言"把人们引向形而上的世界,不食人间烟火,而萨拉马戈是把人们重新引回"现实"。通常的"说教寓言"居高临下,对被说教者是教育、教训,甚至鄙视和正面的嘲讽,而萨拉马戈对被说教者充满了"同情",为他们申辩和解嘲,使用的是"反讽"的手段。通常的"说教寓言"用抽象、理性而冷静的语言,而萨拉马戈是用"想象"构筑丰富奇异的画面。和伏尔泰式的"寓言"相比,他显得更无拘无束,和卡夫卡式的"寓言"相比,他更轻松和诙谐。

比如,萨拉马戈在 1984 年发表的长篇小说《理查德·雷斯的死亡之年》中把近代葡萄牙著名诗人帕索瓦在诗作中想象出来的一个人物实习医生雷斯放回到现实世界中,描写雷斯从巴西回到故国葡萄牙后和两个姑娘的生死恋情。死去的诗人帕索瓦也在小说中经常回到人世来拜访雷斯,和他讨论人类生存的状况,并在最后又带雷斯离开人世。小说似乎是个预言人类末日的寓言,但让我们触摸的是现实,发表后得到了欧洲文学评论界的如潮好评。

1986 年问世的长篇小说《石筏》也是一部具有黑色幽默特色的警世寓言或幻想曲,描写葡萄牙所在的伊比利斯半岛突然和欧洲大陆分离漂向北美新大陆,江河成了瀑布,山谷变为海滩,丧失家园的葡萄牙人则惊慌失措,担心和新大陆相撞。1989 年的长篇小说《里斯本围城记》也具有书中书的结构。作者一面描写某出版社校对员如何大删大改一本有关葡萄牙建国史的手稿,开语言的玩笑,以此和出版社的女主编调情,另一方面又叙述葡萄牙开国元勋阿封索·亨利克斯怎样在耶稣和十字军的支持下把穆斯林驱逐出境。这两个层面使小说既有严肃的史笔,又有非常轻松诙谐的现代语言风格。

使萨拉马戈获得更大成功的还有 1991 年发表的《根据耶稣·基督的福音》。作者在小说中对上帝和耶稣的关系重新从人性的角度进行了解释,认为上帝只关注自身的荣耀,而不是人间疾苦,他只是利用耶稣来表现他的权威。作者在作品中再次表现出想象思辨的卓越能力,但这也是一部在内容上备受争议的长篇小说,在天主教势力雄厚的葡萄牙乃至整个南欧都招来了非议,他原来的瑞典文翻译因为信教,从此不再译他的作品。本来欧洲议会要给他颁发文化奖,但因为当时的葡萄牙政府在梵蒂冈教廷的压力下极力反对而未能实现。作者在激愤之余举家迁离葡萄牙,到了加纳利群岛开始过自我流亡的生活。

萨拉马戈后来发表的重要作品有 1995 年的《失明》和 2009 年才问世的《所有的姓名》。《失明》以一种卡夫卡式的笔调描写人们突然落入了荒谬的失明境地,但反而更能"看到"自己的处境。小说中有一段话可以清楚地表现萨拉马戈小说语言的反讽特点:"我不认为我们变瞎了,我们本来是瞎子,瞎了但还是能看,是能看的瞎人,但看不见。"不管怎样,说话的人对人类的处境是"看"得非常清楚的。《所有的姓名》是写一个负责人口登记的小职员霍塞发现了一张地址不详无法登记的某女士的人口登记卡。这个平时庸碌猥琐、生活就像他管理的档案一样积满尘土的小职员决定出去查寻该女士,结果在这过程中彻底改变了自己的生活和性格。这又是一个卡夫卡式的"寓言",只是表现了另一种不同的价值观。

"我是一个共产主义者,我是为人民大众写作的"

和 1997 年得奖的意大利剧作家达里奥·福一样,萨拉马戈也是个颇有争议的左派政治人物。他的政治立场一直是非常激进的,有人甚至说他是斯大林主义者。获诺贝尔奖之后,他在接受瑞典记者采访时仍然宣称:"不要忘记,我是一个共产主义者,我是为人民大众写作的。"据媒体报道,他现在还是葡共党员,还保留着党员证。葡共主席卡瓦拉斯在听到萨拉马戈获奖消息后说,这是我们党大喜的日子。在这里我还想顺便提一下,1989 年苏东解体之后,西欧的很多共产党组织纷纷改名,如瑞典共产党就更名为左党,告别共产主义,宣布新的党章,也有很多党员退党。葡共是西欧唯一不改名并且还主张斯大林主义立场的共产党组织。当然,葡萄牙有葡萄牙的不同的历史背景。西欧大部分国家早都完成了民主政体的建设,而葡萄牙迟至 1974 年还是保守的独裁政权,因此,葡共是作为反专制的民主力量出现的。

一个人坚持自己的信仰,而不随波逐流,这点是让人钦佩的。这比丢弃了信仰不过还贴着狗皮膏药的江湖骗子要强得多。

有人说,萨拉马戈其实在哲学上是个悲观主义者,也是愤世嫉俗的人。他觉得我们生存的这个世界越来越荒唐,一边是非洲有几百万不断饿毙的饥民,一边是想征服太空,把玩具似的机器送上火星。他也不爱多交朋友,更不阿谀逢迎权贵。他还曾率领一个国际作家代表团深入到巴勒斯坦去访问阿拉法特,公开和以色列叫板。他挑战教会,挑战国家机器,还挑战传统道德。他曾经结过三次婚,每次都是对天主教传统势力的一次示威。梵蒂冈教廷因此对瑞典学院今年的评选结果很不满意,但萨拉马戈说,我才不在乎他们说什么呢。

不管怎样,瑞典学院的评选结果足可说明院士们最终能够超越政治的考量,而把艺术标准置于政治判断之上。

葡萄牙语文学的胜利

萨拉马戈在获奖后说,他是头一个获得这项荣誉的葡萄牙作家,因此瑞典学院今年的评选结果不仅是给他个人的荣誉,也是给葡萄牙作家的荣誉,是给整个葡萄牙语文学的荣誉,包括巴西等葡萄牙语国家的文学在内。这是整个葡萄牙语文学的胜利和光荣。

事实也的确如此。评选结果公布之后,葡萄牙举国上下一片欢腾,各家大报纸都用大标题和整版整版的篇幅报道这个喜讯,电视和广播电台停止了正常节目改播得奖新闻,人们在首都里斯本的大街上载歌载舞大喝香槟。一个瑞典记者发回的报道说,那种气氛就好像是葡萄牙获得了足球世界杯冠军,他从来还没见过哪一次诺贝尔奖的公布引起过这么热烈的民族狂欢。就连政治上和作者对立的总统和总理也都把作者当成一个民族英雄来祝贺。现任文化部长希望作者能不计前嫌尽快回到祖国参加庆祝活动。他说,"对萨拉马戈的不公正的批评是过去的时代过去的政府干的事情,现在这一切应该结束了,作者回祖国的时机已经成熟了。"整个葡萄牙语世界也都兴高采烈。巴西的一家报纸兴奋地写道,"好不容易等了六百年,葡萄牙语终于得到了公正对待,也走出了西班牙语的阴影。"

图为萨拉马戈从瑞典国王手中接过诺贝尔文学奖奖品

　　葡萄牙语本是拉丁语系之一支,和意、法、西班牙等语种一样,也是欧洲最古老的文字,至少已有六百多年的历史,同时还是最接近拉丁语的一种文字,其词汇非常丰富。萨拉马戈的瑞典文译者说,他使用的葡萄牙文字典收有四十多万个词,而萨拉马戈在自己的作品中使用其中很大一部分。

　　在当今世界上使用葡萄牙语的有两亿多人,其中也产生过好几位大师级的作家,因此葡萄牙语本来应该是非常重要的语种。

但是，就像葡萄牙人总是被压在西班牙人的阴影之下一样，葡萄牙语也总是受到西班牙语的排挤压迫，因此没有西班牙语那么有影响，有比较大的生存空间。就以诺贝尔文学奖来说，设奖已近百年，过去还没有给一个葡萄牙作家颁过奖。现在，萨拉马戈的获奖为这段让说葡萄牙语的人屈辱的历史写下了一个句号。

根据 1998 年 11 月发表于香港《明报月刊》的文章改写

2009 年 5 月 2 日定稿

瑞典学院颁奖词：

"他在诙谐幽默的黑色寓言中描绘出被人遗忘的历史面目。"

瑞典文原文：

"för att i muntert svarta fabler ha tecknat historiens glömda ansikte."

君特·格拉斯
(Günter Grass，1927—2015)

为历史涂上诙谐幽默的黑色

——1999年诺贝尔文学奖获奖作家、德国小说家格拉斯解读

一个人如何面对自己的历史污点，自己犯下的罪恶，这是一个看似简单其实却又不简单的问题。能不掩盖回避，不抵赖狡辩，不粉饰矫情，而能直接面对并且深刻检讨忏悔认罪，这需要良知，需要勇气，需要诚实，需要对人生的感悟，对于担当"社会良心"职责的作家来说，就更应该是如此，否则，就有欺骗读者之嫌了。

所以，我们可以理解，为什么当德国著名作家格拉斯2006年在他出版自传时自曝丑闻，首次披露了他年轻时曾经参加过纳粹党卫军的经历时，在德国文坛乃至世界文坛引起了轩然大波。因为格拉斯一向是被读者当作德国社会的良心来崇拜的，是德国的正义化身，是个圣人，而这个圣人居然一直掩盖着如此巨大的

污点。

格拉斯和比他早两年得诺贝尔文学奖的意大利作家达里奥·福和葡萄牙作家萨拉马戈一样,在政治上也偏左,公开声称自己信奉社会民主主义,还常为社会民主党竞选站台演说或朗诵诗歌,1965年就曾出版过一本竞选演讲集。他还频繁地在媒体露面,到处接受采访,在电视出镜,在广播台发声,在报刊上发表政论,而且常常是惊世骇俗的"不同政见",和西方的主流话语唱反调。比如说,他反对拆毁柏林墙,反对联邦德国吞并民主德国,甚至还为民主德国政权辩护,说民主德国的存在有其历史合理性。他也曾激烈批评欧盟和美国在南斯拉夫问题上的政策,反对北约干涉波黑、轰炸科索沃等等。他的这些言论常常引起很多争议,也给他本人招来很多批评甚至诟骂。在有些人看来,格拉斯作为作家是不务正业,多管"闲事"。2006年5月我到柏林参加国际笔会第七十二届年会,格拉斯致开幕词,把文坛当成了政坛,慷慨激昂地抨击美国在"九一一"事件以来的世界政策,反对美英对伊拉克动武,用词之激烈让我非常吃惊,真怕在场的美国笔会代表会离席抗议,幸亏美国笔会代表并不把自己当作国家代表,他们中间自己也有反对伊拉克战争的作家,都不动声色。

总之,格拉斯曾经代表着或者代表过德国乃至整个欧洲知识分子的良心和正义的声音。1995年,时值第二次世界大战胜利五十周年纪念年,欧洲各国报纸上连载了他和诺贝尔文学奖得奖作家大江健三郎之间的通信《我的日本、我的德国》,两人共同深刻检讨两国的战争罪责,一时传为佳话,也成为难得的历史文献和文学作品。在通信中,格拉斯曾经义正辞严地要求每个德国人反省自己。他质问道：难道德国人的集体罪行只能表述为某个独裁者"以德国人民的名义所犯的不义之举"，难道我们每个德国人自己没有责任？

可那个时候，格拉斯自己还没有公开披露和承认自己的历史污点和罪恶，没有对自己的罪行作深刻的检讨和反省，恰恰相反，他还一直扮演审判别人的道德法官的角色。如此严以待人，疏于责己，迟迟不讲真话，很多人觉得格拉斯不够诚实。尽管还有人为格拉斯开脱，说他终于还是能够坦诚地交代自己的历史污点，可以原谅，但是更多人觉得他承认得太晚，还有故作姿态而炒作热卖自传的目的。有些格拉斯的崇拜者甚至感到上了他的当，感到失望和愤怒。有人要求他交还过去获得的荣誉，例如波兰诺贝尔和平奖获得者瓦文萨就要求格拉斯交还他的出生城市但泽市授予他的荣誉市民金钥匙。也有人说，要是格拉斯早就承认自己是纳粹党徒，他在1999年就不会得到诺贝尔文学奖，他们要求瑞典学院收回这个奖状。

奖状当然是不会收回的，格拉斯作为一个诺贝尔文学奖得奖作家的地位是不会改变的。他创作出了二十世纪世界文学的经典作品，这几乎没有人否认。所以他本人到底是个正人君子还是伪善小人，其实这都已经不太重要了。我只觉得，正人君子和伪善小人之间存在的反差恰恰可能是瑞典学院颁奖词的一个注脚：描绘千万人死亡的战争历史本来是需要严肃甚至沉重的批判态度，我们很难想象一个犹太作家能这样"诙谐幽默"地描绘大批杀戮犹太人的毒气室和集中营。也许正是因为作家属于罪恶的一方，自己有罪恶感和个人污点，而无法做到严肃沉重，而是更具有荒谬感，那么用这种"诙谐幽默"才能来进行自我调侃。

也许就是这样的,当历史本身缺乏诙谐幽默的时候,我们只能用诙谐幽默来对待。

《铁皮鼓》:二十世纪历史的独特画卷

有一位德国文学批评家说,在他看来,还没有哪一位作家像格拉斯那样在国内国外有如此不同的形象对照:在国内,德国公众经常在媒体上看到他,听他对各种社会问题、政治问题发表鸿篇高论,因此越来越觉得他是一位饶舌多嘴好管"闲事"的左派政治家,就是自传自曝丑闻引起舆论哗然也和文学无关,几乎忘了他从事的主要还是文学创作,曾有惊世骇俗的经典作品,他的身份其实不应该是有争议的政治家而是作家;而在国外,他在人们心目中的形象始终是知名作家,人们主要是读他的文学作品而不知道他的政治态度,尤其是念念不忘他的《铁皮鼓》,因为根据这部小说改编的电影也非常成功,一度家喻户晓,使他更加声名远播。其实,瑞典学院把诺贝尔文学奖授予他,也特别强调《铁皮鼓》是他最优秀最重要的作品,给以非常高的评价,认为这是二十世纪世界文学的不朽作品之一,在内容上再创造了人们试图忘记的历史世界,在形式上突破了现实主义,是战后德国文学的新起点。这部长篇小说早在 1959 年就已发表,因此,还有人评论说,瑞典学院表彰的其实还是格拉斯四十年前的文学成就,他后来的作品都没有超过这部小说,这个奖晚发了四十年。

的确,一本《铁皮鼓》的历史内涵就比几十本博士论文和历史著作还要丰富。就格拉斯本人至今为止的全部文学创作来看，他的人文关怀，他的想象力，他的非凡语言天才和把握历史的特殊能力，都在《铁皮鼓》里得到了淋漓尽致、登峰造极的展示，后来的作品反而有些逊色。

关于《铁皮鼓》的文学传承，大概已经有了很多学者的分析研究。它和德国民间童话传统肯定有着不可分割的联系，例如小说中的主人公奥斯卡·马泽拉特最宠爱的玩具是一个铁皮鼓，它也具有某种魔力，像德国民间童话传说中花衣人的魔笛一样，能让人入迷，敲起来能让孩子们都跟着走。熟悉魔笛故事的人也可以理解，这可以象征和暗示的是一种对于不守信仰的成人世界的惩戒。

此外，《铁皮鼓》不是一般的围绕某个历史事件、历史人物或时代来展开的历史小说，而是继承欧洲中世纪流浪汉小说传统（其最经典的作品当然是《堂吉诃德》），但又是一种现代翻版，通过对一些超常的吊诡人物的塑造，又结合现代超现实主义笔法，来折射一个历史时代的精神现象，因此更具深度，或按一些评论家的说法，不光有皮毛，也更"有肉有骨"。

这部小说以主人公奥斯卡的第一人称口吻来叙述，从他的祖父母的年代讲起，一直讲到他本人三十岁生日那天（1954年），跨越了二十世纪上半叶，也是用主人公的独特眼光来扫描整个德国纳粹主义时代的历史。这是一部本身就深具黑色的历史，其实不需要作家来描绘成黑色，作家增添的不过是诙谐和幽默的色彩！

诙谐幽默首先来源于主人公奥斯卡是个小怪人，欧美马戏团表演中最常见的引逗观众开怀大笑的侏儒。奥斯卡又有特异功能，能发出一种超常的声音，使各种玻璃破碎，也使他能够阻止自

己的身体发育成长,成为一个非同凡人的小侏儒,因为他不要进入
成人的充满罪恶感的世界。他之所以不愿意长大,就是因为发现
了母亲和表舅偷情。

小说描写了奥斯卡游荡生活中一系列离奇古怪的事件,特别
是他身边的人的怪异死亡,比如说他母亲是因吃鱼过量而死;他名
义上的父亲虽然一直不想抗争,却还是因参加抗争的罪名而被处
死;他的第二个父亲是因为在苏军到来后想吞下自己的纳粹党徽
而噎死的;还有一家杂货店老板是巧妙地用店里的秤盘来自杀的;
而最后奥斯卡本人也因莫须有的谋杀罪名被送入精神病院。因
此,与其说小说描写的是侏儒奥斯卡的怪异,不如说是他眼中的成
人世界的怪异和疯狂。奥斯卡作为侏儒和凡人世界的距离使他能
够"旁观者清",更有开阔的视角,更能作出历史性的评判。这部小
说在 1979 年由著名导演施隆多夫拍成电影,一时轰动,当年即获
戛纳电影节金棕榈奖和奥斯卡最佳外语片奖。

继《铁皮鼓》之后格拉斯又发表了《猫与鼠》(1962 年)和《狗
年》(1963 年),都以故乡但泽市作为小说的主要场景,三部小说统
称为"但泽三部曲"。这些小说中心人物的形体也常有非同凡人之
处,如《猫与鼠》的主角有一个非常巨大的喉结。小说中也都有很
多令人莫名其妙但滑稽可笑的悲惨事件,一样符合文学院"颁奖
词"所说的"诙谐幽默的黑色",而一个共同的基本主题则是描写集
体性的罪恶和疯狂,包括集体的无意识,实际上是深刻反映了纳粹
政权统治下德国人的一种普遍精神现象,甚至也可能是我们人类
共有的一种精神现象:人类的本性是适应环境,屈从于环境的压
力。正是在这一点上,文学界把格拉斯视为二次大战后最勇敢也

是最早检讨本民族历史的德国知识分子之一,同时也成为对人类二十世纪的历史挖掘最深刻的伟大作家之一。用他自己的话来说,他是"一个在人们厌倦理性的时代的来晚了的启蒙使徒"。如果确实如此,那么格拉斯获得诺贝尔文学奖的殊荣也算当之无愧。

不易遗忘的传奇人生

在长达数十年的文学生涯中,格拉斯对自己的历史污点一直避而不谈,直到八十来岁才披露真相,这是不是也算一种历史的"遗忘"?

实际上,格拉斯的人生充满传奇色彩,在他一生的创作中都留下不可磨灭的印记。"但泽三部曲"已经明显带有格拉斯的自传色彩,反映他自己少年时期和二战期间的生活,但是没有提到参加党卫军的历史。格拉斯 1927 年出生于但泽自由市(即今波兰格但斯克市),父亲是德国人,母亲是波兰人。1938 年纳粹德国强行占领但泽市时他年仅十一岁,但已亲身经历了欧洲的历史动荡,目睹了本民族集体性的疯狂行为。他本人后来也被征召入伍,在德军中当炮灰,二战结束时还成了美军的战俘,又被迫离开在战后划归波兰的家乡,搬到联邦德国。这段经历成为他重要的创作资源。

值得一提的是格拉斯对文艺的兴趣最早是在绘画方面。1949 至 1956 年间他曾专攻美术,对毕加索画派很有兴趣,后来还专门去巴黎学画,受到当时那里流行的超现实主义诗歌及戏剧的影响,由此转向文学创作,写过一些超现实风格的诗歌和剧本,并自己配上插图出版。因此,他的文学创作中丰富强烈的画面感和超现实主义风格,还和这段学习绘画的历史很有关系。

除了"但泽三部曲",格拉斯后来发表的重要作品都有自己亲身经历的德国当代历史事件的印记。这里包括 1966 年出版的剧本《贱民再次造反》,以 1953 年 6 月 17 日东柏林的人民起义为背景;1969 年出版的有长篇小说《所需之地》,描写 1968 年的德国左派造反运动;1972 年出版的长篇小说《蜗牛日记》是以回答自己孩子问题的形式描写自己 1969 年的政治竞选活动,也把当时的德国比作向民主缓慢爬行的蜗牛;1977 年出版的长篇小说《鲽鱼》是描写男性的破坏性和女性的建设性之间的冲突,很有个人感受,也是以幽默笔法和全球视野来写人类文明发展的重要问题;1979 年出版的《特尔格特的会议》实际上是关于 1947 年建立的德国作家团体"四七社"的长篇写实小说,格拉斯和另一位诺贝尔文学奖得奖作家亨利希·伯尔都曾是这个团体的成员;1983 年出版的长篇小说《雌老鼠》则涉及环境的破坏,悲观地预言未来的环境灾难。除小说外,他还发表过很多剧作、诗歌、政论、随笔等等。总之,格拉斯著作甚丰,无法在此一一列举,而且涉及各种体裁,至少在数量和文体种类上,他都远远超过了前几年的获奖作家。

格拉斯获奖时正是世纪之交,百年之末,少不了的是历史感。有意思的是,当时他最新出版的著作就叫《我的百年》,按二十世纪的年份每年写一章,既是扫描出这个世纪的一个个人的历史,也是欧洲的历史和人类的历史。现在,这位描绘二十世纪历史的作家自己也将作为本世纪最后一位诺贝尔文学奖获得者而名垂史册。

瑞典学院这次表彰的就是格拉斯文学创作的历史深度和独特

1999 年 12 月 10 日君特·格拉斯从瑞典国王手中接过诺贝尔奖

意义。文学院的"颁奖词"称赞格拉斯"在诙谐幽默的黑色寓言中描绘出被人遗忘的历史面目",而且在新闻公报中赞扬格拉斯"挖掘过去比大多数人都挖掘得更深,是为我们钻研和说明二十世纪历史的名副其实的伟大作家之一"。

瑞典学院一般是在每年十月的第一个星期四公布本年度诺贝尔文学奖的评选结果,可 1999 年却提早了一星期,在九月三十日这个星期四就宣布了。由于文学院多年来很少给世界著名的大作家颁奖,似乎越是功成名就的作家,知名度越高,得奖的希望反而越小,况且 1999 年的时候已连续三届是欧洲作家,所以瑞典文化界、新闻界大多没预测到依然是花落欧洲,本年的诺贝尔文学奖会再次授予了德国作家。

不过,结果公布之后,倒也没有多少人感到非常惊讶,来自世界各地文学界人士的反映也都相当肯定,大都认为文学院把二十世纪最后一个诺贝尔文学奖授予二十世纪最有代表性的作家之一,实在是顺理成章之事,也为百年来诺贝尔文学奖的评选画上了一个完满的句号。

瑞典公主克里斯蒂娜和君特·格拉斯在诺贝尔晚宴上

　　一位对近年的评奖一直很不满的瑞典文学评论家说，文学院这次总算交了一份合格的作业。他认为，近年来文学院总是搞政治和地理平衡，照顾小国家、小民族、小语种，貌似正确公允，结果把诺贝尔文学奖发给了一批二三流作家，降低了诺贝尔文学奖的声誉，所以，格拉斯这次获奖，与其说是瑞典学院给了格拉斯荣誉，不如说是格拉斯帮助瑞典学院恢复了诺贝尔文学奖作为世界文学最高奖项的荣誉和权威性。虽然这只是一家之言，但也说明格拉斯在世界文坛有其公认的特殊地位。

　　他"是为我们钻研和说明二十世纪历史的名副其实的伟大作家之一。"也许他本人的历史，包括他的历史污点，都是钻研和说明二十世纪历史的范例！

原载 1999 年 11 月号香港《明报月刊》
2009 年 5 月改定

瑞典学院颁奖词：

"因为其作品的普遍价值，刻骨铭心的洞察力和语言的丰富机智，为中文小说艺术和戏剧开辟了新的道路。"

瑞典文原文：

"för ett verk av universell giltighet, bitter insikt och språklig sinnrikhet, som öppnat nya vägar för kinesisk romankonst och dramatic."

高行健
（1940— ）

"一"以贯之的文学之道

——解读 2000 年诺贝尔文学奖获奖作家、
法籍华裔戏剧家、小说家高行健

文学是不写明收信人地址的信件

2000 年，新千年初始，瑞典学院就宣布把诺贝尔文学奖授予法籍中文作家高行健，一石激起千层浪，一块诺贝尔奖章扔进中文世界的大海里也是波澜四起。喜极而泣者有之，拍手称快者有之，而批评诟骂之声也不绝于耳。有人悻悻然说他不够有名，有人愤愤然说他的作品只是二三流水准，还有人说他只顾个人而不问中国百姓疾苦，不够诺贝尔遗嘱定下的理想标准，还有人因此给瑞典学院递交抗议信，指责瑞典学院给高行健发奖背弃了诺贝尔理想，指责瑞典学院有"不可告人的政治目的"……如此种种，不一而足，这种情景真如一幅绝妙浮世绘。

我无意参加任何争论。虽然长居瑞典,也认识几个瑞典学院院士,还参与了这次新闻公报的中文翻译,了解一点点内情,却不敢妄充解释诺贝尔遗嘱精神的权威或者研究诺贝尔文学奖的专家。我以为对各种批评的最好回应,其实还是应该来自瑞典学院。所以那年的11月我曾经去找瑞典学院的常务秘书贺拉斯·恩格道尔作了一次访谈,让他再详细介绍一下瑞典学院给高行健颁奖的理由和想法。瑞典学院十八位院士,不设院长,院士一般每周来开会一次,平时可以不来,而担任常务秘书的院士主持日常工作,一般任期为五年,连选可以连任。在近百年的诺贝尔文学奖评选工作中,常务秘书和一个评选小组负责初选和复选并提出最后交全体院士投票的决选名单,通常也是每年的颁奖词和新闻公报的起草者,因此在整个评奖过程中是个举足轻重的关键人物。

恩格道尔为斯德哥尔摩大学文学系博士,是文学评论家、作家,还能流利地说多种外语,在瑞典文学界属于才华横溢的后起之秀。他也因为文学观念标新立异而一度备受争议,他的博士论文是论瑞典浪漫派文学的,因为离经叛

2000年12月10日高行健从瑞典国王手中接过诺贝尔奖

道,第一次答辩时竟未被文学院院长接受,后经多位教授力保才得以过关。我和恩格道尔 1990 年就认识了。那年北岛和我请了十来位寄居海外的作家到北欧来开会,其中也有高行健。有一天上午是我们中文作家和瑞典作家举行长桌会议对谈,来了十来位瑞典作家,其中有几位就是瑞典学院院士,包括马悦然先生,也有恩格道尔这样的年轻新秀。想不到 1997 年,恩格道尔也入选为院士,而且在两年之后的 1999 年就当了常务秘书。又过了一年即 2000 年,也就是我们那次长桌会谈的整整十年之后,由他宣布给当时会谈的一位中文作家颁发诺贝尔文学奖。是否当年的长桌会议为十年后的结果留下了伏笔,除了翻译推荐高行健的马悦然先生之外,是否在场的院士们和恩格道尔当时就已经对高行健留有深刻印象,那就不得而知了。

我对恩格道尔的访谈后来发表了,篇幅还不短,涉及了很多方面的问题。有关瑞典学院出于"不可告人的政治目的"颁奖的说法,其实只提一点也就足以驳斥了:从政治角度来说,熟悉当代中国政治情形的人都知道,高行健是从不介入政治活动的,而诗人北岛的政治符号意义也许更为明显。北岛的诗歌作品也几乎都翻译成了瑞典语,多年来他得奖呼声非常高,如果瑞典学院出于政治目的,不是更应该选择北岛吗?

有意思的是,恩格道尔非常清楚地解释了颁奖词中所说的"普遍价值"。当时我问过他,有人批评他们违背了诺贝尔遗嘱的精神,那么瑞典学院对诺贝尔遗嘱中所说的"理想倾向"的作品如何解释,是否也有了新的不同的解释,恩格道尔很干脆地回答说:

"我们现在确实有不同的解释。什么是'理想倾向的作品',在不同的历史时期一直有不同的解释。最早是简单地解释为非唯物主义的讲究道德理想的文学，后来又解释为一种广为流传的、有众多读者的文学。再后来又强调作家的前卫性和天才，特别是上世纪四五十年代。到了七十年代又曾重新强调过道德，强调作家的责任和义务，关注人权等等。现在我们是从一个不同的角度来解释的，这个所谓'理想倾向'的'理想'，在我们看来，就是文学本身，就是文学本身的理想。文学可以成为不同文化间的桥梁，使人类互相之间有沟通的可能。事实上，好的文学作品就像没有写明收信人地址的信件，它不是固定给一个人看的，而是可以送到任何人的手里，给任何人看的。作家可以从自身的文化背景出发，而又走向读者、走向他人，而能走多远，你永远也不知道。就是在很遥远的天涯海角，一个好作品也总会有新的接受者。"

"没有写明收信人地址的信件"，这真是一个很好的比喻！恩格道尔特别强调他对《灵山》非常赞赏，认为这就是世界文学中一部不可多得的"具有普遍价值"的好作品，是可以和乔伊斯的《尤利西斯》或者托马斯·曼的作品媲美的，所以能获得包括法国和北欧在内很多读者的认同，能超越国家和民族的界限。我确实想不到他有如此高的评价。他还说，"我认为诺贝尔遗嘱中的'理想倾向'就是这个意思。关于这个问题，我可以给你看一篇我的文章。这是两个星期前我在法国巴黎一个公共图书馆的讲演稿，是用法语写的。我在文章里详细介绍了我这种解释的由来。我提到了文学史上的史达尔夫人、歌德、施莱格尔等人的理念，正是这些作家的理念构成的文学传统成为诺贝尔所要褒奖的文学的'理想倾向'。如果用这种'理想倾向'的解释来做评选的标准，应该得奖的作品就是那种有'普遍价值'的,这种标准就能适用于地球上的广大地区。我希望你在你的文章中替我强调这一点,这非常重要。这种意思在我们给高行健的颁奖词中也已经体现出来了。"

艺术之道"一"以贯之

恩格道尔最赞赏的是高行健作为作家的独立人格,不屈服于任何意识形态和国家话语,也不屈从任何群体压力和政治运动:

"正如属于他个人经验的自传性作品《一个人的圣经》中的人物,高行健有个人见解,不媚俗,不随波逐流。他的写作只追求文本的真实,尽可能地展现这种真实,而不考虑为了某种政治理念改写自己的文本。即使这种理念是正面的、善意的、好的、很多人接受的,他也不人云亦云。他就像他的剧本《车站》中的那个人物,那个沉默的人。当多数的群众等待的时候,他一个人转身离开了。一个人有权利走开,站在外面,这个人行使了这种权利。这种姿态常常会引起专制统治者或者其他人的强烈反应,其实,很多专制统治者更害怕这种姿态,因为不便于他们控制,而其他群众也不理解……"

人生之道是追求独立人格,艺术之道是追求独立风格。恩格道尔赞赏高行健的写作不是使用一个现成的人人使用的"写作程序",就像现在人们的电脑中普遍使用的那种写作程序,高行健总是不断开拓而有所创造,而这正是独立人格在文学艺术上的体现。

恩格道尔特地向我介绍了那年 12 月将要举行的颁奖典礼上发给高行健的奖牌。诺贝尔文学奖的奖品,除了奖金、奖状、奖章之外，每年还请一位艺术家专门设计制作一块特殊的奖牌，是独一无二的奖品。给高行健的奖牌是瑞典艺术家布·拉森设计的：在一块军服绿的铜质底板上有成行成列的红色星星，而中间镂空，是中国传统楷书"一"字形状。恩格道尔解释说，这象征一个人通过文字从权力中走了出来，而且在权力中找到了一个洞，一个属于个人的空间。"这也就是高行健作为一个个人让我自己非常欣赏的地方。能够这样独立不羁，是成为一个优秀作家的条件。"

瑞典学院给高行健颁发的特制诺贝尔奖证书

我也很欣赏这块诺贝尔奖牌的设计，确实形象概括了瑞典学院对于高行健的理解与称赞。奖牌上的这个"一"，就是"独一无二"之"一"，它代表的其实不仅是成为一个优秀作家的条件，也是表示一个独立、独特的个人，是这个星球上每个个体生命的价值所在，这也正是"普遍价值"的应有之义。《灵山》也好，《一个人的圣经》也好，还有高行健的众多剧本也好，这个"一"贯穿了他的全部创作,个人独立性和自我生命价值一直在他的求索思考之中。他的诺贝尔文学奖演说,题目是"文学的理由",而这种理由,归结起来就是几句话:"文学只能是个人的声音——……自言自语可以说是文学的起点……文学就其根本乃是人对自身价值的确认,书写其时便已得到肯定……"

个人的独立性,自我生命价值的确认,实际上也是百年多来困惑了中国知识分子和中文作家的一个大问题。鲁迅的《狂人日记》抨击中国的"吃人"文化传统,那个被吃掉的"人"其实就是指独立的个人。

记得 1992 年,斯德哥尔摩大学中文系系主任罗多弼和我一起筹备了大型国际学术会议,会议题目就是"国家·社会·个人",

1992 年,作者在瑞典筹办大型国际会议"国家·社会·个人",这是他和与会者全体合影。有高行健、刘再复、北岛等。

讨论中国语境内的国家、社会和个人的关系问题。我们请来了世界各地很多著名学者和作家,高行健和北岛也在其中。有一个下午我们专门从文学角度讨论这些关系,高行健、北岛和我三人做了专题发言,而我们提交的论文都不约而同地强调个人的意义,高行健的题目是"个人的声音",北岛的题目是"从个人出发",而我的题目是"整体阴影下的个人"。

个人要走出权力的压制,个人要走出整体的阴影,个人要走出禁闭的"铁屋"。高行健就是一个走出了"铁屋"的作家。他确实像是他的剧作《车站》中那个"沉默的人",当众人都在等待时,已经默默走开,独自前行。他又像是《彼岸》中的角色"那人",拒绝做群众的领袖,不愿意大众跟随其后。高行健不畏惧独自前行,并把这种独行解释为"必要的孤独"。独自前行不仅是摆脱国家权力的控制,也是不在乎取悦大众,更不在乎商业炒作、市场热卖,不追随这个文学热那个文学热。他把自己的这种文学称为"冷的文学",而正是这种独自前行的"冷的文学",倒让他一步步走近了诺贝尔文学奖的领奖台,获得了瑞典学院的热情酬报。

2000年,我曾写过几篇文章介绍高行健,题目就有"走出铁屋的高行健"和"冷的文学、热的回报"。

作为思想家的文学家、戏剧家、艺术家

很多年前我在中央戏剧学院读欧美戏剧专业的研究生的时候,导师开出的必读书目中有一本英语著作,书名是《作为思想家的戏剧家:现代戏剧研究》,作者是生于英国而成名美国的戏剧家

爱立克·本特里。这本书对我认识现代戏剧确实有入门的作用，也因此理解了为什么各国戏剧家把挪威戏剧家易卜生敬为现代戏剧之父，中国现代话剧的诞生与发展也深受其影响。简单地说，现代戏剧突出了理念的作用，强调了思想性，因此人物常常越来越抽象化非个性化，甚至不再用姓名，而只用符号代表，作为对于现代社会压制个性的一种表述和抗议，因此与强调事件的古典戏剧和突出性格塑造的莎士比亚戏剧区别开来。易卜生的伟大，就在于他不仅是一个戏剧家，还首先是一个伟大的思想家，对于人生的、人性的、社会的、历史的、艺术的、自然的等等各个方面的问题，都提出过深刻独到的思想见解，不过用了提出问题的方式来构思创作戏剧，因此成为现代戏剧的先驱者。

可以说，丰富深刻的思想性是一个现代优秀作家、艺术家的重要品质，这是理解瑞典学院给高行健的颁奖词中所说的"洞察力"的关键。这种思想性，这种"洞察力"，常常是划分开一流作家和二三流作家的一条分界线。有些作家或诗人在语言表达能力、抒情或叙事风格以及形式创新或运用修辞手段方面都可能很出色，但往往是因为没有思想性，没有深刻的"洞察力"，而不能成大气候。

高行健本人比较全面，在小说、戏剧、绘画、电影、诗歌等领域都有涉足，而且都有可观的成就。中国作家中，很多人在小说艺术上或许可以和高行健一比高低，但是很少有人同时还有十几部戏剧的杰出成就。获得过诺贝尔文学奖的戏剧家也很多，然而很少有像高行健这样，同时能创作出色的小说，而且在戏剧创作上也能兼顾戏剧的文学性和剧场性，编导兼于一身。更不用说，高行健还早就出版过了现代小说和现代戏剧方面的理论著作，最近还出版了理论更加系统完整的《论创作》,艺术实践和理论并举,非常难能可贵。然而高行健的精彩之处还在于他同时是一个具有"洞察力"的思想家,出版过《没有主义》这样的思想随笔著作,而戏剧创作中又有明显的哲理性,因此还有戏剧学者把他的戏剧总结为哲学家的戏剧,也有人总结为"禅剧",而我认为,当一种戏剧具有了自己的独特品格,不妨直接称之为"高行健戏剧"。

我在为《高行健剧作选》写的序言中就提到过,1936 年的诺贝尔文学奖获得者,同样很有思想性的美国戏剧家奥尼尔,在他的戏剧中探讨过四种关系:人和上帝或者超自然力的关系、人和自然的关系、人和社会的关系以及人和他人的关系。存在主义戏剧也产生过出色的富有思想性的戏剧家,比如 1964 年获得诺贝尔文学奖的萨特,提出过"他人即地狱"的命题。高行健在这四种关系的艺术表现上不仅有进一步发展,还深入到了第五种关系,就是人和自我的关系,甚至提出了在自我膨胀的前提下"自我即地狱"的新命题。对于个人的这身"臭皮囊"的深刻洞察,借助了东方"禅宗"的思路,而在小说和戏剧艺术上则用"我"、"你"、"他"的变换叙述方式来展现,表面描述的男女关系实际展示的正是个人和自我欲望之间纠缠不清的矛盾,所以打开了西方读者的思路,确实能够让这些读者感到"刻骨铭心"。

恩格道尔还有一种说法意味深长,我也很赞同。他说,真正伟大的作家,为自己创造出读者,诺贝尔文学奖就应该奖给这样的作家。很久以来,我经常琢磨他这句话的含义。我的理解是,一般作家是为了现成的读者而创作的,为的是满足读者的趣味,有些高低区别也不过是低级作家满足读者的低级趣味,而高级一点的作家满足读者的高级趣味。但是,高行健这样的作家不是为读者创作的,他们的写作正是从他说的"自言自语"状态出发的,在他们的作品创作出来之前,理解他们作品的读者还没有产生。也只有在他们的作品先产生之后,在人们阅读了他们的作品并且读懂之后,他们的读者才产生。这样,在优秀作品的带动下,人类的文化修养和精神境界才有新的拓展、新的提高,这就是优秀文学的意义,也是诺贝尔文学奖奖励他们的意义。

1949 年获得诺贝尔文学奖的美国作家福克纳曾经说过,读《尤利西斯》这样的作品,读者必须首先有一种虔敬的心情。只有把商业中"买主就是上帝"的信条引入文学的人,才按照买书的读者也是上帝的心理,敢于对自己读不懂的作品妄加评论,却忘记了自己首先需要文学戏剧的修养,需要对人生的体验,甚至还需要"洞察力",才能读懂真正的戏剧文学作品。

巴黎明月照故乡

我有幸去法国参加过几次有关高行健的活动,比如《八月雪》在马赛歌剧院的首演式及当时的高行健作品研讨会、埃克斯-普罗旺斯大学成立高行健资料与研究中心的开幕式等等。每次有发言的机会,我都要首先感谢法国。我深信,没有法国,就不会有高行健的文学艺术成就,不会有他作为中文作家第一个获得诺贝尔文学奖的荣耀,而这也是中文文学的荣耀。

应该感谢法国为高行健提供了必要的文化营养。高行健的幸运在于他是法语专业本科毕业,能够熟练掌握这门优美的外国语言,于是他像是得到一个语言之泵,能从法国文化、法国文学的深厚资源中抽取丰富的思想养料和艺术养料。法国是欧洲文艺复兴和启蒙运动的重镇,是现代人道主义的策源地之一,"自由、平等、博爱"的口号深入人心,这里有优秀作家最需要的精神资源。这里产生的文化巨人数不胜数。通过阅读法文资料,高行健可以跟踪世界文化的最新发展,可以一直保持着开阔的艺术视野,因此处在一个前锋的位置。"文革"后到八十年代初的中国小说和戏剧,基本上还停留在"社会主义现实主义",即使是呻吟痛苦的"伤痕文学"也没有脱离"批判现实主义"的窠臼,戏剧舞台上基本还是"写实剧"、"问题剧"的老套,而高行健率先另辟蹊径,写出《现代小说技巧初探》和《对一种现代戏剧的追求》这样的前卫性的创作理论著作,写出《车站》、《绝对信号》、《野人》和《彼岸》那样的前卫戏剧作品,以后又创作出内容形式都别具一格的长篇小说《灵山》,因此瑞典学院颁奖词赞扬他"为中文小说艺术和戏剧开辟了新的道路",可谓恰如其分!

应该感谢法国为高行健提供了一方自由发挥其艺术才能的天地。上面提到高行健在中国时创作的几个剧本,正因为其"先锋"性,在中国当初演出时都遇到过不同类型的阻力。相比之下,法国文化要宽容自由得多,移居法国之后,不论文学创作,还是泼墨作画,或是导演戏剧,甚至制作电影,他都可以挥洒自如不受拘束。且不提他在巴黎和法国各地乃至世界各地已经举办过的几十次画展,也不提其他的文学作品,仅就剧作而言,高行健到法国后至今为止已经创作了十来部剧本,都可以顺利而完整地登上法国的戏剧舞台,能够参加著名的阿维农戏剧节,能够进入世界戏剧仰慕的法兰西喜剧院剧场。他的剧作还在世界很多国家演出,包括非洲和拉丁美洲剧团的演出,真可谓层出不穷,如鱼得水。

法国对这位来自东方的优秀艺术家表示了应有的尊敬和理解,并用另一种热情姿态拥抱了这位中文作家。且不说高行健得奖之后从法国总统到平民都热烈祝贺,总统亲自授予国家荣誉骑士勋章,法国世界文化学院还把他接纳为院士。其实,早在1992年法国政府就授予他"艺术与文学骑士"勋章,表彰他的文学艺术成就;巴黎的有二百多年历史的莫里哀喜剧院1995年重新修缮后首演的第一部剧作就是高行健的作品《对话与反诘》。法兰西喜剧院过去一直只上演经典剧作而从不上演还在世的剧作家的作品,连法国本国剧作家生前都没有这种荣誉,但是高行健首次打破了这个惯例,在这里上演了《周末四重奏》。

高行健获奖之前,他的主要长篇著作《灵山》在中文世界几乎是默默无闻的,在台湾出版几年内也没有卖出几百本,实在曲高和寡。他的更新更精彩的剧作也从未有机会与北京观众见面。但是他在欧洲的文艺世界里获得热烈的响应。最早把高行健的文学和戏剧作品翻译介绍给瑞典读者的是瑞典学院院士、汉学家马悦然。《灵山》瑞典文版在1992年就已出版,是最早的欧洲语言版本,使得这部作品很早就进入了瑞典学院的院士们的视野。1995年法文译本出版后,法国文学界对这部作品好评如潮,不论左派报纸还是右派报纸,不论《世界报》还是《解放报》或《费加罗报》,都在文化版用整版篇幅报道,赞誉有加。更要感激优秀文学传统熏陶出来的法国读者,他们对这部作品表现出比中文读者远为深切的理解和诚挚的热情,以致这本书一年内就一版再版连续六版,这在法国翻译的中文小说中都是少有的现象。院士们自然也都是精通法文的，我想，《灵山》法译本的成功，对于高行健最后获得诺贝尔文学奖应该是起了重要作用的，也许就成了压死骆驼的最后一根稻草。

我自己不喜欢都市的喧闹而喜欢居住郊外，喜欢比较闲静而田园如画的氛围，觉得这样有利于安静写作。我曾问过高行健，为什么不像很多作家、诗人那样，搬到比较幽静的乡间，他回答说，还是觉得巴黎好。当我自己后来到了巴黎几次，参观了很多博物馆、艺术中心、歌剧院和剧场，也到了先贤祠拜谒那些文化先贤，当我徜徉巴黎的街头，细细品味这个城市的文化氛围，我觉得我开始理解高行健的选择，也开始理解为什么在巴黎产生了那么多的诺贝尔文学奖获得者，不仅百年前全世界第一位获得诺贝尔文学奖的作家苏利·普里多姆就诞生在这里，之后还有多位法文作家罗曼·罗兰、纪德、莫里亚克、萨特等等，而且还有全世界第一个获得诺贝尔文学奖的流亡俄语作家蒲宁，还有犹太与英国混血的哲学家伯格森，有来自爱尔兰的戏剧家贝克特……那么，全世界第一个获得诺贝尔文学奖的中文作家落脚此处，也是理所当然。

早在将近二百年前，歌德在与爱克曼的谈话录中就这样称赞过巴黎：一个大国的杰出人才都聚集的同一个地方，在每天的交往、斗争和竞赛里，互相切磋彼此提高，世界上从自然到艺术各个领域的精华都成天在这里供人公开观赏，请你设想一下这样一座世界大城，百年来经过莫里哀、伏尔泰、狄德罗等人的努力，已经有那么多聪明智慧传播在巴黎城里，简直在世界上找不到可以和它媲美的地方，只要这样一想你就会明白，为什么一个有才能的人，在这样聪明智慧的环境中会有所作为。

巴黎是艺术之都,而艺术在这里不分国籍。除了上述的诺贝尔文学奖得奖作家,巴黎还热情拥抱过无数外来的伟大艺术家,让他们的才能在这里大放异彩。巴黎拥抱过波兰钢琴家肖邦,拥抱过西班牙画家毕加索,拥抱过罗马尼亚戏剧家尤奈斯库,拥抱过中国画家赵无极……这个名单可以长无尽头,连接遥远的过去,又通向未来。

所以,高行健定居巴黎,也总是对人说自己的家在巴黎,当然不是迷恋这里的繁华,也不在乎这里的喧闹,而是这里可以自由自在地创作。巴黎之所以是艺术家的天堂,是因为它有着自由不羁的艺术氛围,这对于戏剧家来说尤其重要。对于一个只用文字写作的小说家和诗人来说,写作是非常个人化的事情,只要有笔有纸,外在的环境并不十分要紧,所以普鲁士的专制制度下也能诞生卡夫卡。但是对于剧作家,尤其是对于注重舞台实践的戏剧家来说,创作过程不是一个人可以完成的,需要表演、导演、舞台、美术、灯光设计、剧场管理和具有戏剧修养的观众等多方面的参与,戏剧演出必然具有公众性,那么自由宽松的环境就非常重要了。正是为了这种戏剧艺术自由的环境,高行健1987年移居法国,即使背井离乡,即使放弃了国家剧院国家级编剧的地位,也在所不惜。

真正的文学家、艺术家必须有自由的心灵状态,当然也追求自由的创作环境。这一点,任何人都可以理解。高行健这种抉择,纯粹是一个艺术家为了维护自己的艺术生命、追求艺术自由而做的选择。这种选择和政治毫不沾边,高行健本人也从来不涉足任何党派和政治活动。

高行健选择了巴黎,只因为这里有着文学家、艺术家的生命之歌艺术之梦不能缺少的清风明月。

事实上，一个中文作家，不论身居何处，只要继续用中文写作，就永远不会离开自己的文化故乡。马悦然院士在颁奖典礼上这样说道：

"亲爱的高行健：你不是两手空空地离开中国的。你把你离开时随身携带的母语当作了你真正的故乡。"

2001 年诺贝尔文学奖百年庆典时作者万之在瑞典学院大厅内给大江健三郎和高行健拍的合影

定稿于 2009 年 4 月 24 日

瑞典学院颁奖词：

"因为在作品中结合了感觉敏锐的叙事和不受流俗腐蚀的审察，迫使我们看到被压抑的历史的存在。"。

瑞典文原文：

"för att ha förenat lyhört berättande och omutlig iakttagelse i verk som dömer oss att se den bortträngda historiens närvaro."

奈保尔
（Vidiadhar Surajprasad Naipaul，1932—　）

殖民文化嫁接的果实

——解读 2001 年诺贝尔文学奖获奖作家、
印裔英国小说家奈保尔

　　香港这个地方，过去常被大陆的文人看不起，说是"文化沙漠"。因为成为殖民地之前，这里本来不过是蛮荒之地，没有本土文化的根基。成为殖民地之后，逐渐成为一个现代都市，而殖民文化、商业文化明显占主流地位。

　　但是，放眼世界，在殖民者种下的苦果树上，经过数百年的演化、改植、嫁接，依然还是能结出颇为美丽的花果。我们可以看到，仅在英语文学世界，在宗主国英国本土的文学创造力日渐衰落的时候，倒是原来英殖民地的文化纷纷结出硕果，例如就诺贝尔文学奖获奖作家来说，1991 年有南非女作家戈迪默获奖，后来 2003 年还有库切获奖；1992 年有加勒比圣卢西亚诗人沃尔科特获奖，第二年有美国的非洲裔黑人女作家托妮·莫里森获奖,都是具有殖民地文化背景的英语作家,而 2001 年获得诺贝尔文学奖的生于特立尼达的印度裔英国作家奈保尔,更是殖民文化嫁接出来的大果实。所以,奈保尔获奖之后,我曾笑对一位香港作家说,你们应该感到欢欣鼓舞,说明没有文化根基的殖民地文人,要是把殖民者的语言掌握了,能攻下那里的文学堡垒,也可望获得令世人垂涎的荣誉。

奈保尔故乡加勒比海特利尼达首都西班牙港让人联想到同类城市香港

一个恃才傲物、惹是生非的文人

奈保尔的文学才能,其实早已为世界文坛确认,曾获得过很多国际性的文学大奖,比如 1971 年就得过英语文学的最高荣誉布克奖,1986 年得过艾略特文学奖,1990 年还被英国女王册封为爵士,如此等等。上世纪九十年代,他是瑞典文学界和新闻媒体一直看好的诺贝尔文学奖候选人,名字频频出现在每年的预测名单上。给我的感觉,奈保尔的得奖就是或迟或早的事情,而且也应该是实至名归,无须争辩。不过,瑞典学院还是迟迟不把这个荣誉给他,我猜想一个原因可能是媒体越是炒作得厉害的作家,瑞典学院常常偏要避开。另一个原因则是这位作家恃才傲物、性情乖张,经常惹是生非,出言不逊,口无遮拦,得罪了不少人,成了个颇具争议的人物。因此,也难说瑞典学院内就没有不同的声音,没有一定的顾虑。

比如说,奈保尔非常高傲,甚至嘲笑前辈作家。他曾经说毛姆作品平庸,"部分是大众的垃圾,部分是皇室的垃圾";狄更斯的作品就是不断重复,唠唠叨叨,"死于自我模仿";乔伊斯的《尤利西斯》不知所云让他无法卒读。他对英国文学经典作家托马斯·哈代、亨利·詹姆斯、简·奥斯丁等等都出言不逊加以贬低,还攻击著名作家福斯特在文学上"造假",而且还是个他鄙视的同性恋者。他经常给报纸写书评,对其他当代的作家更是喜欢评头品足,说三道四,尤其对第三世界的文化多有贬义,也看不起黑人,特别是对穆斯林世界冷嘲热讽,也早预言过伊斯兰原教旨主义者会给世界带来麻烦,因此他总是招来非议,以至于有人攻击他是仇视阿拉伯人的种族主义者,甚至认为瑞典学院恰恰也是趁着"九一一"事件之后全世界对恐怖分子口诛笔伐的时候,才敢借机给奈保尔颁奖。此种说法,自然多是无稽之谈。

此外,奈保尔的私生活也是不干不净的,让人不以为然。最近他授权批准出版的传记《如此人间》问世,其中揭露了这位作家的种种文人丑行，特别是对女人缺乏尊重，对待长期生病的妻子冷酷无情，而对自己的情妇则颐指气使当作性奴，动辄打骂，有变态的性虐待者心理。其实，就在那年他得奖之时，他就公开对媒体披露他曾去嫖妓，还要感谢那些妓女们也为他做出了贡献。他说他在自己的家庭婚姻出现问题的时候，因为忙于写作，也无暇去追求体面的女人，那样要耗费很多时间精力，干脆就在妓女的怀抱中寻找别处得不到的性安慰。而实际上他对情妇和妓女又都非常蔑视，说是除了泄欲，从那些女人那里根本得不到任何其他东西，对人毫无尊重。此类自报家门，让媒体一片聒噪，觉得有辱诺贝尔文学奖的声誉。好在瑞典学院院士们也能坦然面对，说他们只关心一个作家的作品好坏，并不把作家的政治观点和私生活作为评奖的标准。据说，院士中的汉学家马悦然教授就曾经说过，"我们只评判作品。要论人品，那么很多诺贝尔文学奖得奖家，我永远不会当作朋友。"

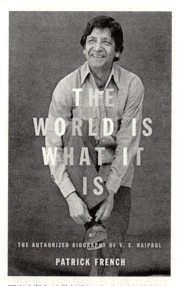

图为奈保尔的最新传记《如此人间》的封面，披露作家平生劣迹，让人瞠目。

有个美国作家索罗，曾经和奈保尔有三十年的深交，最后居然也和他割席断交，写了本书讲出来龙去脉，就是因为受不了这位英国爵士的内心"阴影"。他揭露奈保尔这个人，内心阴暗，气量狭小，尖酸刻薄，而又极度自大，喜怒无常，缺少人情味。

奈保尔的性情为什么这么乖张，脾气那么古怪，居然也有人分析说，这和他殖民地出身的背景有关，因为属于英殖民地的印度血统，肤色黝黑，小时候受到歧视，就感到自卑，心里难免有了阴影，形成了对世界的孤独悲观感，对人就比较冷漠。而他天分又很好，聪明过人，从小又是接受了正统而严格的英国教育，是牛津大学的高材生，说一口优雅英文，写一笔英文好字，文化上早认同了宗主国的上流文化，那么内心的白人文化培育出的优越感和自己表面的非白人种族特征就构成了所谓"黑皮白心"的反差。

也是背井离乡的海外学子

我不知道上面的这种心理分析是否有道理。不过，一个人的性格形成，和家庭背景、个人经历，多少是关联的，所以追溯一下奈保尔的家史或许对读者理解这个作家的思想性格和写作会有帮助。

奈保尔自称其祖先来自印度北部的一个婆罗门家族，在印度的四大种姓婆罗门、刹帝利、吠舍和首陀罗中，地位最高，可以说，奈保尔本来出身也算印度的贵族家庭，这是否能证明奈保尔骨子里天生就有等级观念，那就很难说了。但是，即使是贵族，看来也是比较没落的贵族而已，没有什么钱，因此十九世纪末英国开发西印度群岛，鼓励其他英殖民地的人往那里移民，还有一定的安家补助，这个时候奈保尔的祖先就签约从印度北部迁移到了西印度群岛的特利尼达，靠着在甘蔗园做工为生。英国人还是重视教育的，婆罗门的后代也要出人头地，努力上进，因此到了第二第三代就已经生根立足,而他的父亲就能爬到报社记者的社会地位,还搬到了首都西班牙港。据奈保尔在 1999 年出版的自传作品《阅读与写作》中回忆,他的父亲对于文学文字有浓厚兴趣,经常给孩子朗读文学作品。这当然主要是殖民地宗主国的英语文学,而不是印度文化。这对于幼小的奈保尔深有影响,培养了他的出色的英语能力,他小学时代就已经非常熟悉英国文学,读过莎士比亚、狄更斯、乔治·艾略特等人的经典著作。甚至他对祖国印度的印象也完全来自英国文学,是阅读了吉卜林、毛姆、福斯特、赫胥黎等英国作家描写印度的作品,是从一个白人的眼光来观察印度。

在父亲的感染下奈保尔从小就立志当一个作家,学习努力,成绩优异。英国人对于殖民地的一种恩赐,就是为殖民地的优秀青少年也提供奖学金,让他们可以到英国本土的名牌学校留学。奈保尔在 1950 年高中毕业时,就考上官费奖学金入读牛津大学,这是一般英国本土平民子女也难进的世界一流的高等学府,对奈保尔身上进一步培养出高人一等的优越感不无关系。

可是,当奈保尔走在伦敦的大街上,出入英国的小酒馆,如果只看外表,他不过就是一个黑黝黝的印度移民而已,像是中国上海过去说的红头阿三,一定是下等公民,谁知道这位还是牛津大学的牛气的高材生,所以,奈保尔不时还是会感受到英国白人的歧视。这是否也就是造成他性格乖张的一个原因呢?

成为畅销书排行榜上的英语作家

奈保尔 1953 年大学毕业之后就担任了著名的英国广播公司

BBC的编辑,为"加勒比之声"节目撰稿,也发表了一些描写特利尼达移民的广播小说和人物特写,其中不少就是写他个人的经历。比如写了一个来自这个殖民地的少年如何想出人头地,冲破家庭的阻拦和穷乡僻壤的限制,而到英国来施展抱负。这些短篇文笔隽永,后来收入到一个小说集《米格尔大街》出版,1961年获得了很有影响的毛姆文学奖。1955年,奈保尔和英国姑娘帕特丽西雅·安·哈勒喜结良缘,这段婚姻虽然也难免波折,其实相当圆满,一直到1996年哈勒去世后奈保尔再婚才告结束。

1957年,奈保尔就出版了第一部长篇小说《神秘的按摩师》。这是一部讽刺性的闹剧,描写一个有离奇古怪宗教思想的人在特利尼达出尽种种洋相。在流畅标准的英文中,又穿插了风趣的特利尼达方言,让英国读者读来也是忍俊不禁,也深得文学界的好评,很快就登上畅销书排行榜。因为稿费丰厚,奈保尔从此也可以在英国定居下来靠写作为生了。如此,他一鼓作气,1958年又出版长篇小说《艾尔维拉的参政权》,依然是用喜剧手法描写特利尼达普选中的种种趣事丑闻,而写作技巧和幽默的语言风格更加成熟,立即获得莱斯纪念奖。不过,文学评论界一般认为奈保尔的下一部自传体小说《比斯瓦斯的房子》才真正展现出了他作为小说家的大师水准。在小说的主人公身上,我们可以看到作者父亲和作者本人的双重身影。比斯瓦斯也是一个印度移民之子,他的人生梦想就是拥有一栋属于自己的房子,一个安居乐业的家园。然而,这栋房子也可以用来象征作者本人在生活中的奋斗目标,一个移民之子,终于能够摆脱殖民文化的阴影,而在英语文学中建立了自己的尊贵地位,也是自己的精神家园,而且最后获得诺贝尔文学奖,建成了价值百万的辉煌的艺术殿堂。

在六十年代的时候,奈保尔还给英国的各家报刊写过文学书评,这大概是聪明的中文作家一般不肯做的傻事,因为不可能违心地只写恭维好话,尤其是心气高傲的奈保尔,他的评论总是不绕弯子,直话直说,显得尖刻挑剔,因此得罪了不少作家。这也是他人缘不太好的一个主要原因。尽管如此,大多数作者不得不承认他在小说艺术上并非眼高手低,只会褒贬别人的作品而自己没有建树。奈保尔自己总是出手不凡,作品连连获得英语文学的重要奖项,比如长篇小说《斯通先生和骑士伙伴》,描写一个生活在英国的移民的个人奋斗史,也有浓厚的自传色彩,获得 1964 年的霍桑奖,中短篇集《在自由的国度》夺得 1971 年的布克奖。这个集子里的作品大多描写来自殖民地的移民在宗主国的生活,主体通常都是新旧文明、不同文化中人的尊严、自由、文化认同和异化问题,对于殖民地的落后文化自然也有批评。首篇《众多的人之一》,就是写一个在老家印度孟买给洋人当佣人的印度人,跟着美国主子到了美国,自由和发财的梦想没有实现,却发现自己在新大陆反而失去了和周围世界的联系和沟通,甚至比在印度的时候还感到孤独。我想,很多移民美国的中国人,大概都可以包括在这个"众多的人"中间呢!

这个集子中的第二篇《告诉我杀谁》则描写一个住在伦敦的特利尼达移民,也是写他的发财梦想的破灭:他千方百计想让自己的弟弟也到英国来留学,从此可以过体面的生活,可是他的弟弟拿到了他辛苦积攒的钱,却不好好读书,去泡了一个白人小妞,结果是人财两空。有的评论家批评奈保尔在这些作品中表现出了歧视第三世界文化的倾向,特别是在《在自由的国度》这个短篇中,写一对白人夫妇带着天真的想法到非洲旅行,结果发现他们憧憬的异国文明背后是专制的残酷、是权势的腐败,是部落之间的无情杀戮。

小说虚构结合历史和游记笔法

奈保尔所以成为大家,因为他还是一个文体创新的作家。瑞典学院宣布给他颁奖的新闻公报中就说,"奈保尔没有受到任何单一的文学时尚和模型的影响,而是把现存的不同文体精制提炼成一种他自己独特的风格,在这种风格里,虚构和非虚构的习惯区别已经毫不重要了。"

奈保尔后来发表的作品,例如长篇小说《游击队员》、《大河湾》、《抵达之谜》和《半条生命》等等,这些作品都是虚构结合历史纪实的笔法,大多还有自传的色彩,一方面表现了个人在文化认同方面的追求,以及移民的族群意识和主流文化的矛盾冲突等等主题,另一方面,也是写出了殖民主义给世界带来的动荡不安和人民对于压迫的反抗,是一种更有历史高度的眼界。就是瑞典学院的颁奖词所说的,在我们熟悉的历史叙述之下,还有"被压抑的历史"。还是在动笔创作有关特利尼达历史的著作《黄金国的陷落》时,他已经感到仅凭小说虚构的手法展示历史已经不够得心应手,必须结合历史笔法的精细和准确,而这种历史观,又要是超脱于流俗之上的,是不受权势影响的。这就是瑞典学院的颁奖词所说的,"结合了感觉敏锐的叙事和不受流俗腐蚀的审察"。

这个时期,奈保尔还经常不断地应《纽约时报》和英国广播公司等著名报社和电台的约请,以记者或专栏作家的身份前往一些前殖民地国家旅行,观察报道这些国家的社会变迁,因此他写下了大量的游记和随笔。他的足迹因此到达了世界各地的许多角落,从加勒比海到印度,从地中海的塞浦路斯和阿拉伯国家到黑非洲和东南亚,成为瑞典学院新闻公报中所说的"环球旅行者"。这些旅行一方面给他带来新小说的灵感,另一方面也刺激了他对东西方文明的冲突和个人文化认同问题的思考,这些游历的印象和感想他都收集在《中间地带》《黑暗区域》《印度:受伤的文明》《庇隆夫人的归来:特利尼达的屠杀》《在信仰者中》《找到中心:两种叙述》《南方的转折》《印度:百万现代叛逆》《世道》和《超越信仰》等等游记著作中。这些散文,不仅是文笔优美流畅,言辞隽永,引人入胜,而且内容充实丰富,也有思想性思辨性,对于这个时代的"后殖民主义"和"东方主义"文化批评有过很大的影响,也给奈保尔带来更大的文学声誉,就如我前面说的,瑞典文学界也都看好他是诺贝尔文学奖的绝佳人选,这个奖对于他真是志在必得。

精神家园就在自己身上

尽管现在有人对于奈保尔的人品多有微词,而他敢于授权发表有损其形象的自传《如此人间》,敢于面对自己的真实人生,确实也需要不同寻常的勇气。如果把奈保尔当作吃喝嫖赌的无聊文人,那就是大错特错了,也低估了瑞典学院的慧眼识人的能力。事实上,奈保尔的世界游历,也是"文化苦旅",是"路漫漫其修远兮,吾将上下而求索",也是他自始至终有自己的精神追求,就是不行之举，也是惊世骇俗。就是在这种孜孜不倦的文化苦旅和求索中，他最终找到了自己的文化认同和个人价值。尤其是他的前后两次印度之行，对他后期的文化价值观念的转变有了比较大的影响。之前，生活在西印度群岛的印度移民及其后代，多愿意把自己看成是灿烂的印度文明的子裔，以此自慰，奈保尔其实也未必例外，如果别人把他当作印度移民歧视，他会用这种文明的回忆来安慰自己。这和很多负笈海外的中国学人也多有相似之处。然而，他在1962年第一次访问祖先的故土印度时，这里是一个人口众多，杂乱，而且实际上有不同语言、上百种方言和多种不同信仰的国家，并非一种一统的文明。而且社会腐败、混乱、贫穷，有各种不同的政治的、宗教信仰的和族群之间的冲突，而当地人的生活方式让他无法认同。那个时候他发表的游记，确实都是批评和失望的语调。

奈保尔展示他所获得的诺贝尔奖

1988年，奈保尔再度访问印度，这次他走遍东南西北印度全境，追踪采访了上次访问碰到的各色人等，从国家官员到平民百姓，从文化精英到市井商贩，从穆斯林原教旨主义者到毛派分子，调查他们的生活和环境变化。

他注意到印度现代化过程中，个人价值观的发展，很多人更认同的居然是 1947 年印度独立之前的表面上比较统一的"殖民地"文化。他最终也发现，自己实际上是个没有先祖之国的流浪汉，如瑞典学院的新闻公报中说的，是一个"文学的世界主义者"，而他的精神家园就在他自己身上，就是他的个人。

奈保尔正是因此提出了"普世文明"的提法。他在旅行中，目睹了前殖民地国家独立之后的混乱、贫困、愚昧，感触良多。西方殖民主义给殖民地的人民带来过屈辱，对此他深表同情，然而，他也批评这些殖民地不是缺乏自己的文化传统（例如特利尼达），就是旧有的文化传统保守落后，甚至对于现代文明有破坏性（例如阿富汗），而在扩张的西方文明中，其实还是包含了人类现代化的合理因素，就是"普世性"的价值，特别是对于个人幸福和尊严的肯定和维护。

我相信，包括我自己在内，还有很多离开故土而寄居西方的中国知识分子，会认同奈保尔的理念，我们没有必要觉得自己背井离乡就没有文化根基，没有精神家园而无家可归。所不同的是，奈保尔的母语已经是英语了，在印度也是以英语为主要的交流语言，这是他们的文化认同问题，可能比我们容易应付东西方文明的冲突，而我们的母语是中文，我们需要在中文的文学中再造我们个人的精神家园！

原文发表于 2001 年 11 月《明报月刊》

2009 年 5 月 15 日改定

瑞典学院颁奖词：
"因为其写作主张以个人脆弱经验对抗历史的野蛮专横。"

瑞典文原文：
"för ett författarskap som hävdar den enskildes bräckliga erfarenhet mot historiens barbariska godtycke."

凯尔泰斯·伊姆雷近照
（Kertész Imre，1929—　）

他为历史出庭作证

——解读 2002 年匈牙利小说家凯尔泰斯
获得诺贝尔文学奖

　　瑞典学院公布了 2002 年的诺贝尔文学奖获奖作家之后，瑞典最大报纸之一《晚报》作了一次问卷调查，了解一般读者对于获奖的匈牙利籍犹太作家凯尔泰斯的了解程度。接受调查的有四百多名成人，都有高中以上学历。调查结果是 96.4% 的受访者从来没有听说过他的名字，更不用说读过他的作品。尽管瑞典当时已经翻译过四种共五本凯尔泰斯的作品，在这个只有九百多万人口的国家，已经是翻译他的作品最多的国家之一，但是读过他的作品的人依然少得可怜。

　　另外据瑞典最大报纸《每日新闻》的记者报道，他们就这年的评选结果采访了英美文化界的人士，很多人都尴尬地说他们没有读过凯尔泰斯的作品,英文的翻译本来寥寥无几。美国《华盛顿邮报》文化评论主笔乔纳森·亚德利说,他对凯尔泰斯一无所知,而著名的《新共和》杂志主编列昂·威塞尔蒂尔说他只看过凯尔泰斯的一本小说《给未出世的孩子的安息文》,但也没有留下什么印象,显然不是什么特别值得重视的作品,远不及普里莫·莱维或者保罗·策兰,后两位也是纳粹时代奥斯威辛集中营幸存下来的犹太作家。他还悻悻然地反问,"难道一个人经历过了大屠杀,就要把诺贝尔文学奖也颁发给他吗?"

那时我对这匹文坛黑马凯尔泰斯本来也是一无所知,对于匈牙利文学的另一位当代著名作家艾兹特哈奇倒更加了解,还为他写过书评。而为了应付刊物的约稿,就评奖结果能够谈点看法,我也不得不临时做功课,努力去了解凯尔泰斯的生平与著作,同时也努力去理解为什么瑞典学院把这样重要的文学奖,发给一个90%以上的瑞典人都没有听说过的默默无闻的作家?他们的评奖方针到底是什么?他们为什么钟情于凯尔泰斯的写作?凯尔泰斯的文学创作成就,到底体现在什么地方?

钟爱"丑小鸭"或"灰姑娘"

对于上面的问题,我自己回顾瑞典学院这么多年的评选结果,根据我个人的体会,可以有两方面的解释。当然,这只是我个人的解释。

第一方面的解释,是说瑞典学院的评选常常让我联想到另一位著名北欧童话作家安徒生笔下的童话故事,他们其实比较钟爱文学中的"丑小鸭"或"灰姑娘"。很多作家,自己都想不到自己会得奖,觉得是做梦,觉得得奖是个童话故事。大江健三郎听说了自己获奖的消息,高兴得就像是孩子一样,但也不敢相信,就拼命掐自己的胳膊,据他自己对瑞典记者说,都把胳膊掐青了。高行健在诺贝尔宴会上致词,也是带着诙谐的口吻询问瑞典国王陛下和在座的贵宾,"这是不是一个童话?"

本来,一个不以畅销赚钱为写作目的的作家,尤其是凯尔泰斯这样的小语种的匈牙利作家,不论作品如何出色,在当今商潮汹涌、泡沫泛滥、五光十色的世界上默默无闻,本来不是什么新鲜事。与那些动辄销售量攀升到上百万的作家相比,这是有点"丑小鸭"或"灰姑娘"的样子。已经被现代生活编入了程序的大众读者,基本被媒体和广告左右着自己的阅读趣味,几乎没有辨认"丑小鸭"或"灰姑娘"的能力。大众读者也没有多少时间可以自己支配,去搜寻和阅读默默无闻的文学作品。实际上,读者的眼光常常被媒体和出版商的魔棒牵制,只围绕那些包装时髦而显得有身价的作家和文人。在这种世界文化的布景下,在这种人生舞台上,诺贝尔文学奖就像一道聚光灯,突然打出来,照亮了一个原来并不起眼的角色,而把这个作家一下子推到了前台,成了舞台上的主要人物,"丑小鸭"或"灰姑娘"于是放出光彩。我以为,瑞典学院的院士们,就是有意识地利用了诺贝尔文学奖的声望和影响,来引起人们对于受到冷遇的优秀文学的注意,所以他们常常像和出版商、和大众读者开玩笑一样,偏偏不在乎那些名扬世界、炙手可热的大作家,尤其是那些以畅销自诩的大作家,而把桂冠赠送给作家中不起眼的"丑小鸭"或"灰姑娘"。凯尔泰斯获奖,其实也是一个"丑小鸭"

或"灰姑娘"故事的再版。

当然，在某种意义上，诺贝尔文学奖本身也是一种包装，能够使得获奖作家的作品突然身价万倍畅销全球，能给作家和出版社带来巨大财富，但是，这和作品原来的艺术价值，还是两回事情。获奖作品并非因为获奖才值得我们阅读。也就是说，文学作品的艺术价值，其实和是否获奖也没有多少关联。就是依然默默无闻的作品，没有机会获奖的作品，依然是"丑小鸭"或"灰姑娘"，也并非没有艺术价值。可惜，诺贝尔文学奖每年只颁发一次，而这个世界上的"丑小鸭"或"灰姑娘"到处存在，因此大多依然默默无闻。

因为严肃的文学的作用在今天这个世界格局中越来越无足轻重。就是一个作家获奖，有了更大的影响力，他对大部分人日常生活的影响，还不如股票市场的一个百分点，他在媒体上所占的比重也微不足道。瑞典最畅销的另一份报纸《快报》，在刊登凯尔泰斯获奖消息的当天，占据了头版的头条新闻，是一个电视台竞赛节目的主持人的老婆得了肺癌。这个名人的老婆的照片有大十六开那么大，而凯尔泰斯屈居在一个小小的角落，他的照片只有一张邮票的大小。我不知道那个女人对于这个世界会有什么贡献，但是，在这个报纸的主编看来，这个女人的一片肺叶比一个作家几十万字的作品更加重要。

尽管如此，因为有了瑞典学院，作家在一份商业化报纸的头版，也总算占据了一个角落。在这个日益商业化的社会，瑞典学院实在是人文精神的捍卫者，是严肃文学的卫道士，也是发现千里马的伯乐，是把"丑小鸭"或"灰姑娘"变成美丽天鹅和高贵公主、让童话成为现实的导演。

文学应该为历史作证

第二方面的解释,是瑞典学院要表扬一种特殊的文学,而凯尔泰斯正好是这种特殊文学的代表作家,这就是给历史作见证的文学。

我在前面的文章里已经介绍过,瑞典学院在 1991 年纪念诺贝尔奖九十周年的时候,举办过一个特别的研讨会,题目是《困难的文学》,邀请在世的获奖作家和一些国际知名作家到斯德哥尔摩来出席,讨论的是文学如何应对商业化社会中的困难。与会者,包括瑞典学院的院士们,他们关心的一个问题是:文学在当今日益商业化的社会中还有什么地位? 文学还有什么理由继续存在? 文学还能有什么作用?

在历史上,文学曾经有显赫的地位,有重要的作用。那个时候的统治者,也有重视文化的,承认文学有文以载道或者寓教于乐的作用,所以法国和瑞典都有国王建立了学院这样的文化机构,掌管语言和文学方面的工作。文人墨客可以获得上宾待遇,甚至承担国家重任,有高官厚禄。

换另外的角度来说,历史上还有很多贤哲也论述过文学的其他作用,亚里士多德就说文学有"净化"(Catharsis)的作用,还有人说文学有"移情"作用,有"宣泄"自我的作用,有文化认同的作用等等。当然还有文学满足人们的感官享受,这类文学经常能跻身畅销作品之列。

但是,我们这个日益商业化的世界还需要严肃的文学吗? 严肃的文学既不能解决失业问题，又不能缓和民族矛盾，也不能阻止恐怖主义和战争，严肃的文学还能有什么作用？是否还能承担更多的责任，而对整个人类有所贡献？如果还有这样的贡献作用，能实现诺贝尔在遗嘱中表达的评选文学奖的理想，那么，这种作用到底是什么呢？

到了2001年，纪念诺贝尔奖一百周年的时候，瑞典学院又举办过一个特别的研讨会，题目是"见证的文学"，对上面的这个问题，做出了他们的回答，为文学的作用提出了新的注解，其实，也正为第二年凯尔泰斯获得文学奖埋下了伏笔。

简短地说，所谓"见证的文学"，意思就是文学能够起到为历史作见证的作用，作家应该记录自己个人在历史中的深切和真实的感受，用自己的语言去对抗以意识形态来叙述的历史和政治谎言，也就是给凯尔泰斯的颁奖词清楚地说明的，这样的文学"主张以个人脆弱经验对抗历史的野蛮专横"。

很少有人注意到，虽然凯尔泰斯还不是诺贝尔文学奖获奖作家，但是他也应邀参加了这个以获奖作家为主的研讨会，并且在会议上作了重要的发言，对于"见证的文学"提出自己的很有见地的个人见解。凯尔泰斯在发言中说：在奥斯威辛之后，不写"大屠杀"是不可能的，但不可能用德语来写它，同样也不可能用任何其他方式来写它。因为不论用什么语言来写"大屠杀"，都是用"外语"来写，都是从一个从来不存在的"祖国"之外的流亡状态中去写。事实上，没有人实际上能够从那样的一段历史中幸存下来。

也是犹太人而流亡美国的德国哲学家阿多诺曾经说过："奥斯威辛之后写诗是野蛮的，也是不可能的"，因为面对那么大规模的人类屠杀，还有诗人抒发自己的诗情，简直就是缺乏人性。但是，凯尔泰斯反对阿多诺的说法，恰恰相反，他认为"奥斯威辛之后，只有写奥斯威辛"。他甚至这样强调："我是奥斯威辛的中介。奥斯威辛通过我说话。其他一切对我来说都是可笑的。"

　　凯尔泰斯本人和他的作品，就是"见证的文学"的最好范例，还有什么能比这更清楚地说明凯尔泰斯的获奖原因呢？他的作品，他的发言，好比是一个研究生提交了一份合格的学位答辩论文，肯定给院士们也留下了深刻的印象，所以他们第二年就给凯尔泰斯颁发了一份"毕业证书"，这就是诺贝尔文学奖。

2002 年诺贝尔获奖者集体照，后排右边第一位为凯尔泰斯。

　　所以，当人们抱怨瑞典学院没有把诺贝尔文学奖颁发给最好的作家时，瑞典学院的院士们总是清楚地而且几乎是一致地声明，诺贝尔文学奖不是奥林匹克比赛，不是选出一个世界冠军，世界第一,看谁在世界上跑得快跳得高就能得奖,也就是说,不是为了选出一个世界最好的作家,作家也不是运动员。他们也许只是一个历史法庭上出庭作证的证人,他们具有这样的良知和勇气,这样的语言能力,用自己的文学作品,为历史作证。基于这种立场,瑞典学院的常务秘书恩格道尔甚至对记者说,今后的文学奖,不光可能发给写小说、诗歌、戏剧的文学作家,也可能发给历史学家或者政论散文家。

所以,就算凯尔泰斯是个籍籍无名、默默无闻的作家,是个"丑小鸭",一旦理顺了瑞典学院的思路,我们可以理解,他的得奖既在意料之外,又在情理之中。凯尔泰斯作品的文学艺术水平或许有人不买账,他的近乎传统写实主义的写作笔法,也难说有什么文学创作上的重大突破,但我们不能否认,他的数量不多的作品,都是"见证的文学",都是围绕了上个世纪的重大的历史,从纳粹集中营到发生匈牙利事件的时代,他是以原本的、真实的同时也是"脆弱"的个人经验,为这段历史做了见证。

见证人必须有原本的当事人的立场

凯尔泰斯获奖之后,我在瑞典《每日新闻》那年 10 月 11 日的文化版上,读到瑞典学院常务秘书恩格道尔在回答瑞典记者的提问时就特别说明,瑞典学院不是因为凯尔泰斯的艺术风格和语言形式有什么突破而给他颁奖,也不是因为他创作丰厚(作品真是不多),而是因为他提供了一个特殊的叙述视角,"他给我们展示了一个新的位置……这是一个激进的不可动摇的位置。他和什么文化或者社会都不妥协，甚至和生活也不妥协。在某种意义上，他的书，就是他和生活签订的契约。"

我想特别强调的是，恩格道尔说的这个作家的"新的位置"，就是一个见证人的位置，在再现个人经验的历史时，作家只能是见证人而不是其他。他首先不能把自己当作法官，或者当作陪审团的成员，他不需要作出判决——或者干预判决——对谁有罪或者历史功过做出超越见证人立场的判决。因此，作家就只是一个当事的证人，一个独立的个人，而不代表法律，不代表任何意识形态，不代表道德标准，不代表任何政党、集团和政权，也就像 2000 年得奖的高行健在获奖之后的演说词中所说的，也不做任何人的"代言人"。

上面这段话，本来是我在 2002 年首次发表此文的时候写的，我很高兴我的看法后来得到了凯尔泰斯本人的印证。数年后我读到了法国《读书》杂志对凯尔泰斯的采访，问他作家是否有为时代立言的责任。凯尔泰斯坦率地回答说："我不想把问题抽象化。这是每一个作家应该扪心自问、凭个人良心解决的问题。至于我，我不认同任何一种所谓介入文学。写作是一件私人化的事情。我写作不是为了任何人的利益，不管国王还是工人。我写作是为了满足自己内心的需要，而不是为了做这一群人或那一群人的代言人。"

做见证人，不是做法官，当然也不是做起诉人或原告，也不是被告者辩护律师。他不要用控诉的口吻，不要抱怨和呻吟，也不要强词夺理，把自己打扮得无辜善良。就这一点来说，即使他自己也是一个受难者，他也超越了受难者通常扮演的起诉人的角色位置,而成为一个自身的"局外人"。这个局外人,和获得诺贝尔文学奖的法国存在主义作家加缪笔下的"局外人"有些近似,他们既保存了个人的位置,又超越了个人的位置,也不会为自己求得同情,也不会为自己辩护。这也是存在先于本质的意义。

只有这样我们才可能理解,为什么凯尔泰斯说:"集中营并不是地狱。"没有先"见证"集中营的存在,我们无法判定什么是"地狱"。

如果我们把凯尔泰斯和其他经历过了奥斯威辛集中营大屠杀的犹太作家进行比较,我们可以更清楚地看到凯尔泰斯的独特之处,看到他的新的"见证人"位置的特点。奥斯威辛其实不是指一个集中营,而是第二次世界大战期间的关押、虐待和屠杀犹太人的众多纳粹集中营的象征,这是指人类历史上最惨绝人寰的杀戮事件。能从奥斯威辛集中营幸存下来的人并不多,而其中能拿起笔来记录这一事件的犹太作家已经有过不少。其中比较著名的是埃利·威塞尔,作品有《反对沉默》、《黑夜/黎明/白天》。我还读过普里莫·莱维的《如果这是一个人?》和诗人保罗·策兰的诗歌《死亡赋格》等等。如果说,在历史的法庭上,威塞尔是从一个受难者的个人角色提升,而站到了一个"公诉人"的位置,不仅代表了一个受难的全体,也是代表了全人类来控诉纳粹集中营的罪恶,因此获得1986 年的诺贝尔和平奖(不是文学奖!),那么莱维就像一个孤独的"原告",他一直无法从个人的苦难记忆中解脱出来,最终郁郁而死(还有人说是自杀)。策兰的诗歌通过艺术手段强烈控诉的风格,是非常感人的。凯尔泰斯则为我们提供了一种全新的位置,这就是冷静的"见证人"的位置。

要想进一步理解凯尔泰斯这种"见证人"文学的特色,我们应该读读他的代表作、自传体小说《一个没有命运的人》(也有中文翻译为《并非劫数》)。一个诺贝尔文学奖获奖作家,未必一定要著作等身,也许就是一部重要作品足矣,就像曹雪芹也就是写过一部《红楼梦》,照样可能流芳百世。曹雪芹写《红楼梦》,据说是批阅十载,而凯尔泰斯自己说,他写《一个没有命运的人》,从构思到脱稿,用了整整十五年,努力寻找的就是一种合适的叙述角度和语言风格。

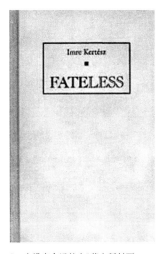

《一个没有命运的人》英文版封面

前面我提到,凯尔泰斯获奖之前默默无闻,很多瑞典人都不知道他,也没有读过他的作品,但是我在斯德哥尔摩大学中文系时的同事、汉学家罗多弼教授说,他恰恰读过凯尔泰斯。他说,这本书确实非常独特,对纳粹集中营的生活做了非常具体而客观的描写,直接表现是非判断和爱憎感情的地方很少。这样的描写,当然不会像直接展示煤气室、焚尸炉和堆积如山的头骨尸骨那样令读者惊骇,但正是这种特点,让他感觉读起来特别动人,特别真实,是令人难忘的书。有意思的是,罗教授说,这本书让他联想到中国女作家杨绛写的《干校六记》。很多中国知识分子在"干校"里受尽屈辱、迫害,现在回想起来大概也是把它当作地狱的,对这段历史是否定的,但是在杨绛的《干校六记》里,她的写法也是具体、客观、低调，有很多幽默，而不是站在一个纯粹批判控诉的角度。就是在集中营里，在干校里，人也还有喜怒哀乐，还有开玩笑的诙谐幽默，甚至感到快活。就是在人类自身创造的最可怕、最不人道的条件下，也不能说一切都是黑暗的。

凯尔泰斯生于1929年，他被送到奥斯威辛集中营去的时候才十五岁。当时有同伴悄悄警告他，向集中营的纳粹官员报告岁数，一定要报告十六岁，这样才会把你当作劳力，保留你一条活命，否则，按照十五岁实报，就会被送到毒气室去了。《一个没有命运的人》就是用这个实际十五岁的少年的视角来观察和认识集中营，描写恐惧怎样一步步紧逼他，而他又是怎样一步步适应恐惧，去努力接受恐惧的现实。最有意思的就是作者还描写这个少年的"幸福"感。当他能感受到一缕阳光的温暖的时候，当灿烂的朝阳升起在集中营囚室窗外的时候，当他获准躺下或获准吃饭的时候，当他不被殴打或不感到饥饿难耐的时候，当他蓦然回忆起过去家里一个温馨的日子，或者用凯尔泰斯自己的话说，"当集中营这个旨在摧毁个体生命的机器出现短暂运转故障的时候"，这个少年都会感到"幸福"。

小说结尾处有一段话："在我的人生道路上，有幸福潜伏着，就像你不可逃避的陷阱那样。就是在那里，在那毒气的烟囱旁，在痛苦与痛苦之间的间隙里，也依然会有某种类似幸福的东西。虽然对我来说，也许正是这种经历才是最值得我纪念的，但所有的人总是要问我的不幸，问我的恐惧。所以啊，下一次，当他们再问我的时候，我必须向他们讲一讲集中营的幸福。只要他们来问我。只要我还没有忘记。"也就是说，见证人必须有原本的当事人的立场和叙述方式,而不是脱离了时代背景的历史回顾的立场和方式。好比我们中国的"知青"出身的作家,要是今天描写当年"文革"时代的"知青"生活,如果是做"见证",而不是简单地批判控诉,那么也应该回到那个历史时代本身去体会。即使今天有"后悔"的,有"无悔"的,但是在那时,你根本还不知道什么是"悔恨",你可能是"快活"的,是"心甘情愿"的,是"幸福"的,而那才是实在的,也是更可怕的。这就是鲁迅说的,做着奴隶的人还感觉着做奴隶的快活。凯尔泰斯描写当时在集中营里的犹太人也一样,他们当时根本不知道集中营的主要任务就是要消灭他们,他们以为毒气室不过是一个洗澡间,而集中营就是一个强制劳动的地方而已,所以,我们才可以理解,为什么他们大部分人是死到临头都没有反抗。在他们的尊严和生命都被剥夺了的时候,他们还在想到"幸福"!

我想,对于我们中国作家如何描写民族的苦难历史,凯尔泰斯的这种个人的乃至"见证人"的态度,可能是有一定启示的。

原文刊载 2002 年 11 月《明报月刊》

2009 年 5 月 25 日改定

瑞典学院颁奖词：
"在众多伪装假面中描绘了局外人的令人惊讶的介入。"

瑞典文原文：
"som i talrika förklädnader framställer utanförskapets överrumplande delaktighet."

约翰·姆·库切
(John Maxwell Coetzee, 1940—   )

出世的精神　入世的文学

——解读 2003 年诺贝尔文学奖获奖作家、
南非小说家库切

　　2003 年诺贝尔文学奖评选结果公布之后，香港《明报月刊》又约我写文章介绍。虽然居住在瑞典，但也不可能对每年的得奖作家都了解得很清楚。我知道的是瑞典学院院士、汉学家马悦然教授对今年的评选结果特别满意。事先他当然不能透露名字，但早对我说过，今年的得奖作家会特别好，让人感觉他肯定是投了赞成票的。既然如此，我想不妨去请他来谈谈，我不过担任整理和输入电脑的工作而已，也算偷一次懒。因此我就请马悦然教授允许我做一次访谈，让他向读者介绍当年的得奖作家库切的思想与创作，也算是来自评选机构的第一手资料了。访谈是那年 10 月 7 日在斯德哥尔摩大学中文系办公室进行的，录音稿由我整理，然后经过马悦然本人审阅。以下万即万之,马即马悦然。

众望所归的得主

万:今年诺贝尔文学奖评选结果公布得特别早。看来你们这些院士们没有什么争议,对这次评选都相当满意,可以说是众望所归。我在电视上看到很多院士回答记者提问,对库切评价都很高。我记得您曾经说过,诺贝尔文学奖不是奥林匹克比赛,不是谁得了奖谁就是世界第一,但这次我看是世界第一,够得上奥林匹克文学奖了。

马:当然不是奥林匹克奖,不能说谁得了文学奖谁就是世界最好的作家,就是世界第一。不可能。只能说是非常好的作家。

万:至少就英语文学来说,应该是这样吧,库切是第一个得过两次布克奖的,那是英语文学公认的最高奖。这算是第一了。

马:我说了,我认为他是一个很出色的作家。

万:评奖结果公布之前,有台湾报纸请我写篇预测,我提到了几个可能获奖的作家,其中就有库切。不过我还是把另一个英语作家排在他前面,就是美国的女作家乔伊斯·卡罗尔·欧茨。我特别欣赏这位女作家,大学毕业论文就是写她,看过她的不少作品。她最近还访问过瑞典,所以不少人觉得她今年有希望得奖,而且她又是女作家,应该更有希望,因为你们有好多年没有给一个女作家颁奖了。

马:哈,还有人认为我们应该给一个诗人呢,因为诗人也好多年没有得奖了。

万：但你们似乎不管这些外界的意见。

马：我们当然不管这些，我们不受这种限制。

万：那么欧茨你喜欢吗？

马：我觉得她写得太多了，而且总是那么厚厚的。有的中国作家也是这样，写得太多太快，太喜欢讲故事。其实，如果能把作品删到一半，就很好了。

万：南非作家已经得过一次诺贝尔文学奖了，这次又发给库切，是不是说明你们也不太考虑国家的分配情况？

马：不考虑，我们当然不考虑。让我想一想，戈迪默是哪年得奖的？

万：1991 年。

马：戈迪默和库切其实有点矛盾，他们很不一样。

万：我本来就想请你把他们比较一下。他们生活在同一种社会环境里，而文学创作上又如此不同，但都得了奖，这很有意思。

马：他们的不同，大概还是反映了上个世纪不同文学传统和文学主张的冲突。戈迪默认为文学应该是一种武器，而且应该站在"政治正确"的立场上使用，但是库切一点不管这个，他不参加任何政治运动，也不去投票，他完全不愿意参与政治。戈迪默对库切就曾经批评得很厉害。她说过，库切的《迈克 K 的生平和时代》"歪曲了私人和社会的有机联系"。她认为库切笔下的迈克 K 这个人物完全脱离社会，不问政治，不负责任。在这本小说里，迈克 K 只想着把妈妈的尸体送回老家，他自己也躲到乡下去，逃避社会，过简朴自然的生活。他自己种番瓜、钓鱼甚至靠吃一种昆虫来维持自己的生活。戈迪默认为这样消极是不行的，但库切就不管这些。

万：这是一个很有意思的对比。在中国文学中，对作家是否要介入政治也有很不同的看法。1942年毛泽东的《在延安文艺座谈会上的讲话》，对于后来的文学有很大影响，他是极力要文学为政治服务的，但有些作家是不主张介入政治的，比如高行健。

马：对，"逃亡"！库切也写人的逃亡。迈克 K 就是逃亡。他运送母亲的尸体回乡下就是违法的，所以只能偷偷在晚上走，也是逃避。既是逃避专制，逃避那个搞种族隔离的政权，但他也是逃避那些反抗的人，逃避冲突，他逃避一切，包括放弃自己的权利和金钱。

万：在这一点上，库切和高行健就比较接近了。他们对政治都比较冷漠，库切也是写出了一种"冷的文学"。

马：他们是很接近的，是这种情况。库切在他的自传性作品《青春》中就这样描述过主要人物，"热不是他的天性"。这对我们理解库切是很有帮助的。

现代的陶渊明或局内的"局外人"

万：我觉得在迈克 K 这个人物身上寄托了库切的某些人生理想，或者说对于人生的想法。迈克 K 想寻求世外桃源，他种番瓜让我想到陶渊明的"采菊东篱下"，可以说他算是个现代陶渊明吧。但库切在文学上还是遵循了西方现代主义的传统，是继承了卡夫卡、贝克特、陀思妥耶夫斯基，思想上则有点像是陶渊明。库切对政治的厌恶，有点像陶渊明对官场的厌恶。

马：库切小时候是在农场长大的，他家本来住在开普敦，大城市,八岁的时候父亲丢了职位,一家人就搬到乡下去。他确实觉得乡下才是天堂。在他的创作里,城市和乡村、现代工业文明和自然田园,总有一种对立的关系。这从他根据笛福小说《鲁滨逊漂流记》改写的《福》里也可以看出来。另外在《耻辱》里也是这样,鲁茜虽然被强奸了,但还是不肯离开她习惯的农村环境。农场生活经验和库切比较孤僻的性格有点关系。农场里人很少,没有外来人,所以他不习惯和外人交往,而对集体也有排斥感。

万:但是库切就没有陶渊明"悠然见南山"那种悠然了。因为他看清楚了,在现代社会中,这种世外桃源是不可能的,迈克 K 也回不到世外桃源去了。迈克 K 的梦想最后还是破灭的,他要逃避世界可世界来抓住他,连种的番瓜也没吃成,被游击队来洗劫破坏了。所以,从这个结局看,库切的人生态度其实是很悲观的,算是一个悲观的陶渊明。

马:库切确实非常悲观,而且性格上也能看出来。你看,很多认识他的人说,他们从来没有看过他笑。十年都没看到过他笑一次。在电视上,记者采访他,问他获得文学奖有什么感觉,他嘴里说,"我很高兴",但还是一直板着脸,没有一点笑容。

万:他确实是性格很孤僻的人,得了两次布克奖都不去领奖。这次他会不会来领奖? 你们有没有他的消息?

马:《快报》(万注:瑞典最大晚报)有个记者问了他,他只说了一句话,"极有可能来(most probably)"。

万:那么这次他算是破例了,很给面子的。

马:你知道他还是个素食主义者,不吃肉,不喝酒,不抽烟,连鸡蛋也不吃,牛奶也不喝。所以,如果他来的话,十二月七日,他作

187

了诺贝尔演说之后,我们学院照例要请得奖作家去吃饭,我就建议请库切吃罗汉斋。

万:他是有点出家人的味道,像是个方外之人,或者就用你们这次的颁奖词来说,他是一个"局外人"。我还记得另一个诺贝尔文学奖得奖作家也是写"局外人"的,就是阿尔伯特·加缪,他写了小说《局外人》。

马:对,瑞典文本翻译成《陌生人》。

万:库切和加缪当然不一样。文学院的"颁奖词"说库切是"局外人",但又通过文学性的伪装假面而卷入局内,这说得很好,说明他不参与,但不等于不关注,不批判,不表示态度。他不是加缪笔下那种完全冷漠的人。我想库切是做一个旁观者,然后从旁观的角度切入人生,给人一个惊讶的发现。中国人有句诗,"不识庐山真面目,只缘身在此山中",还有"当局者迷,旁观者清"的说法,身在其中,可能就看不清楚了。

马:旁观的态度当然是对的。包括对自己都采取冷静旁观的态度。他写的作品其实都很有自传性,《童年》和《青春》本身就是自传,但还是用第三人称的叙述,所以说对自己都能旁观,能够观察和批评自己。但库切的文学还不仅仅是旁观,这就是他和去年的文学奖得奖作家凯尔泰斯不同的地方。凯尔泰斯真实描述当时的世界,但库切在每一本书里都要创造一个新的世界,用一种新的语言来绘声绘色地形象地表现这个世界。库切作品的力量就是迫使读者理解和体会他们过去从来没有经验过的东西。

万:我以为你们文学院颁奖词的意思是说,库切其实是用另一种方法来介入社会的,不是政治介入,而是借用文学手段来展现。

就像颁奖词说的,他写的许多人物就是他用来介入的"伪装"。

马:其实库切的意思就是不要用集体的名义说话,所以他不参加签名,也不参加示威游行。他在《铁器时代》这本小说里写过一个人物,叫库然太太,她看见警察开枪杀人,把她黑人女仆的儿子也杀了,但她也没有参加公开抗议,她说,"我不能用别人的话来谴责他们,我要找到我自己的话,要从我自己心里发出声音。不然就不真实了。"这些话可以帮助我们理解库切的文学,他写的就是他的自己的话,心里的话。他不重复那些政治的陈词滥调。

万:对,还是强调了个人的声音、个人的观点和立场。他把社会的荒谬看得比较清楚,也能表现出来,所以还有人把库切和卡夫卡比较。

承继卡夫卡、陀思妥耶夫斯基、贝克特的现代主义传统

马:是,卡夫卡、陀思妥耶夫斯基、贝克特,这些人对库切都有影响,他承继了他们的文学。他的博士论文就是写贝克特,小说《彼得堡的大师》就是写陀思妥耶夫斯基。他也有点像卡夫卡,但他和卡夫卡还是有一个很大的区别。因为卡夫卡的小说,比如《城堡》,比如《审判》,环境都写得非常的具体但又没有说明在什么地方,在什么地方都可以成立,没有历史和社会的背景。但库切的小说,其场景是非常清楚的,都是南非。虽然他没有点明,但你一读就知道,他写的就是南非。但他认为,南非的这种问题,其实是到处可以发生的,所以不仅仅是种族问题,是每个人的人生都会面对的问题。他超越出来,站在一个外面的立场看。

万：人生迷局是处处有的，所以卡夫卡写的现代寓言都是有普世性的迷局，而你们的新闻公报里也指出了库切小说的"寓言"特色。但他们的寓言又很不一样。我的看法是，卡夫卡把人放到了他自己的寓言里来表现，而库切是把自己的寓言放到了活生生的人生里。

马：谈到寓言，我想起卢卡契对卡夫卡的批评。卢卡契反对卡夫卡的原因就是因为卡夫卡用了寓言，而卢卡契认为文学应该用"批判现实主义"的方法，要把人放到具体的历史和社会背景中。其实，我以为卡夫卡的方法当然比"批判现实主义"的方法更深刻。所以，如果你把库切和戈迪默做比较，你就会看到库切的作品是更深刻的，更高层次的。我想，再过一百年，人们仍然可以理解库切，而戈迪默却很可能被人遗忘了。

万：那就是说库切的作品也具有普世性和超越时代的特性。

马：据我看，《迈克 K 的生平和时代》是库切最好的作品，这是当代的《鲁滨逊漂流记》，而又是卡夫卡的风格、贝克特的文学语言。还有就是《耻辱》，以及《等待野蛮人》。这部作品你看了没有？

万：还没有，我只读到一些资料，知道一个大概。

马：《等待野蛮人》的题目实际上是取自一首诗歌的名字，就是希腊诗人卡瓦菲写于 1904 年的一首诗。这是个非常有意思的故事，写一个城里的人等待野蛮人来进攻，他们非常害怕，但野蛮人实际没有来，野蛮人实际上不存在，是他们自己的臆想，是他们的想象和恐惧创作出了这种"恶"的形象。最后其实是他们城里人自己成了野蛮人。我还可以提到他的一部早期作品，是两个中篇组成的。

万：那是《昏暗之乡》。

马:对,《昏暗之乡》,其中第二篇写的是库切的前辈雅可布·库切。他写的这个库切,一个布尔人,在十八世纪的时候,到所谓不信教的人居住的蛮荒之地去。他以为那个地方的人就跟动物一样,没有文明。他自己后来生病了,而当地人就把他医好了,还有小孩子们来跟他玩。那些小孩子当然也觉得他很好玩,因为从来没有看到过一个外国人,大概也把他看成动物,结果他就生气了,甚至气得咬掉了一个孩子的耳朵。就是说他自己反而成了一个类似"食人生番"的野蛮人。

万:库切对现存的文明总是抱一种怀疑和批判的态度。文明与野蛮的对立本来大概是一种想象,一种吊诡。文明可能并不文明。

马:还有《耻辱》这部作品。你知道,在这部作品里,主人公卢里的女儿被黑人强奸了,有的人就批评库切。包括戈迪默也批评他,觉得写黑人强奸白人,丑化了黑人,这不好,不是"政治正确"(笑)。

万:那样看作品是太简单化了。

马:库切写的作品,是不能简单地用是与非、好与坏来分析的。不能简化为黑人白人的冲突、左派与右派、革命与反动,或其他类似对比,从而使得复杂的生活变成一成不变的政治口号,他从不提出政治主张。你看他写的这个女儿,就是鲁茜,她虽然被强奸了,但她觉得她自己也是有责任的,有罪的。她不责备,不控诉,因为她有负疚感,因为过去是白人对黑人做了那么可怕的事情,那现在就轮到他们了,她觉得他们有权利这样做。所以她留了下来,她不走,把财产也献出来了,把尊严也放弃了,还同意做那个黑人邻居的情妇,换取他的保护,现在是黑人来保护白人了。她的选择其实就是放弃一切，重新开始。她父亲说，你这样生活不就像一条狗吗，她不否认。她说，是的，就像一条狗。她就是像一条狗一样开始重新做人。被羞辱到头了，才是人的价值的重新开始。她是面对未来的，面对未来的南非，不是计较过去的。

万：现在我就想问个可能尖锐麻烦一点的问题了。刚才你同意，库切对人生抱有怀疑和悲观的态度，他写的人都是在沉沦中的，是没有什么希望的，他也不介入社会。那么，这和诺贝尔在遗嘱中说的"理想倾向"是不是有冲突呢？

马：我们对这个"理想倾向"的问题早就不在意了，那还是早期的问题，那时还讨论过诺贝尔的本意是什么。现在我们早就不拘泥于这种讨论了。

万：我想，可以不可以这样来解释，就是说库切虽然悲观，却还是表现对人的关怀、悲悯，有一种净化功能，就像悲剧的意义，还是符合诺贝尔的"理想倾向"。

文学的意义在于想象和引起悲悯

马：我想，文学的意义，就在于想象。库切最近一部作品，2003年出版的，叫《伊丽莎白·考斯泰罗：八堂课》，是小说和演说混杂的作品，很特别。其中有一个他"伪装"的主要人物，一个上了年纪的女作家，叫伊丽莎白·考斯泰罗，和他一样是个严格的素食主义者，动物保护主义者。她在一个美国大学演讲"动物权利"，其实就是库切根据自己在普林斯顿大学的一系列演讲改写的。这本书可以看成一个道德剧或者"后设文本"，其中人和动物的关系就被比

192

喻成当权者和牺牲者的关系,主人和仆人的关系。动物没有了权利,成了人的权力的牺牲。她讨论的就是这种比喻对不对。考斯泰罗把工业化的屠宰厂和纳粹德国屠杀犹太人的毒气室做比较,结果听众很不赞同。怎么可以把杀人和屠宰牛羊相比呢?把人当成动物一样对待是可怕的,但不用把动物也当成人来对待。但考斯泰罗,或者说库切本人,他们的演讲涉及一种文学的力量,因为人能够想象和体会自己就是动物,所以能够有同情之心,而不把动物看成是没有知觉的生命,而且能够想"这也可能是我啊"。

万:这在美学上就是文学的移情作用吧。文学要是能达到这种作用,引起人的悲悯,那确实就是出色的文学了。

马:考斯泰罗还有一次演讲是谈文学和罪恶的关系,自然也是表达库切自己的思想。她(他)认为写作自由不是说作家可以随意写任何题目,可以没有限制和节制。如果你写得太残酷,你就会伤害读者,也就是伤害自己。库切写的是很适度的,他引起人的美感,是悲悯,而不是恐怖感,这也是他的作品的优秀之处。

万:好吧,今天我们就谈到这里。谢谢你!

　　本访谈稿曾经发表于 2003 年 11 月号香港《明报月刊》

附:大师水准再放异彩
——介绍诺贝尔文学奖得奖作家库切新作《劣年日记》

有人曾经把诺贝尔文学奖称为"死亡之吻",意思是作家获奖之后,由于种种原因,再也写不出新的上乘之作,文学生命从此宣告结束。库切一般是拒绝接受采访的,但那年到瑞典领奖时,确实给瑞典人留足了脸面,破例接受了瑞典最大报纸《每日新闻》的采访,提到那年他得奖的消息公布之后,便被来自世界各地的演讲邀请淹没了。"我吃惊地看到,文学名望竟会带来如此之多的怪诞的副产品。你展现的本来不过是文学写作的才能,但人们会突然要求你到处去演讲,去谈谈你对天下大事的看法。"

库切顽强地拒绝了很多邀请,而且从南非迁到澳大利亚,更安静地写作。他用自己的一部部新作证明"死亡之吻"这一说法并非定律。2005 年他出版了小说《慢条斯理的人》,当年就再度获得布克奖提名,而 2007 年 9 月又出版小说《劣年日记》,书一面世就获得世界文学界好评,又一次展示了完美的大师水准。此书英文版封套上的评语说,"《劣年日记》无疑是出自我们这个时代最伟大作家和最深刻思想家之一之手的当代杰作。它讨论的是全世界民主国家无数人民的深深不安。"

和他的前一部作品《慢条斯理的人》一样,《劣年日记》也是一部标准的"后设小说"或"元小说",即用讨论方式来写作小说。书内有标准的学术论文穿插其中,既是有关现实问题和小说艺术的讨论,又成为故事情节的有机部分。这毫无疑问不是一部通俗小说或大众小说,而是指向知识分子读者。

在《慢条斯理的人》中,库切写一个骑自行车出车祸被撞断腿的残疾老人坠入爱河,苦恋自己的年轻女护士,而当他最终明白自己毫无希望,只能把爱转注于这个女护士的孩子,提供教育经费,成为他的教父和保护人。2003 年库切得奖年出版的小说《伊丽莎白·考斯泰罗:八堂课》中虚构的文学教授伊丽莎白·考斯泰罗在本书中再次出现并和小说人物对话，对老人的行为做出评价和纠正，从而构成"后设小说"的特点。

《劣年日记》的形式风格与上一部小说略有相同之处，不过更为新颖。这次的叙述者之一兼男主人公与库切本人更加相似，也是一个原住南非而移居澳洲的白人作家，缩写姓名杰·库与库切自己的名字缩写等同，还同样写过《等待野蛮人》这样的作品，不同的只是这个人物的年龄比库切略大几岁。这个老人也对一位年轻女性产生恋情，不过这次不是自己的女护士而是所住公寓大楼的女邻居安雅。小说一开始就写他们在楼内的公用洗衣房相遇，老人立即萌生好感。随后他找借口请对方整理自己的手稿重新打字。这是一部讨论"九一一"事件之后当代国际问题的学术论著《强大舆论》，它也构成了小说上半部的标题，下半部标题则为"第二日记"，其中有很多小说艺术和作家生活的探讨。

库切是个非常有独创性的小说家，在小说的形式上也别出心裁地做了图表式的安排。在每页的上方是作家的学术论文或者日记，有标题如"01 论国家的起源"、"02 论无政府主义"、"03 论民主"、"04 论马基雅维利"、"05 论恐怖主义"、……"13 论写作生涯"、"14 论母语"或者"23 论巴赫"、"24 论陀思妥耶夫斯基"等等，或是构成小说人物所处的大气候与时代背景，既现实而逼近又显得遥远，和一个洗衣房似乎无关；或是构成叙述事件的文学艺术氛围与历史文化传统。而下面用线条分开的是第一人称的小说叙述，人物关系伴随上面的论文慢慢开展。有时是这个老作家的叙述，有时又是安雅的叙述，有时两人并列出现而一页分为三格。这三部分各自独立又互相影响。

在这个背景上我们认识了第三个实际上一直不出场的主要人物，即安雅的丈夫阿兰，他代表一种时尚的生活哲学和价值观念，是一个总想在当今这个市场经济中快速获得利益的生意人（看来也是后来的金融危机的肇事者之一）。老作家则与阿兰恰好相反，他对当代世界持批评态度，显得保守拘谨。他在一篇篇政治论文中批评关押恐怖分子的关塔那摩美军基地、提倡动物保护主义、他甚至对哈罗德·品特在其获得诺贝尔文学奖的演说中抨击英国首相布莱尔表示赞赏，他对民主制度面对的困境忧心忡忡。而在一篇篇文艺随笔中他赞赏陀思妥耶夫斯基或者列夫·托尔斯泰在其小说中表现的道德立场，而对福柯或巴特这样的文化颠覆者表示怀疑。实际上，他是竭力逃避这个"喧嚣与骚动"的世界，持有一种被动消极的生活理想，依然是一个局外人，而其沉思内省的特点可以让人联想到法国作家蒙田。

尽管老作家杰·库和安雅之间并无暧昧之事而是纯粹的精神吸引，但因为安雅通过整理作家的手稿，甚至做出评论与修订，在精神上越来越趋近作家，而导致丈夫最后出走，这就是故事的结局。

和《慢条斯理的人》一样，这部小说有库切的强烈的自传色彩，有心理现实主义的细致刻画，但由于其后设的反讽方式，作者避免了自怜自艾式的感伤。而小说的语言显示出作家一如既往的优秀。我想，此书封底上摘录的《泰晤士报》书评、赞赏《慢条斯理的人》的评语，也可以原封不动照用于《劣年日记》："库切是一个对每个词都不掉以轻心的小说家。这部小说可以证明他是我们这个时代的最伟大作家之一。"

瑞典学院颁奖词：

"因为她的小说和剧本中众多声音与反声音的音乐流，用异乎寻常的语言热情，揭示了社会的陈词滥调的荒诞性和强制力。"

瑞典文原文：

" för hennes musikaliska flöde av röster och motröster i romaner och dramer som med enastående språklig lidelse blottar de sociala clichéernas absurditet och tvingande makt."

埃尔弗里德·耶利内克
（Elfride Jelinek，1946— ）

政治与文学的吊诡游戏

——解读2004年诺贝尔文学奖获奖作家、奥地利戏剧家耶利内克

　　耶利内克获得诺贝尔文学奖的前数年，奥地利举行大选。那是奥地利右翼政党非常嚣张的时代，维也纳街头曾经到处张贴着右翼政党这样的竞选宣传画，标题竟然是："你要文化，还是要耶利内克？"

　　在竞选宣传画上耶利内克不仅是一个政治符号，其实也是文化符号。右翼政党提出的问题，不仅是要鼓动选民做出政治的选择，同时也是做出文化的选择，尤其是鼓动那些有着"高贵"日耳曼血统的选民。选择了右翼，就保留了奥地利的"高贵"文化，这当然是指维也纳代表的欧洲典雅文化传统，而选择了身上有犹太血统的耶利内克，将不仅是政治错误，也是文化背叛，是丢弃"高贵"的

欧洲文化。

耶利内克当然不是没有"文化",但那是一种不登右翼大雅之堂的离经叛道的"另类文化",是右翼视为"下贱"甚至"下流"的文化。耶利内克是个众所周知的左派,甚至是左翼的最左边,曾经还是奥地利共产党党员,所以还有人说她是"红色女巫"。上个世纪六十年代中国文化大革命如火如荼的时候,从巴黎到维也纳,从斯德哥尔摩到奥斯陆,西方的大学生们也跟着潮流狂热过,挥舞着红宝书停课闹革命。耶利内克生于1946年,"文革"时正好也是风华正茂的大学生,还是奥地利学生运动的积极分子,说她是个西方红卫兵也一点不过分。她确实像是红卫兵那样相信造反有理,可以拿起笔做刀枪破四旧,扫荡传统文化和商业文化,可以打倒当权派,还能同时创造出一套标新立异的革命文化语言。这种语言风格后来在她的文学创作中一直延续下来,尤其是在她的戏剧中,表现出异乎寻常的亢奋的语言热情,有些几乎就是"文革"中的大辩论,唇枪舌剑,对立的声音在这里滔滔不绝。

耶利内克的这种"文化"特色,在比较保守的奥地利自然是属于边缘的,甚至在边缘之外,离经叛道出了格,而总是在颠覆着主流文化,不断发起对主流文化的挑战,翻搅倒腾出主流之下沉埋的污泥浊水,嘲弄抨击媒体上的陈词滥调和社会的虚伪礼教。此外,她的写作也以超乎一般自然主义的色情而著名,所用的性器官词汇能让绅士淑女掩目摇头。而在政治上她更比一般作家活跃得多,而且是全世界少有的最早建立自己的个人网站,公开针砭时弊的作家,锋芒毕露,敢说敢言,尤其让右派头痛,所以能登上大选宣传画成为政治符号。

在奥地利的那次大选中,"红色女巫"耶利内克在政治上是失意的,右翼获胜了。大多数选民们选择了右翼,也等于是选择了右翼的"高贵"文化,而没有选择她这个"红色女巫"。要说奥地利现在是欧洲右翼保守势力最猖獗的国家大概不过分,带有纳粹倾向的极右翼的人民党还在数州占绝对优势。

被选民摈弃的耶利内克显然感到失望、愤怒、悲哀和孤独。她曾经停止过奥地利剧院演出其剧作的权利,曾经断绝和所有奥地利媒体的来往,曾经公开表示仇恨这个国家。"我居然还住在这么一个国家简直荒唐,如果不是有我的老母牵挂我早搬走了",这是她自己咬牙切齿说的话。因此她也被右翼政府宣布为"国家公敌",这让我联想到同样为政治原因离开祖国的挪威戏剧大师易卜生,他也因为和大部分国民的政治观点相左而出走意大利,然后悲愤地写出了名剧《国民公敌》。一个有勇气做"国家敌人"的剧作家,至少不媚俗不势利,不人云亦云,坚持自己的独立立场,这点还是让我感到由衷钦佩。

文学奖成为政治的胜利

政治与文学之间的吊诡游戏当然没有结束。政治上失败了的耶利内克将在文化上获得报复的机会。2004 年 10 月,瑞典学院以其特殊的方式回答了奥地利右翼"你要文化,还是要耶利内克?"的问题——他们把"高贵"的诺贝尔文学奖授予奥地利右翼认为"没有文化"的耶利内克,让耶利内克在文化上出了一口恶气。

"别以为这是献给奥地利的花"!

耶利内克得奖后如是说。照我看，这当然不是捧给奥地利的花，而无疑是打在奥地利右翼政客们脸上的一记最响亮的耳光。一般来说，一个国家的作家获得诺贝尔文学奖，这个国家的领导人通常都会发贺电祝贺，也都引以为本国本民族的骄傲，但奥地利右翼执政党只能哑口无言，所以，耶利内克的获奖与其说是她在文学上的胜利或文化上的复仇，还不如说又成为一次政治上的胜利。很多人认为瑞典学院这次的评选结果政治意义大于文学意义，是明显的政治颁奖，是让在欧洲臭名昭著的奥地利右翼政党难堪。

所以，这次评奖结果公布后确实引起相当多的争议，因为耶利内克本人就是个引起很多争议的人物。不少人难以接受她的作品，对其政治的偏激和性爱描写的大胆写真不以为然。一个德国女文学评论家在《时代》周刊撰文批评耶利内克的作品毫无美感只剩下性垃圾，措辞非常严厉。连罗马的梵蒂冈教廷都对瑞典学院把诺贝尔文学奖授予耶利内克表示了强烈的不满，指责这个"红色女巫"的作品毫无道德感，充斥着"露骨的性事"，只有"无度的淫秽"，而且"和病态、权力与狂暴结合在一起"，"肉体的交合冰冷而晦暗，缺乏情感交流而只有暴力侵占，没有任何柔情蜜意，没有丝毫灵魂或者意图的尊严"，最终只能"陷入绝对的虚无主义"，也就是说，不会把人引向天堂，只会让人堕入万劫不复的地狱。

对于耶利内克获奖是否实至名归，她的作品是否优秀到了能和诺贝尔文学奖大家族中的大师之作并驾齐驱的程度，瑞典也有很多人持不同看法。这次瑞典学院公布的结果让人大跌眼镜，让瑞典所有媒体的预测都落了空，让瑞典很多准备在结果公布后热卖一番大赚一笔的书商都叫苦不迭，因为他们的图书仓库里都找不到一本耶利内克作品的译本，还让很多喜欢褒贬作品发表高见的评论家们也都感到尴尬，因为他们连一部耶利内克的作品都还没有读过。

在我的感觉中，连评选机构瑞典学院内部也一定有过激烈的争议。如果有人告诉我，当主持评选的主席举起了议事槌一槌敲定的时候，有人愤而离席摔门而去，我也会毫不吃惊、毫不奇怪。我以为这次评选结果，可能是因为瑞典学院内部左派倾向的院士占据了上风，这是那些一向主张评奖不干预政治、主张文学的普世性价值的自由派院士们的一次失败。

我这么判断并非全无根据，也是因为这次公布结果时有些现象非常蹊跷，细心人如果看看诺贝尔基金会网页上当时发布的新闻公报可以获得一点信息：有关耶利内克的新闻公报出奇地简短，只有两行瑞典学院院士们集体通过的"颁奖词"，其中除了对耶利内克创作的概括性描述文字之外，正面评价的褒义用词几乎没有，而通常由比较自由派的常务秘书执笔的热情洋溢的长篇评论介绍空缺。常务秘书这次好像一字不写，显然有罢工之嫌。比较前一年南非作家库切得奖的新闻公报就更加清楚，除了颁奖词，公报还有长篇的介绍，当时常务秘书恩格道尔宣读公报整整二十二分钟，还意犹未尽。而为耶利内克宣读的新闻公报只有两分钟就结束了，然后恩格道尔对记者来了句不阴不阳的反问："大家还有问题吗？"

如此厚此薄彼，悬殊对比大概确实也太露骨了，肯定会引起一些人的猜疑，恩格道尔大概也感到了来自内外的批评压力，所以第二天瑞典学院网站上的视频录像增加了恩格道尔回答记者问题的镜头大约十分钟(但也不是前一年那样的阅读公报),算是对耶利内克的补充介绍。然而,即使补充介绍,即使能看到恩格道尔不失绅士风度的表现,而且用词谨慎,其中还是透露他并不赞赏耶利内克的端倪。比如说,他说他一开始也看不懂耶利内克的作品(至少可以说明耶利内克最初不是他提名推荐,自然是那些"看得懂"的人来推荐的)。恩格道尔又说,他也是看了几个夏天才看明白(这说明耶利内克过去几年确实已经多次入围,进入了院士们每年夏天阅读作品的范围,但也要经过一段时间才被理解接受)。再比如说,这个过去最反感别人说瑞典学院政治评奖的恩格道尔,这次却公开承认耶利内克是"最政治性的作家"(瑞典文用了"最"这一高级形容词);如此等等,这些细节都是能令人看出点门道的蛛丝马迹。

从前面提到的竞选宣传画我们就能看出,耶利内克毫无疑问已经成为一个政治符号,所以给她颁发诺贝尔文学奖的意义不可避免地带上了政治的色彩,使得耶利内克确实在政治上得了一分。

对立声音的音乐流动

但是,在文学上耶利内克到底是否得分,给她颁奖是否实至名归,还是众说纷纭,很难说这就是一次无可争议的胜利,只能等历史来做出结论。虽然批评的声浪很高,但易卜生当年写出《群鬼》的时候,萧伯纳当年写出了《华伦夫人的职业》的时候,劳伦斯写出《查特莱夫人的情人》的时候,不也遭受过媒体和保守势力的咒骂吗?如今他们却都是举世公认的文学大师。易卜生就说过,描写肮脏是因为社会本来肮脏,他是因为要打扫阴沟才会下到阴沟里去的。作家需要强调的是真实，直指人的本性，所以不论耶利内克描写了什么，只要她是力求揭示人性的真相，揭示社会的本来面目，那么她依然是个伟大的作家。

不喜欢耶利内克的人本来就很多。有些人还说她精神不正常，而她年轻时在音乐学校读书期间确实经常因为精神病症状休学。瑞典学院的新闻发布之后，耶利内克就对记者说，她不能来领奖，因为她有"社交恐惧症"，不习惯众目睽睽，不喜欢在大庭广众下露面。但世界上有精神病而成为文学大师的不乏先例，连列夫·托尔斯泰也发过疯。所以，精神问题也不能成为否定一个作家成就的理由。

耶利内克得奖那年，我自己也只看过根据耶利内克小说《钢琴教师》改编的电影，但也没有看过耶利内克的原作，更没有看过她的剧作，没有资格妄加评论。记得那年九月里我去挪威北部城市特隆姆瑟参加国际笔会年会，和奥地利笔会会长乌尔夫冈·格莱森奈格尔教授交往很多。乌尔夫冈执教维也纳大学戏剧系，而我毕业于北京中央戏剧学院，因戏剧方面的共同兴趣而相谈甚欢。我问过乌尔夫冈当今德语戏剧的情况。他不无自豪地告诉我现在奥地利戏剧比较繁荣，甚至有剧作还出口德国，德国不少剧院居然主要靠演出奥地利剧作来维持。这里面耶利内克的贡献不小。自从德国当代戏剧的领军人物博托·斯特劳斯谢世，耶利内克现在成了德语戏剧的主将之一。

耶利内克获得诺贝尔文学奖的消息公布后，我曾经打电话给乌尔夫冈祝贺奥地利剧作家获奖，并想询问他的看法。他兴奋地告诉我，耶利内克是他在戏剧系教过的学生。自己的学生得奖，他当然很高兴,对这次评奖结果是非常肯定的。当然,他也承认,当年耶利内克不是他最欣赏的学生,可以算是个"丑小鸭",没想到她后来会成为一只天鹅。乌尔夫冈说,政治上他也不一定赞同耶利内克的激进观点,但他强调,耶利内克的文学和戏剧语言是很独特很大胆的,是很有创新性的,对德语文学的发展肯定有她的特殊贡献。我想,作家能有所传世的主要成就不就是语言的成就吗?如此看来,耶利内克的意义肯定不是一个政治家,而是一个文学家,甚至是一个语言大师,那么她能得奖还是很有道理的。

耶利内克作品的语言特色,在瑞典学院的颁奖词中已经点明了,那就是存在着对立相反的"声音和反声音"(英文版本是 voices and counter-voices),而且滔滔不绝、喋喋不休,很有音乐般的流动感。翻译理解颁奖词时需要注意几个问题,第一个问题是复数问题,表示声音的众多,翻译应该有所体现。另一个值得提出而现有中文翻译似乎都没有准确理解的问题,是原文"声音"一词不是音乐之"音"(sound),而是说话之"声"(voice),恰如"美国之音"电台名称中的那个"音"。这是语词的声音,不光表达情感,更主要是传达思想观点的符号,所以多指表达意见,更有意识形态和政治色彩。第三个要注意的问题,就是不能把这种"声音和反声音"简单理解为不同人物、不同阶级之间的思想对立或意见相左,而是人所使用的词语本身内在的意义矛盾,因为我们使用的语言,往往就是颁奖词中所说的"陈词滥调(英文原文 cliché)"。好比我们常说的"讲文明礼貌",其本身就是对不文明礼貌的一种特殊表述。所以,瑞典学院的常务秘书恩格道尔后来在 12 月的颁奖典礼上致词介绍得奖作家时说,耶利内克就像医生听病人心肺一样来听着人们的声音,她不是听人日常生活对话表面"声音"的意思,而是从中听到阶级压迫、性主义、文化沙文主义、历史的扭曲等等内在的"反声音"。

因此,如果有人说,耶利内克写作的一个核心目的是"颠覆传统的男权社会和男权价值观,从而实现极端意义上的女性解放",需要警惕的是这种说法或这种"声音"解读本身就可能是"陈词滥调",因为我们必须用恩格道尔所说的语言的听诊器仔细听取"反声音"的意思。实际上,耶利内克的作品,既有对男权社会"陈词滥调"的颠覆和反抗,也是对女性自己的"陈词滥调"的女性价值观的颠覆和瓦解,这才是"声音"和"反声音"的对立。

举例来说,如果我们阅读耶利内克的小说《作为情人的女人》,就应该看到听到女人们不仅在肉体上受男性暴力压迫,也受到她们自己给自己分配的女情人地位的支配,甚至是心甘情愿地忍受自身的屈辱。她的小说和戏剧中,没有一个女人完全是被动的角色,仅仅是男性的肉欲和压迫的对象,她们甚至可能是帮助男性欺压其余女性的帮凶。所以有批评家说她的作品是描写女人的地狱,而她把它层层剥开,直到核心。

同样,在小说《钢琴教师》中,我们可以看到一个母亲如何折磨一个四岁的孩子,把孩子的头像是拨浪鼓一样扭来扭去。在家庭里是母亲而不是父亲成为权力甚至暴力的象征,一个在男权社会深受压迫的妇女在家庭中反而成为儿童的压迫者。而这种家庭权力结构最终不过是社会权力结构的缩影,因为母亲的价值观念其实还是代表了社会的价值观念。

耶利内克作品的德文原文就不是通俗易懂的大众文学,就比较难以阅读理解，翻译成其他文字就更加困难。一方面是因为耶利内克有个人独创的语言特色和词汇，甚至把一些德语词拆解重组，另一方面就是不容易捕捉"声音"之下的"反声音"。瑞典学院的常务秘书恩格道尔曾经是非常强调作家个性和个人声音的，他开始接受记者采访时，曾说耶利内克作品中几乎听不到她"个人的声音"，意思大概也是她的作品涉及太多的意识形态和政治话语。不过，在颁奖典礼上致词介绍作家时他进一步解释说：

"阅读耶利内克的作品时，让人首先感到困惑的就是从作家创作中说出的奇怪的混杂的说话声。作家好像到处都在，而又到处都不在，从不安静地站在她的文字后面，也从来不让位给她的文学人物，以便提供幻觉，让人以为他们可以在她的语言之外存在。那里只有饱和的句子流动，好像是在高压下紧密焊接起来的，绝对不留下让人喘息片刻的空间。"

所谓"作家好像到处都在，而又到处都不在"，其实意思就是作家的个人的声音，是和作品人物的声音重叠而难以分开的。个人的声音背后往往可以听到意识形态的声音。

耶利内克本人没有到斯德哥尔摩来领奖，自然也就没有来做惯例的诺贝尔演讲。她的演讲是事先录制好录像，然后送到瑞典学院来播放的，题目是"边线旁注"（英文 sidelined），重点是讨论语言和写作、写作和人生的关系，在我读来是一篇富有哲理的优美散文。"写作是否就是把头发卷曲起来的天赋，就是能把头发和现实卷曲在一起？"演讲的第一句就是从这样一个疑问开始的，从一个意象开始，而作者的意思是，现实本来像是蓬乱的头发一样，本来没有一把梳子能把它理顺，但是文学写作可能是一种理顺头发而形成美丽卷发的艺术。

　　"边线旁注"本来是指我们通常阅读中有时会在页边空白处画出边线以示重点引起注意，可以写出旁注，也可以说是把某些东西排除到界限之外，甚至把人排除在外而成为局外人、旁观者。耶利内克把"边线旁注"作为文学写作的意义所在，如果生活本身就是文本，那么作家要做的事情就是标记出"边线旁注"。事实上，这也可以成为"反声音"的注脚，因为我们阅读文本时听到的声音，总有对立的"反声音"可以"边线旁注"。

不忘清算纳粹的历史罪恶

　　如果深入理解了"声音和反声音"的这种意义，理解了耶利内克对于社会陈词滥调的揭示，那么我们就可以明白，虽然耶利内克的大多数作品都是在私人生活、家庭生活的背景下描写，似乎都是日常生活的语言，也都很具备文学性，但是并不意味着我们在这种私人生活、家庭生活中就无法看到社会的权力架构，看不到历史的痕迹，而没有政治的意义。耶利内克自己说，她写的一切作品，其实都是"社会中的权力分配的范例"。

　　耶利内克以笔为枪，锋芒所指，一个是男权，一个是右翼政治，一个是纳粹的罪恶历史。她作为政治符号的最强烈的意义，在于她总是要在作品中提醒奥地利人民记住自己的国家曾经有过的肮脏和丑恶，那就是纳粹统治时期对于犹太人的杀戮和残害。她描写的妇女的沉默和忍受，对于屈辱的过去的遗忘，常常也是反映奥地利人对于历史的沉默和遗忘。她所揭示的男权压迫问题，就不仅是揭示人性中普遍之恶的一面，也可以和纳粹思想根源、和历史联系起来，和奥地利的社会现状，和现实政治结合起来进行解读。奥地利和德国不太一样，二战后没有对于纳粹历史和思想资源进行深刻反省和批判，甚至还有人不断文过饰非，找出借口为纳粹辩护，竭力回避这一段不光彩的历史，所以右翼团体在奥地利一直有相当强大的势力。有纳粹背景的政治家还能活跃于国际舞台，例如瓦尔德海姆居然还能当选联合国秘书长。

在这种背景下，耶利内克与右翼的斗争，对纳粹的追责，几乎是孤军奋战，经常受到来自各方面的抨击。耶利内克自己有犹太血统，父亲就是犹太人，不过因为他是纳粹需要的科技人才而幸免于难，但是她的亲属中还是有人被迫害而死。因此有人认为耶利内克在二战结束已经过了半个世纪之后，还对数十年前的历史耿耿于怀、纠缠不休，还要不断追究历史罪责，是因为她不能消解个人的仇恨，是出于发泄私愤的心理。很多人的确对耶利内克的写作有些厌烦，觉得她是抖露奥地利的家丑，而不能"向前看"。

但是耶利内克坚持去挖掘奥地利历史的垃圾。直接导致右翼政党在竞选宣传画上向选民提出"你要文化，还是要耶利内克"这个问题的，就是耶利内克的长篇巨著《死者的孩子们》。这部小说以阿尔卑斯山麓的一座旅店为背景，在表面田园诗般的风景之下掩盖着纳粹分子的历史罪恶，存放在地窖里的尸体散发历史的臭气，那些"不死的死者"重新复活，而活着的新纳粹分子其实不知道他们在精神上已经死去。这是奥地利社会的象征，一种奥地利历史和现实的联系。

在随后的剧本《城堡剧院》里，耶利内克揭露奥地利国家剧院的众多著名演员在二战中都沦落为纳粹宣传工具，而在二战结束之后依然不思检点，并不引以为耻。耶利内克的看法是，奥斯威辛那样的集中营虽然在现实中已经不存在了，但是在文学中，应该永远让人听到它的回声。

当权者总是要竭力抹去自身的丑恶历史，以便继续维持权力扩张权力，而耶利内克却要撩开当权者的历史遮羞布，还要揭露出弥漫在奥地利社会各个角落和日常生活中的种族主义，难怪她会让奥地利右翼恨之入骨，要给她在政治上文化上倒泼脏水，咒骂她是"红色女巫"，是抖露家丑的卖国贼，是民族的叛徒。

耶利内克自称有"社交恐惧症"，不敢在大庭广众下露面，不愿意到斯德哥尔摩领奖，似乎是个文弱腼腆的女子，而在文学写作中又毫不畏惧抗拒强权、抗拒大众，真是一个让人刮目相看的巾帼女英。

有人把耶利内克的作品和法国诗人波德莱尔的《恶之花》联系起来，说她就是开放在"阿尔卑斯山的恶之花"。这说明阅读耶利内克，需要的不仅仅是理解，也需要超乎一般的勇气，因为读者需要认识人性之恶的本相，更要面对某种血淋淋的历史真实，她的作品总是超出文学虚构的范畴，超出文本本身，而在"边线旁注"中触及人的灵魂。

此文曾刊载 2004 年 11 月香港《明报月刊》

哈罗德·品特
(Harold Pinter，1930—2008)

瑞典学院颁奖词：
"在其戏剧中揭示了日常闲谈下的危险深渊，强行闯入了压迫占有的封闭房间。"

瑞典文原文：
"som i sina dramer frilägger avgrunden under vardagspratet och bryter sig in i förtryckets slutna rum."

明日黄花再生香

——纪念 2005 年诺贝尔文学奖获奖作家、
英国戏剧家哈罗德·品特

  2008 年的圣诞夜，我正在瑞典的北方过节，等待圣诞老人到来的时候，却传来了品特去世的消息。圣诞和死亡就这样怪诞地联系在了一起，但是噩耗并没有给人们多少震惊、悲伤和沉痛的感觉，对节日气氛看不出有什么影响。电视台并没有中断任何喜庆节目，也没有播放哀乐。世界一切如常！

  人们不感到震惊、悲伤和沉痛，也许是因为早知道品特不久于人世。这不算一个令人十分意外的消息。2005 年他获得了诺贝尔文学奖，但是没有能来斯德哥尔摩领奖，没有来发表例行的诺贝尔奖演说，就是因为癌症缠身。我在这里已经生活了十多年，听过很多得奖作家的现场演讲。按照生活戏剧的理论，宣读讲稿的演讲其实就是舞台表演,其实和戏剧没有什么区别,各位得奖作家都表演得非常精彩。可偏偏是两个应该最擅长表演的戏剧家,获奖之后却都没有来现场表演演讲,打破了惯例。前一年是奥地利的戏剧家耶利内克,声称自己有"社交恐惧症",既不来领奖也不来演讲,是瑞典学院派人去摄制了录像,然后在学院传统的演讲大厅里张挂起白色屏幕播放。没想到下一年品特获奖也不能来。他没有"社交恐惧症",但是他确实病入膏肓,他的医生不能保证他来领了奖做了演讲之后是否还能活着回家去。瑞典学院也只好派人到伦敦去请他用录像作了演说,再送到瑞典来播放。我也依然去听了,演讲大厅里也依然座无虚席。我们在屏幕上看到的品特,虽然言词激烈,但明显有气无力。大家都能明白,他来日不会太多了,很快会离开这个世界。他在演讲中宣读了自己的一首"死亡之诗",而演讲本身也是一首"死亡之诗"!

人们不感到震惊、悲伤和沉痛,或许也是因为这个世界日益物欲横流,没有了艺术没有了戏剧,人们照样声色犬马地生活着,地球也照样运转着,已经没有多少人还留恋真正的戏剧艺术,有些人进过了剧场但是不会再进去,还有些人甚至一辈子都没有进过剧场。而且,品特本人还有他的剧作实际上也早已经是明日黄花,过时烟云。没有了品特之后的世界,我看不会有多少变化,所以人们照样过节,照样开心,照样做爱,让做出来的孩子们照样期待着圣诞老人带来的礼物。这样的节日今后还会是如此,年年如此。

但是,雁过留声,人过留名,品特在这个世界留下了一般凡人留不下的足迹。尤其是在诺贝尔文学奖的圣殿里,现在有了他的一尊不朽的雕像。这个世界因为有过品特,因为有过品特留下的近三十部剧作和其他作品,因为有过品特发出过的不同的声音,肯定是多少有了点不同的样子。尤其是当今的英语世界,尤其是当今的英语戏剧世界,我无法想象,假如没有品特,假如没有他的几十部剧作,那会是一副多么寒碜萧条的样子,肯定会显得更加无聊乏味。因为品特,英语里甚至新添了一个词,可以译做"品特式怪诞"(Pinteresque),其实是把品特的名字和"怪诞"(grotesque)一词的后两个音节组合起来。

噩耗归噩耗。家人们仍然坐在一起喝茶聊天,还是日常的闲谈说笑,这本身就有点"品特式怪诞"。圣诞树下,给孩子们准备的礼物依然包装精美,里面到底会是什么依然对孩子们神秘莫测,让他们好奇而兴奋不已,只等钟声敲过十二点圣诞老人来了就可以打开,但他们不知道一个伟大的戏剧老人的生命正离开世界!

戏剧演绎人生　人生充满戏剧

就在品特将要获得诺贝尔文学奖的前几天,他出门不利,跌了一跤,所以获奖后记者采访摄影,登载在世界各大报纸的照片上,他的脑门还贴着一块橡皮膏。我看着他的样子觉得有点意思,因为这真是品特一生的一幅绝妙写照:他的人生总是磕磕绊绊,跌跌撞撞,充满了戏剧性。一次次跌倒,又捡着一个个大元宝,获得一个个奖赏。这回跌一大跤,头破血流,还真捡着了诺贝尔文学奖桂冠。

莎士比亚在他的不朽剧作《哈姆雷特》里,借主人公之口,早说过人生就是戏剧,世界就是一座大舞台。我自己学了多年戏剧,也喜欢用戏剧的眼光来看待人生。品特写出一个个戏剧作品演绎芸芸众生的故事,而我看品特自己的一生就是这么有趣有味,充满了戏剧场景,是一部丰富多彩的戏剧。

人生不能重复,人死不能复生,可人生戏剧却能够重演。一幕又一幕,我仿佛可以看到品特的人生戏剧在我的眼前重新演出。事实上,由于现代科技的发达,影像艺术与电脑网络发展的神奇到了让人不可思议的地步,我确实能够通过电脑在网络上反复看到品特的戏剧作品,看到他本人的身影,可以一遍又一遍地重看他接受电视访谈的录像,一遍又一遍重听他的诺贝尔演讲。品特不死,品特依然活着,依然口若悬河滔滔不绝。

品特的人生戏剧从 1930 年开始,那年他降生在伦敦的一个犹太裁缝家庭,一个场景破烂穷人聚集的地区。品特这样回忆他的老家:"那是工人聚集的地方——很多维多利亚时代的破旧房子,还有散发臭味的肥皂厂和铁路停车场,有丑陋不堪的厂房,巨大肮脏的烟囱,污水全都排放到运河里……"

在那个欧洲排犹主义盛行的时代,生为犹太人可算是生不逢时,品特自己承认,作为犹太儿童,生活在这样的压抑氛围中,经常感到环境中暴力的"威胁",这对他后来的戏剧写作很有影响。"暴力一直存在于我的戏剧中"。

生不逢时还因为品特从小就经历了浩大残酷的战争,这是影响他人生的另一重要因素,战争更是巨大的暴力威胁。第二次世界大战的时候,伦敦上空的空袭警报,让年仅九岁的品特惊慌失措,刻骨铭心。后来他被迫随家人疏散到外地,直到战争结束才回到伦敦,但是他自己说,他一生从来没有再摆脱战争的阴影。战争

品特早期的照片

改变了人们对生命和生活意义的理解,存在主义哲学和荒诞派戏剧就是在这样的背景下诞生的。所以,在战争的阴影下,品特会去追踪荒诞派戏剧家的脚印,这也是自然之事。后来,他还和荒诞派戏剧宗师、1969 年获得诺贝尔文学奖的爱尔兰戏剧家贝克特结成忘年交。品特不光是剧作家,自己也是演员,而他最后一次登台演戏,演的就是贝克特的独角戏《克拉普的最后一盘录音带》。品特说,这部剧作中人物的生活确实有点和他接近,倍感孤独,这是一部有关"愤怒"的戏剧,愤怒是因为虚度了光阴,生命变得没有一点意义。所不同的是,剧中人物悔恨一生虚度,而品特没有虚度一生。

品特在表演这部独角戏的时候,显示出了一生最后的戏剧光彩。《纽约时报》等权威报纸刊载了戏剧评论家们的评论,这次演出已经"超出了表演本身的意义",这是世界戏剧史上又一个令人难忘的时刻。品特让我想起另一个伟大的法国戏剧家莫里哀,也是拖着病体演出一生中最后一出剧作《无病呻吟》,实际真是有病呻吟,观众还以为他是演技高超,戏剧与人生已经难分难解。

其实,生不逢时和生逢其时也是一枚硬币的两面。那些认为自己生不逢时而怨天尤人的人,可以抱怨时代,抱怨环境,抱怨父母把他们生错了地方生错了时间,因为他们无力无能把命运掌握在自己的手里，从苦难的个人经历中提炼出人生的精华。如果能够提炼，那么经历过暴力经历过战争，倒可能是一笔难得的精神财富，硬币可以翻转过来，生不逢时可以变成生逢其时。乱世出英雄，乱世出佳人，乱世也为一个伟大的戏剧家搭建了施展才能的大舞台。

品特走上戏剧道路，当然也是因为本人对于戏剧艺术有天生的兴趣。中学时代就在学校参加演出莎士比亚的戏剧。十八岁时他就考上过英国皇家戏剧艺术学院。但是正规的戏剧教育可能不那么怪诞有趣，品特又不是循规蹈矩的人，他对这种教育感到乏味，所以经常逃课，甚至最后装病退学。品特的不循规蹈矩还表现在他拒绝服兵役（早被战争吓坏了），所以还被起诉罚款。这些都是属于品特人生中的戏剧小插曲。尽管不循规蹈矩，品特最终还是有能力考入职业的以表演莎士比亚戏剧而著名的爱尔兰剧团，并从 1957 年开始发表剧作，成为职业的戏剧家。

品特人生的戏剧性，还在于他从来不是单纯的戏剧家，不仅仅是用戏剧来展现人生，总是本人也积极投入社会生活，在政治舞台上也表演活跃的角色，还是著名的人权工作者。前面我提到了，他出生于伦敦一个贫穷工人聚集的地区，这或许可以帮助我们理解，为什么他一生都是英国工党党员，也可以说是个社会主义者，这和他的另一个戏剧前辈，另一个获得过诺贝尔文学奖的英国戏剧家萧伯纳倒是十分相似。前面我也提到了他的犹太人背景，这或许可以帮助我们理解他为什么那么忧世忧民，具有对理想世界的无限向往，这种博大的胸怀和他的犹太人前辈马克思可谓如出一辙。

2003 年英美攻打伊拉克的战争打响之后，品特成了欧美反战运动最著名的领袖人物之一。我在网络上看到他在伦敦海德公园万人反战集会上的演讲视频,他公开呼喊口号,要布莱尔首相"下台! 下台! 下台!"他当然不会忘记利用诺贝尔文学奖演讲的机会,发出更强烈的谴责,让全世界人都能听到他的抗议之声。在录像中,我看到他如此嘲讽布什总统和布莱尔首相:

"你们要杀掉多少人,才够资格被称为大规模杀人犯和战争罪犯? 十万? 我认为你们已经杀掉太多了。所以把布什和布莱尔提交国际罪犯法庭审判是恰当不过的。……"

有人说,品特把诺贝尔文学奖太政治化了,有点过分了,把文学家的演讲坛变成了政治家的演讲台,而我要说,这可以说是政治,其实也还是戏剧!

获奖出人意料　其实意味深长

其实,那年品特获得诺贝尔文学奖,本身就是有意思的戏剧事件。作为戏剧家,品特在世界戏剧界的全盛时代其实早已经过去,他的最好的剧作都是上世纪五六十年代写出的,而他自己也早已宣布封笔,不再创作剧本。品特已经是明日黄花,是人走灯灭的剧场里的戏剧家。没有人预料到,就在他生命烛火即将熄灭、人生戏剧即将落幕的时候,他却获得了诺贝尔文学奖,这才真正是他人生戏剧的一个高潮,也是一个完美句号。无怪乎,连品特自己听到了获奖消息都非常吃惊,对记者说:"我非常非常感动,这是我从没料想过的事情。"

给品特颁奖又是瑞典学院爆出的一个大冷门。那年秋天,诺贝尔文学奖公布之前,瑞典媒体又有"行家"们的种种猜测,但是没有"行家"预料到是品特。例如有按照语种分配预测的"行家"说,英语作家近年有2001年的奈保尔和2003年的库切,所以不会再是英语作家了;有按照种族分配预测的"行家"说,近年来犹太作家获奖太多,有2002年的凯尔泰斯和2004年的耶利内克,所以不会又给一个犹太作家;有按照地理分配预测的"行家"说,欧美大陆频频得奖,显得地理分配不周,所以应该是亚非作家得奖,而北欧媒体还盛传将有北欧作家摘冠,因为自1974年两位瑞典作家获奖以来三十多年没有北欧作家有此殊荣了;有按照文体分配预测的"行家"认为,多年没有给诗人发奖,今年应该是个诗人;没有人会想到前一年是个剧作家耶利内克,下一年又给了一个剧作家品特。而且,这些获奖者都是左派的剧作家,而且再下一年2008年,又是一个曾经当过共产党员的英国女作家莱辛,难道瑞典学院大踏步地向左转?

我早就不再相信任何"行家"预测。一切只有等瑞典学院公布结果才见分晓。根据十几年旅居瑞典就地观察的经验,我知道瑞典学院总是别出心裁,不论有多少预测,媒体竞猜,瑞典学院必定让你跌破眼镜。他们不会按照常人的思路走。最后公布的结果总会和种种"行家"预测大相径庭。

据我所知,瑞典学院的这种做法其实是有意的,那就是把诺贝尔奖文学奖颁发给不太为人注意、受冷落而本来出色的优秀作家,可以"雪中送炭",借此提升这种优秀文学家的全球知名度,从而使受冷落的文学再次进入人们的视野。那些已经很知名的作家,不得奖他们的书也畅销,反而不需要再"锦上添花"。所以,已经声名显赫的热门作家,反而不一定容易得奖。我说这段话并非杜撰,因为品特得奖这年我也刚看完了另一位瑞典学院老院士拉什·于伦斯坦写的自传《记忆,仅仅是记忆》。于伦斯坦1989年宣布退出瑞典学院的活动,据说是为了抗议瑞典学院在伊朗宗教领袖霍梅尼下令追杀《撒旦诗篇》作者拉什迪的事件中表现软弱,没有支持拉什迪。他在八十年代也曾经担任评委主席,显然非常熟悉评委的工作,在其自传中也不惜违反瑞典学院有关评选内幕五十年内不得公布的规定,大曝内情。其中他也谈到那些年评选标准的一些变化,我从瑞典文照译如下:

"现在的评选标准已经和过去不同了。国际开放性已经大大延伸。现在自然不能只看离自己最近的最熟悉的文化圈。瑞典学院经常受到批评,说他们把奖发给了'默默无闻'的作家。而所谓'默默无闻'的作家其实是那些在其自身语言领域已经很有名和受称赞的作家,只不过瑞典媒体和文化人不注意而已。……"

"文学奖也不是非要发给所谓一时最成功的作家——所谓'最好的'作家。这样的作家不存在。真正的作家是独立特行的——他们各有自己的目标、标准和价值。所以评奖有一实用的准则……"

"评给那些有独特文学质量但可能还没有获得他或她值得获得的国际承认的作家。也就是说,这是一种起教育作用的评选,也是为公正服务。这是为了推广和传播优秀的文学。至少,我把这看成我在瑞典学院诺贝尔委员会中的任务。"

按照我的看法,于伦斯坦院士虽然多年没有参与文学院的评选活动,但他担任评委主席时建立的这一"雪中送炭"的方针在上世纪九十年代以来的评选中还是延续下来了,其后很多作家的获奖确实符合这个标准。我还曾经读过瑞典学院继于伦斯坦院士之后多年担任评委主席的资深老院士埃斯普马克写的《诺贝尔奖》一书,是 2001 年的修订新版,其中第六章"不为人知的大师",就是介绍 1978 年以来瑞典学院把"雪中送炭"这种想法作为评选方针之一。

这年公布结果之后,瑞典有很多人包括媒体记者都承认,他们从来不知道品特的名字,也没有读过他的作品,更没有看过他的戏剧。实际上,瑞典有剧院演出过,但是还没有一家出版社出版过他的剧本。所以我说"爆了大冷门"并非夸张。记者们承认,这是个"戏剧性的意外",殊不知品特正如于伦斯坦院士所说,是"在其自身语言领域已经很有名和受称赞的作家"。

那年,我在报道中写道,"现在,国际戏剧的整个状况不景气,尤其缺少新的剧作大师,在影视光碟等等多媒体冲击下,现在看戏的人也越来越少。在这种时候,瑞典学院把已成明日黄花的品特再度捧出来,香花再绽,意义非同寻常,其实是给戏剧又注射一针强心剂,起到于伦斯坦院士所说的'教育'、'推广'和'传播'优秀戏剧文学的作用。"

事实证明,瑞典学院"雪中送炭"的方针非常有效。曾经是明日黄花的品特,因为获奖而再次成为热门人物,他的剧作因此重新登上很多国家的戏剧舞台,包括中国也有剧院搬演他的剧作。

2007 年,瑞典学院把类似的手法又玩了一遍,给另一个已经成了明日黄花的英国女作家多丽丝·莱辛颁奖,让她也成了重放的鲜花!

揭示日常闲谈下的危险深渊

作为明日黄花，作为已经成为文化边缘的戏剧人物，品特获奖之前，一般人已经多不知道他的名字，这没有什么奇怪。但这种文化边缘对我其实又是中心，我自然知道他的名字。因为我正好是学习欧美戏剧出身，本来是北京中央戏剧学院欧美戏剧专业首批硕士生，八十年代中期留学欧洲也是学习当代欧洲戏剧，要是不知品特，没有读过品特作品，没有看过品特的戏，那真是徒有虚名了。我对品特作品及其在当代欧美戏剧中的影响早就比较熟悉，知道他在戏剧这个"语言领域"早已功成名就，所以对他获奖并不惊奇。

还记得八十年代初，中国的文学青年中刮起过一股西方现代派热，袁可嘉先生主编的《外国现代派作品选》，施咸荣先生翻译的《荒诞派戏剧选》等等，都曾风靡一时。那个时候我就读过施咸荣先生翻译的品特的《送菜升降机》，后来中戏的导演系和表演系的学生都排演过这部剧作作为实习课程，我也都在排演场看过，体会过那种"品特式怪诞"的风格。这部剧作只有两个人物，一个场景，结构上的确类似荒诞派戏剧代表作《等待戈多》，对话是主要的戏剧推进要素，却自始至终充满了内在的冲突和悬念，正如瑞典学院的新闻公报所说："品特把戏剧恢复到它的基本元素：一个封闭的空间和不可预知的对话。在这里人们完全彼此依赖控制，虚情假意土崩瓦解。在简单得不能再简单的情节中，戏剧从权力斗争和对话的捉迷藏中产生。"

后来，中戏还从英国聘请过一位戏剧教授到北京来给我们研究生讲课。记得他讲解的主要就是贝克特、品特和斯多帕德等等英国戏剧家。他给我们大谈过品特戏剧,特别是品特戏剧的对话特点,就是"品特式怪诞",还专门谈过品特戏剧中最有特色的"停顿"(pause)的作用。停顿也是戏剧的动作,并因为停顿而产生不同的意义。

英国著名戏剧评论家马丁·艾斯林,也就是《荒诞派戏剧》一书的作者,"荒诞派戏剧"这个词就是他的发明,他把品特也归类为"荒诞派戏剧",但是我觉得这个归类可能不那么精确。瑞典学院新闻公报介绍品特,就没有一处使用"荒诞派戏剧"这个字眼。这当然不是无意的,而是不随便给品特贴上"荒诞派戏剧"这个标签。如果我们把贝克特和品特仔细比较,区别还是很明显的,简洁地说,就是前者把人引导到更抽象的哲理思辨,而后者把人引回日常生活的现实。前者把人带入星空,后者让你回到大地。在品特的"怪诞"之中,我们总是感到一种"现实主义"的精神。

品特当然受到了"荒诞派戏剧"特别是贝科特的影响,品特和贝克特一样,用真诚的态度创作,都让人看到了世界的荒诞,但是又因为有着巨大的人道悲悯,而让人对生活重新深思,或许还会重拾信心。

要理解品特,确实要先理解贝克特。品特对贝克特崇拜得可以说五体投地。他说:"贝克特是最鼓舞人、最不会让你感到悔恨的作家。他越是把你的鼻子按到狗屎堆里,你越会感谢他……他不会捉弄我,不会引导我上花园中的小径闲逛浪费我的时间,不会朝我装腔作势、挤眉弄眼,不会拿假药来哄我,或者假装给指点迷津,不会向我兜售一大堆垃圾,他不会卖给我不想要的东西——他不会把手放在胸口表示虔诚,不会对天赌咒发誓……可是呢,我还是会买他的账,上他的钩,因为他不会留下一块他没有翻动过的石头,就是说他把一切都看透了,不让你只会想入非非,他带给你一个美丽的身体。"

文学家、艺术家需要真诚,不要拿假药来哄人,不要以为还能把真相告诉别人,这就是更高的真实。品特的诺贝尔文学奖得奖演讲辞,题目是《艺术、真实和政治》。在瑞典学院播放的录像中,他用沙哑的声音开始说道:"……在真与不真之间没有严格的区别,在真实和虚假之间也没有。一件事情,不一定非真即假,它可能又真又假……"

品特继续说,这些话对于想通过艺术对真实进行的探索始终是适用的,他作为作家、艺术家,还是坚持这种看法。

特别是在对话上,品特的确是学习了贝克特的技巧。比如,当代戏剧史上被戏剧家津津乐道的一个实例,就是贝克特代表作《等待戈多》中的两句台词和一句舞台指示,甚至还载入我手边的《牛津英国文学指南》(*the oxford companion to english literature*)。此剧分两场,两场都以这两句对话和这句舞台指示做结束。对话是在此戏的两个主要人物,流浪汉艾斯特拉贡和弗拉迪米尔之间进行的,原文翻译成中文就是:

艾斯特拉贡　　好吧,我们走吗?

弗拉迪米尔　　我们走吧。

(他们不动。)

最后紧接的舞台指示"他们不动",其实就是对两个主人公前面两句对话意义的"取消"(concellation)。主人公说走,但他们实

222

际都不走。它凸显了荒诞派戏剧家对人类语言的看法,语言往往是没有意义的,或者说它们的意义被取消了,抽空了,也就是一个空洞,一个深渊。品特也善于用这种技巧,例如在《送菜升降机》里,我们看到两个主要人物本和格斯类似的对话:

> 本　　(指着报纸)哦!
>
> 格斯　哎,本。
>
> 本　　哦!
>
> 格斯　本。
>
> 本　　什么?

本在这里的两次"哦",好像发现了报纸上什么有意思的新闻,是要引起格斯的注意,而当格斯表示注意而做了回应的时候,本倒反问起格斯有什么事情。对话的逻辑连贯就被"消解"了。

在《生日宴会》里,我们可以发现,这里的语言更加前言不搭后语,亦已模糊不清,所以最后我们都不知道确切的时间、地点、人物身份、实际发生或没有发生过什么事情,连这天是不是主要角色斯坦利的生日我们都不知道。剧本的主要情节好像是某个"秘密组织"派了两个人来把摆脱了组织的斯坦利抓回去,他们总是喋喋不休告诉斯坦利应该怎么做,而品特自己说,这个剧本中,最重要的一句台词,就是店主对斯坦利说的:"别让别人来告诉你做什么!"

品特剧作中,这样消解语言的意义的例子很多,就无需一一列举了。马丁·艾斯林就认为品特对于日常话语具有精确的听力,他的耳朵几乎可比临床诊断用的听诊器,使他能够转录日常生活对话的所有重复、杂乱无章以及逻辑不通或语法混乱。品特剧作中的对话往往就是各种各样前言不搭后语的案例汇编；他记录了人们之间思维速度的差异，以及这种差异导致的行动延迟效果——思维迟缓的人总是应答前一个问题，而思维敏捷者早已经向前走了好几步。他的剧作中还有因为缺乏理解能力而造成的误解；有对于能言善辩者表现口才时所使用的多音节词汇茫然不解；有误听以及错误预感。品特的对话不是逻辑的记录，而是遵循一条联想的思路，在这种思路中声音通常压倒了意义。不过，品特也否认他试图表现人没有能力互相交流。他曾经说，"我觉得，人不是没有能力交流，而是会故意回避交流。人与人之间的交流本身是如此可怕，以至于宁可不断斗嘴，不断顾左右而言他，也不去触及他们相互关系的本质。"

我们的日常生活离不开语言。尤其是英语在这个世界上已经成为使用人数最多最强势的语言，英语正通过互联网重建一个日不落帝国，也进入了千百万人的日常生活。可是很少有人看见语言意义的消解，看到日常生活闲言碎语的下面，有着巨大空洞，有可以让人掉下去摔得粉身碎骨的危险深渊。人们像滑冰一样在日常语言构成的光溜晶莹透明的冰面上滑来滑去，却不知道冰层随时会破裂而让人有没顶之灾。品特给这个世界的一个贡献，就如瑞典学院颁奖词所说，是"在其戏剧中揭示了日常闲谈下的危险深渊"。

我又要顺便在此说一句，至今为止我看到的瑞典学院给品特的颁奖词的中文翻译，都没有正确翻译出"深渊"这层词义，有的翻译成了"危机"，有的翻译甚至成了"深刻意义"，却不知道这就是一个"深渊"，或者说，一个让你掉下去的大陷阱，一个可以埋葬你的黑暗空洞。

进入压迫占有的封闭房间

如果认为理解品特戏剧的语言就是理解了他的全部艺术精华，那又是错了。品特自己说，光有语言是不够的，还必须有想象。就是说，戏剧艺术不光是听的，还是需要看的，需要形象，需要感觉，需要体会。你不能只读剧本就以为你能了解品特的戏剧，你必须有一种剧场的意识，你必须用眼睛看到舞台。

品特戏剧最典型的视觉图像，就是瑞典学院颁奖词说的，一个"封闭房间"，他的第一部戏剧作品，就叫做《房间》。之后的《送菜升降机》《生日宴会》和《看房子的人》等等剧本，都是一个这样的房间。这是现代戏剧的一种典型空间，也是古典命运悲剧三一律结构的现代形式。

品特戏剧空间有自己的特点，那就是他把这种房间置于无形的"压迫"力量的控制之下。翻译瑞典学院的颁奖词，需要注意的是，"压迫"不是一个形容词，而是一个名词，所以不宜翻译成"压迫的房间"，好像这个房间本身给人"压迫"。"压迫"在这里代表着一种外在的无形的力量，一种你能知道能感到但是无可奈何的东西，它不在场，但却是这个房间的拥有者，是人物的命运主宰。

品特的这种房间，在某些方面可以令人联想到鲁迅在他的小说集《呐喊》序言中提到的"铁屋"，那也是非常封闭，无门无窗，可以让人窒息而死。鲁迅的写作，就是打破这个"铁屋"的努力，是要通过"呐喊"来唤醒其中将要窒息而死的人。这个"铁屋"，象征的是社会，是国家制度，甚至是传统文化。品特的房间和"铁屋"不同的是,这种房间本来是私人性质的,是个人空间。人们本来需要这样的房间,是需要一个家,一个安全的个人庇护所,可以躲避风雨,可以阻挡威胁自己的暴力。封闭甚至可能是我们自己的需要,就如风暴来临大家都会关闭门窗。可是外在的压迫,那种无形的势力,却让你无法在这里获得安宁。在《送菜升降机》中,这是通过无言的"送菜升降机"来显示,发号施令,要你服从,要你听命。在《生日宴会》中,这是通过某个"组织"名义派来的来客显示的,他们会告诉你,你要躲避在封闭空间里也是不可能的,你不要妄想自由自在,因为他们的压迫是无所不在的。

品特的戏剧写作以及舞台演出的展示,并不是为了通过"呐喊"打破封闭的铁屋,不是为了把屋子里的人解放出来,也不是为了我们虚构这样的获得解放的可能性。这不是品特的目的。他的目的是用戏剧的力量,带着我们"强行"进入这个封闭的房间,让你体验真实的人类困境。这种进入本身就是对于"安全感"的破坏,而他让你知道,在这个世界上,无人安全! 正如品特本人说的,他的"戏剧原来就是冲突、压迫和不安。"

只要压迫存在,封闭的房间就会永远存在。

所以,虽然品特走了,世界依旧。就算别人都可以忘记品特,我却不应该忘记。就算品特已经是明日黄花,但是我相信他的剧作,明天,明年,还会有人再次演出,还会有人深思,有人欣赏,有人喝彩。黄花依然生香,依然吐艳。

原文登载 2005 年 11 月号香港《明报月刊》

2009 年 5 月 16 日改定

瑞典学院颁奖词：

"在对故乡城市悲怆灵魂的追踪中发现了文化冲突与融合的新象征"。

瑞典文原文：

"som på spaning efter sin hemstads melankoliska själ har funnit nya sinnebilder för kulturernas strid och sammanflätning."

奥尔罕·帕慕克
（Orhan Pamuk，1952— ）

文明废墟上升起的新星

——2006 年诺贝尔文学奖获奖作家、
土耳其小说家帕慕克解读

　　伊斯坦布尔，这是能让我想起故国故都西安、北京或者南京的城市。这里有过数代数朝庞大帝国建都的辉煌，不同文明在这里交锋争战、无止无休，也因为历经战火洗劫蹂躏而到处留下废墟的遗痕。这里有过灿烂的文化，有过世界最庞大的图书馆，而在进入二十一世纪之后，又有一颗文学新星在这里升起。

　　2006 年 10 月 12 日星期四下午一点，瑞典学院宣布本年度诺贝尔文学奖授予土耳其作家帕慕克。阅读新闻公报的常务秘书话音未落，聚集学院大厅内的瑞典和国际新闻媒体人士已纷纷叫好，一片欢呼雀跃之状。消息随电波传遍世界，国际文学界也普遍赞同，皆大欢喜，几无争议。世界性作家组织国际笔会立即向帕慕克发出贺信。连起诉过帕慕克的土耳其当局，包括土耳其文化部长，也对此表示肯定，似乎与有荣焉。

帕慕克作为目前享誉国际的当红作家，作品好评如潮，已翻译成多种文字，几乎全部作品都翻译成了瑞典语，还获得过多项国际文学大奖，因此本年度夺得诺贝尔文学奖本并不让人意外，媒体对他已经比较熟悉。最可贵的是他以作家应有的良知良心追求历史的真实和公正，甚至不避讳国丑家丑，敢说敢言，撰文公开揭示土耳其历史上屠杀库尔德族和亚美尼亚族人的真相，所以受到国际知识界的贺赞。有关当局曾据土耳其法律以"有辱国格"的罪名起诉他，还有狂热的土耳其民族主义极端分子围堵在法庭外扬言要追杀他，诅咒辱骂他是"卖国贼"，但是他都毫不畏惧、坦然面对。由于国际社会的抗议，特别是欧盟国家的严厉批评，而土耳其又正在积极谋求加入欧盟，因此法庭在 2006 年 1 月宣布帕慕克案撤销。而帕慕克倒是因祸得福，到了同年 10 月份就获得诺贝尔文学奖。

帕慕克和女儿在诺贝尔典礼上

国际笔会狱中作家委员会主席、德国作家卡琳·克拉克博士在贺电中说:"帕慕克的文学创作都是围绕少数民族特性与经验。对于很多土耳其作家来说,这样写会把他们带上法庭,有时还会被投入监牢。我们因此特别高兴,一位有如此品格和勇气的作家获得了崇高荣誉。"

帕慕克这次获奖还为诺贝尔文学奖增添了许多新亮点,是值得我们特别注意的:首先,他是第一位获得诺贝尔文学奖的突厥语作家;其次,他也是第一位 1950 年后出生的作家,显示新生代作家从此将登上诺贝尔文学奖领奖台;再者,作为伊斯坦布尔的儿子,他在这个壤接欧亚大陆、连跨东西文明的古都城成长居住,又是第一位伊斯兰文明和基督教文明共同哺育的文学奖得主,也是东西文明不断发生冲突的废墟上升起的新星。

首位获得诺贝尔文学奖的突厥语作家

此次帕慕克获奖让我最欣赏的第一个亮点,是瑞典学院第一次褒奖一位突厥语作家,使诺贝尔文学奖的语言文化分布再次突破了欧美语言主导的局限,为改变失衡的颁奖历史跨出了重要的一步。

帕慕克用现代土耳其语写作,而现代土耳其语实际是从突厥语家族西部分支演化而来,属于这个东达西伯利亚,西至巴尔干,绵延整个亚洲大陆的语言家族的最重要成员。实际上,土耳其语和中国西部新疆维吾尔族、中亚哈萨克斯坦、乌兹别克、高加索山国阿塞拜疆、巴尔干半岛上的摩尔达维亚等数十个民族的语言都相近相亲,都属于突厥语族。这一语言家族不仅分布地域宽广,而又历史悠久,可追溯记载千年以上,也为人类留下宝贵的口述叙事文学和诗歌遗产。但进入现代后,处在西方殖民主义文化的阴影之下,这一古老语言文学的发展也像中文文学一样,经历浴火重生的艰难过程,因此在帕慕克之前,突厥语作家在诺贝尔文学奖家族中从无一席之地。帕慕克用民族语言写作,而且深入本民族文化的历史,而能享誉国际,把属于古老突厥语的土耳其语文学首次提高到了世界文学的崇高地位,这是他非常重要的贡献。这点,在我目前已看到的介绍评论中,可惜还鲜有人提及。

现代土耳其语本身的发展,也是历史传统与现代文明沟通的结果,并在东西文明的融合中产生。古代突厥语本身没有书面文字,长期使用其他语言文字,例如阿拉伯文字或波斯语文字。土耳其语是从1928年开始才使用拉丁字母,也受到斯拉夫语言的影响。这一语言现代化过程和现代汉语拼音的发展差不多同步,中国"五四"新文化运动时期也有学者提出汉语拉丁化的建议。有汉字财富的中文当然无须拉丁化,但如何完成向现代文明的过渡却还是一个有待解决的问题。帕慕克的成功也许并非典范,但也是值得中文作家借鉴的文学经验。

一个作家的文化身份,就是由语言来标志的,而不在于血统或者国籍。好比一个不用中文写作的作者,即使是地道中国人,也不能算是中文作家。我注意到帕慕克在接受记者采访中,特别提到他将坚持用土耳其语写作:"我是土耳其人,当然用土耳其语写作!"

首位"五零后"的获奖作家

帕慕克获奖的另一亮点,是他的年轻。诺贝尔文学奖发奖一百多年,得奖者平均年龄是六十岁以上。像帕慕克这样五十出头正当盛年就获奖,比较少见。在历史上,大概只有法国作家加缪得奖时比他更年轻。

诺贝尔文学奖对于作家来说,几乎是达到了创作荣誉的巅峰,再无更高峰可攀。作家被光环罩住,忙于应付媒体,交际名流,四处奔走,就难于再求上进。美国获奖作家索尔·贝娄,哥伦比亚获奖作家加西亚·马尔克斯等,都曾经把诺贝尔文学奖形容为"死亡之吻",因为不管是什么原因,得奖作家往往再也写不出好作品。因此,得奖虽然好,可以从此不朽,结果也成了给作家送终,成了"盖棺论定"。所以,确实已有人担心,现在给帕慕克发奖是否太早。

在我看来,瑞典学院不忌讳"死亡之吻"而敢于给年轻作家发奖,是"不拘一格降人才"的好手笔。此外,帕慕克出生于 1952 年,是首位"五零后"的获奖作家,也几乎是首位二战之后出生的获奖作家,之前只有 1946 年出生的奥地利剧作家耶利内克,但其心理和创作基本还是在二战阴影之下。给帕慕克颁奖,标志新一代作家开始登场,占领诺贝尔文学奖领奖台。可以预料,今后将会有更多"五零后"的作家获奖,自然也包括中国大陆的这一代作家。

应该说,获奖作家年轻化,和瑞典学院本身也被新一代年轻院士接过接力棒有关。瑞典学院院士为终身制,不见棺材不换人。如今医疗保健发达,人多长寿,因此院士也很容易高龄化,如最年长院士斯坦·鲁德霍尔姆和贡纳尔·瓦尔奎斯特今年已八十八岁,汉学家马悦然已八十五岁。2006 年 5 月瑞典学院重丧,有两名高龄院士去世,所以一次性补选两名院士,一名六十一岁,一名五十七岁,都是瑞典文坛后起之秀。加上前些年选入瑞典学院的一批年轻人,可以说瑞典学院现在是少壮派后来居上,已占据优势(参考笔者附录瑞典学院院士一览表)。比如瑞典著名女诗人弗罗斯腾松今年才五十三岁,1992 年入选瑞典学院时才年仅三十九岁,为最年轻院士,而她早已进入院士中执掌诺贝尔文学奖初选大权的五人评委小组。

惺惺相惜,同侪相敬。第二次世界大战后成长起来的这一代院士,和同代作家容易呼应,声气相投,本不稀奇。而且这些年轻院士思想多比较开明,思路喜另辟蹊径,本人都有独特个性,不趋炎附势。前两年评选出的耶利内克和品特,甚至今年的帕慕克本人,皆是敢说敢言,与权势针锋相对者,如果不是这些年轻院士为其叫好喝彩,我看得奖是不可设想的。

首位伊斯兰与基督教文明共同哺育的得奖作家

帕慕克这一代作家和瑞典学院院士的特点,是他们开始写作之时,第二次世界大战之后的冷战文化背景逐渐淡化,左派右派意识形态和政治冲突逐渐被"九一一"标志的文明冲突背景取代。他们和发动六十年代波及世界的左派革命的那一代作家已经不同,他们经历的是后现代工业社会的第三次浪潮,承受的是经济与文化全球化以及电讯技术发展的冲击,也面对 1989 年后苏联东欧剧变,冷战结束后文明冲突的新变局,他们不得不打开新的视角:文明之间如何共处,传统向现代如何过渡。现代性和个人文化认同成为这代作家更加关心、更有迫切感的问题。帕慕克本人的创作也正是在这种文明冲突的背景下呈现出复杂面貌。

要了解帕慕克的创作,必须了解他的故乡伊斯坦布尔。作为伊斯坦布尔的儿子,他总是情牵故土,笔触不离。他最早的著作都是以这个城市为背景,得奖时的最新著作也是《伊斯坦布尔:记忆与这个城市》。他在书中这样写道:"伊斯坦布尔的命运就是我的命运:我依附于这个城市,只因她造就了今天的我。"

2006 年 4 月初,我第一次去伊斯坦布尔参加一个国际会议。会中有位美国马里兰州立大学来的学者晓蓉到处找书店要买帕慕克的作品《雪》,说是她丈夫点名要的礼物,买来后她自己立刻读得如醉如痴,而我当时自然还对这位作家即将得奖毫无知觉,也以为畅销小说未必都是好小说。但我实在喜欢伊斯坦布尔这个城市,这个东西文明的交汇之点,也是现代文明和传统文化融和之所。这里的市场上你可以听见各种语言,可以看见各种肤色的人群。这里的博物馆陈列着世界数大文明:埃及文明、亚述文明、希腊罗马文明的文物,收藏之丰让人惊叹。这里,清真寺庙和天主教堂可以隔着一条街道相视而立。你可以问,这是文明的对峙,还是文明的共存?

瑞典学院的常务秘书恩格道尔,后来在诺贝尔奖发奖典礼上这样称赞帕慕克:

"你把故乡这座城市转变为一个不可替代的文学领地,可以和陀思妥耶夫斯基的圣彼得堡、乔伊斯的都柏林或者普鲁斯特的巴黎相比较——一个来自世界各个角落的读者都能体验另一种生活的地方,这种生活像他们自己的生活一样可信,充满了奇异的感觉,而他们可以立刻感觉到这和自己的生活一样奇异。"

帕慕克在这样的城市成长,难免吸收多重文明的乳汁。虽然他出身世俗家庭,也接受了西方文明的教育,但他对土耳其民族的历史深有兴趣,用民族的语言写作,写的是关于自己的民族、自己的城市、自己的历史。瑞典学院给帕慕克的颁奖词其实对此表述得非常清楚:"在对故乡城市悲怆灵魂的追踪中发现了文化冲突与融合的新象征。"这段话难道不也是瑞典学院传达给世人的福音:不同文明未必注定发生冲突、注定导致战火,就是在战火烧过之后的废墟上,也完全可以共存共荣、交相辉映、结出硕果?

帕慕克是国际笔会下属土耳其笔会的重要成员。国际笔会主席、捷克作家伊利·格鲁沙在贺信中说:"我们祝贺奥罕·帕慕克,因为他是身兼出色勇气和人文智慧的作家。对笔会而言,他代表一种全球视野的开放,朝向创立一个多元性的和平世界。"国际笔会秘书长、美国作家乔安妮·利多姆-阿克曼在贺电中也称赞道:"帕慕克丰富而有条理的叙事,架起连接不同世界的桥梁,打开文学之门,而通向体现文明的十字路口。"

原载 2006 年 11 月号香港《明报月刊》

2009 年 5 月 9 日改定

附录：帕慕克诺贝尔文学奖演讲辞《我父亲的手提箱》

（2006 年 12 月 7 日演讲于瑞典学院）

我父亲去世两年前，给了我一个小手提箱，里面装满了他的手稿和笔记本。他用平常那种玩笑调侃的口吻要我在他走后读一读，走后的意思是说他离开人世。

"你就看一看，"他说，看上去有点不好意思，"看看里面有没有你用得上的东西。也许等我走人的时候，你可以挑选一点东西发表。"

我们是在我的书房里，在书的包围之中。我父亲想找个地方把手提箱放下，前后走来走去，好像一个人要急于甩掉什么痛苦不堪的包袱。最后，他把箱子悄悄放到一个毫无遮蔽的墙角。这是一个我们都不再忘记的尴尬时刻，但这个时刻一旦过去，我们回到我们通常的角色，生活轻松自如，我们爱开玩笑的调侃的个性恢复，也就不再紧张。我们

帕慕克在颁奖典礼上

像过去那样交谈，谈点日常琐事，土耳其没完没了的政治麻烦，还有我父亲的差不多失败的生意，而没有感觉过多悲哀。

我记得，父亲离开之后，有好几天我走来走去经过手提箱，都没有碰它一下。我已很熟悉这个小巧黑色的皮质手提箱，熟悉它的锁，它的圆滑的箱角。父亲不出远门短途旅行的时候常带着它，有时用它装文件上班。我记得，我还小的时候，父亲旅行归来，我会打开这个小手提箱乱翻他的东西，品闻异邦外国给箱子带来的香水味。这个箱子对我来说是个老熟人，一件让我唤起清晰童年记忆的纪念品，而现在我甚至不敢碰它一下。为什么？毫无疑问，这是因为里面装的东西有神秘莫测的重量。

现在我要说到这些重量的意义。这是一个人把自己关闭在房间里坐在书桌前创造出的东西，是一个人退却到一个角落里表达自己的思想——这就是文学的意义。

我几乎不敢碰父亲的手提箱或是打开它，但我知道里面的一些笔记本写了什么。我看见过父亲用其中一些笔记本写什么东西。这并非是我第一次知道这个手提箱里装的沉甸甸的东西。父亲有一个很大的书房，他年轻的时候，在上世纪四十年代末，在伊斯坦布尔，他希望成为一个诗人，还曾把瓦雷里翻译成土耳其语，但是，在一个贫穷的没有几个读者的国家写诗，这样的文学家的生活不是我父亲要过的生活。父亲的父亲——我的祖父——是一个富有的商人；所以我父亲的童年少年都过着舒适的少爷生活，他不想为了文学为了写作忍受艰难。他喜爱美轮美奂的生活，这我可以理解。

有种不安让我和父亲的手提箱里装的东西保持距离，这首先是我害怕我会不喜欢我读到的东西。我父亲早料到这一点，所以有意装作他对箱子里的东西毫不在意的样子。在从事写作二十五年之后我才看到这一点，这让我难过。但是我并不想生父亲的气，责怪他没有真正把文学当回事……我真正的恐惧，我不希望知道或发现的关键的事情，是我父亲有可能成为优秀的作家。因为有这种恐惧我才不敢打开我父亲的手提箱。更糟糕的是我自己也不能公开承认这一点。如果真实而伟大的文学从我父亲的手提箱内出现，我就不得不承认在我父亲身上存在一个截然不同的人。这是种令人恐惧的可能性。因为即使到了成年的年龄，我还是要父亲仅仅是我的父亲，而不是作家。

要做作家，对我来说意味着长年累月耐心尝试发现自己内在的另一个秘密存在，一个使其成为其人的内在世界：当我说到写作的时候，我首先想到的不是一部小说、一首诗歌，或文学的传统，而是一个人把自己关闭在房间里，坐在一张桌子前，独自一人，转向自己的内心。在内心的阴影之中，他用词语建立起一个世界。这个男人或者女人可能用一台打字机，或者利用一台电脑的舒适方便，或用笔在纸上写，就像我自己就这么写了三十年。他可以边写边喝茶喝咖啡，或边写边抽烟。有时候他会从桌上站起来，透过窗户看看街上玩耍的孩子，或者他运气好的话，还能看到树林，看到风景，或者他只是目睹一面黑墙。他可以写诗，可以写剧本，或写小说，就像我一样。所有这些区别都是从桌边坐下来耐心地转向内心这个艰巨任务开始。要写作就是要转向内心凝视词语，要研究那个退入其中而其人走过的世界，而这需要耐心、要固执也要能乐在其中。当我坐在桌前，一连数日，一连数月，一连数年，慢慢把新的词语添加到空白的纸上,我感觉我好像在创造一个新的世界,好像我把自己带入我内心另一人的存在,这好像一个人建造桥梁或拱顶,用一块接一块的石头。而我们作家使用的石头是词语。我们把词语捏在手里,感觉它们各块石头互相连接的方式,有时要在远处观察,要掂量它们的重量,要改变它们的位置,年复一年,耐心而又充满希望,我们创作出新的世界。

作家的秘密不是灵感——因为谁也说不清灵感从哪里来——作家的秘密是固执,是耐心。就像一句可爱的土耳其成语——用针挖井——对我来说就是指作家而言。在古老的语言中,我喜欢法哈特(Ferhat)的耐心,他因为自己的爱情挖山不止——对此我非常理解。在我的小说《我的名字叫红》中,当我写到古老波斯细密画家成年累月用不变的热情绘制同样的马,每一笔画都记忆无误,他们甚至可以闭着眼睛也能再现那美丽的马匹,其实我是谈到写作职业,是谈到我自己的生活。如果一个作家是讲述自己的故事——慢慢讲述,而且好像是在讲述关于其他人的故事——如果他是在感觉这个故事产生自他的内心,如果他坐到桌前耐心地投入这门艺术——这种手艺——他首先应该被赋予某种希望。灵感的天使(会定期拜访某些人而难得光顾另一些人的天使)偏爱那些充满希望与信心的人,而且是在作家最有孤独感的时刻,是在作家对自己的努力、自己的梦想、自己的写作价值最怀疑的时刻——当他以为自己的故事仅仅是自己的故事的时刻——就是在这样的时刻,天使会选择他,向他揭示故事、图像、梦想,而这些可以描绘出他希望创造的世界。如果回顾那些我献出我整个生命写出的著作,我最吃惊的就是那些时刻,那时我感觉那些令我如痴如醉欢乐癫狂的句子、梦境、稿纸等等，都不是出自我自己的想象——而是另外的力量找到它们，然后慷慨大方地呈送给我。

我害怕打开我父亲的手提箱，害怕读他的笔记本，因为我知道他不会承受我自己已经承受的艰难，他喜爱的不是孤独，而是高朋满座，混迹人群，出入沙龙，玩笑调侃，有人相伴。但是后来我的想法有了不同的转变。这些想法，这些关于弃世与耐心的梦想，都是我从我自己的生活，我自己作为作家的经历中得出的偏见。有很多杰出的作家是在人群的包围中和温馨的家庭生活中写作，是在热情交际与愉快谈话中写作的。此外，我父亲在我们还年幼的时候，厌倦了单调的家庭生活，抛下我们只身一人到巴黎去了。在那里，他就像很多作家一样，坐在旅店房间里填写他的笔记本。我也知道，有些当时的笔记本就在这个手提箱里。因为在他把箱子交给我之前的那些年中，我父亲开始向我谈起那个时期的生活。他提到那些我还是孩子的那些年头，但是他不愿意提到他的脆弱，不提他想成为作家的梦想，或者让他坐在旅店房间里苦恼不堪的文化认同问题。他不说这些，而总是告诉我他如何在巴黎的人行道看到萨特，告诉我他读过什么书看过什么电影，他总是得意洋洋、态度认真，好像要让我分享什么重大新闻。在我成为作家之后，我再不会忘记，一定程度上我要感谢这一事实：我有这样一个父亲，他告诉我这么多有关世界作家的事情，远远多于那些高贵的帕夏或伟大的宗教领袖。所以，心里有了这种感激，还记得我曾经受惠于父亲巨大的书房，我可能不得不读读父亲的笔记本。我必须记住，当他和我们一起生活的时候，我父亲就和我一样，喜欢一人独自读书和冥想——而不太在乎他写作的文学质量。

然而，当我忐忑不安地打量着父亲托付给我的手提箱的时候，我还是感觉这是我无法完成的事情。父亲有时候会在他的书堆前摆着的长沙发上躺着，放弃了手边的书或者杂志，而长久沉浸在一种冥思梦想中。那时我会看到他的表情与我惯常看到的玩笑诙谐、唠叨家常的表情完全不同——那时我看到一种内心凝视的最初迹象——看到那种表情我会忐忑不安，特别是在我还小、还是少年的时候，我会以为他在生闷气。现在，许多年之后，我知道这种闷气是让一个人成为作家的基本气质。要成为作家，只靠耐心与苦干是不够的：我们必须首先感觉我们被迫逃避人群，逃避交际，逃避普通的日常生活，而把我们自己关闭在一个房间里。我们需要耐心和希望，这样才可以在写作中创造一个深刻的世界。但是，推动我们实际写作行动的首先是把自己关闭在一个房间的渴望，进入一个摆满书的房间。这类作家读书要读到自己心满意足为止，只倾听自己内心的声音，由此与他人的词语争辩，通过与自己的书籍对话而发展自己的思想，和自己的世界。这类自由思想、特立独行的作家的先驱无疑是法国作家蒙田，他标志了现代文学的开端。蒙田是我父亲经常翻阅的作家，也是他向我推荐的作家。我愿意把自己归属于这类作家的传统，不论在世界什么地方，不论是东方还是西方，这类作家把自己和周围世界隔开，把他们自己与他们的书籍都关闭在自己的房间里。真正文学的起点，就是从作家把自己与自己的书籍都关闭在自己的房间里开始。

但是我们一旦把自己关闭起来，我们很快会发现我们并不像我们想的那样孤独自在。首先有那些先于我们到来的词语陪伴我们，是其他人的故事，是其他人的书，其他人的词语，这就是我们说的传统。我相信文学是人类为追求了解自身而收藏的最有价值的宝库。众多社会、部落、民族,当他们关注自己的作家自己的文学,就会更智慧,更富裕,更先进,而我们都知道,焚书坑儒、诋毁作家则是黑暗与荒淫时代降临到我们头上的讯号。但文学绝对不只与民族相关。把自己和书籍关闭在一个房间里首先开始进入自身的旅行的作家,将在多年之后发现文学还有永恒的规律:他必须具有这样的艺术才华,能把自己的故事讲述成别人的故事,能把别人的故事讲述成自己的故事,这就是文学。而要做到这一点,我们的旅行必须从别人的故事别人的书籍出发。

我父亲有一个很好的书房——总共有一千五百多册书籍——对一个作家来说足足有余。我二十二岁的时候,也许还没有全都读完,但我对每本书都熟悉。我知道哪些书是重要的,哪些不太重要但容易读,哪些是经典作品,哪些是任何教育都不可缺少的部分,哪些是不必记住但又是地方历史的有趣说明,以及哪些法国作家是我父亲评价最高的。有时我从远处看着这个书房,梦想有一天我在另一所房子里也要建立我自己的书房,甚至更好的书房——为我自己建立一个世界。当我从远处看我父亲的书房,对我来说好像是一个真实世界的缩影。但这是一个从我们自己的角落观看的世界,是从伊斯坦布尔。书房就是这样的证明。我父亲是从他频繁的国外旅行中建立起自己的书房,大多数是来自法国和美国的书,但是也有从伊斯坦布尔上世纪四五十年代出售外文书籍的书店和书商那里买来的书,那些书商我也都认识。我的世界就是这样的混合——有地方的、民族的,也有西方的。到了七十年代,我也有点野心勃勃地开始建立自己的书房。我还没有完全决定我是否要做作家,就像我在《伊斯坦布尔》这本书里提到的,我已经感觉我最终不会成为画家,但我还不能肯定我的生活要走什么道路。一方面,在我内心总有一种控制不住、躁动不安的好奇心,一种乐观的对阅读与学习的饥渴感,但同时我也感觉我的生活将会有"缺憾",我不能像其他人那样生活。这种感觉与我在凝视父亲书房时的感觉一样——与远离世界中心的感觉多少有关,那时我们所有住在伊斯坦布尔的人都会有这种住在乡下的感觉。还有另外一个理由让我感觉不安和生活有"缺憾",因为我太明白我是生活居住的这个国家对自己的艺术家毫无兴趣,不管他们是画家还是作家,这个国家不给他们任何鼓励和希望。在七十年代,为了弥补生活的"缺憾",我用父亲给我的钱在伊斯坦布尔的旧书摊上贪婪狂购那些褪色发黄的、沾满尘土的、折角发皱的旧书,但让我动情的不光是这些书,也是这些旧书摊的可怜状况——那些书贩子在路边、在清真寺的院子里、在街边墙脚摆开的书摊杂乱无章,而他们穷困潦倒、衣衫褴褛的样子也让我感到触目惊心。

至于我自己在这个世界的位置,不论是在生活中还是在文学中,我的基本感觉是我"不在中心"。在世界的中心,有比我们自己的生活更富裕更吸引人的生活,而我,与我的伊斯坦布尔一起,与我的土耳其一起,都在这中心之外。今天,我认为我和世界的大部分人都在分享这种感觉。同样,还有一个文学的世界,而这个世界的中心也离我很远。事实上,我心里想到的是西方的,而不是世界的文学,而我们土耳其人是在这个世界之外的。我父亲的书房就是明证。在一头,有伊斯坦布尔的书籍——我们的文学,我们的本地世界,有其所有让我喜爱不尽的细节——而在另一头,是来自另

242

一世界的,西方世界的书籍,是我们自己的书籍无法匹敌的,因为我们无法匹敌所以既给我们痛苦也给我们希望。写作,阅读,好像是离开一个世界到另一个世界的他者性、陌生性和奇异性中去寻求安慰。我感觉我的父亲阅读小说是为了逃避自己的生活,要逃避到西方去——就和我后来做的一样。或者,对我来说那些时候的书籍是我们用来逃避我们自己的文化,因为我们发现是我们的文化有缺憾。也不仅仅是通过阅读我们离开了我们自己的伊斯坦布尔生活而旅行到西方——我们也通过写作。为了写满这些笔记本,我父亲去了巴黎,把自己关闭在旅店房间里,然后又把他的写作带回了土耳其。当我凝视我父亲的手提箱,对我来说这就是让我不安的原因。在一个房间里工作了二十五年之后,能够作为一个作家在土耳其幸存下来,看到我父亲把自己的思想深藏在这个手提箱里,好像写作只能是秘密进行的工作,要远离社会、国家、人民的视线,这让我感到恼火。也许这是我对父亲生气的主要理由,他没有像我这样认真对待文学。

事实上,我对父亲生气是因为他没有过我这样的生活,因为他从来不与自己的生活争辩,而是快乐地消磨自己的生活,和朋友和自己所爱的人笑度人生。但我心里多少也清楚,可以说我不是"生气"而是"嫉妒",而后一个词更加精确。这也使我不安。这时我会用我自己惯常的诅咒发怒的口气问我自己:"幸福是什么?"难道幸福就是独自坐在一个房间里以为自己在度过深刻的生活?或是在社会圈子里过愉快舒适的日子,相信其他人同样相信的事情或者假装相信?难道幸福就是表面上看好像与周围所有的人和谐相处,而暗地里偷偷写作度过一生,这到底是幸福还是不幸?这些问题都太让人恼火。我又从哪里得到这样的想法,可以认为衡量好生活的标准就是幸福?很多人,很多报纸,都把幸福看作衡量好生活的最重要标准。是否光这一点就值得去做些研究,看看事实是否正好相反?归根到底,我父亲从他的家庭出走这么多次——我对他非常了解吗?我能在什么程度上说我理解他的烦恼不安?

就是这些想法驱动我最终打开了我父亲的手提箱。父亲的生活中是否有我一无所知的不幸,有没有一个他只有通过写作才能倾诉出来的秘密?我一打开手提箱,我就回忆起它旅行带回的气味,认出几本我见过的笔记本,是我父亲很多年之前就给我看过的,但是没有更详细地谈过里面的内容。我现在拿到手——翻阅的大多数笔记本都是父亲还年轻,离开我们到巴黎去的时候写满的。而我,正像我读我所崇敬的很多作家——那些我读过他们生平传记的作家——我希望读到我父亲在我这样的年纪时都写了些什么,都想些什么。我很快就发现,在手提箱里我找不到那样的东西。最让我不安的是,在父亲的笔记本里,在有的地方我能听到一个作家的声音。我对自己说,这不是我父亲的声音,这是不真实的,或者至少说这声音不属于一个我当作父亲的人的声音。我害怕我父亲在写作的时候可能不是我的父亲,而在这种恐惧之下,是一种更深刻的恐惧:在我内心深处我并非真实的恐惧。我恐惧我不会在父亲的写作里发现任何好东西,这也增加我会发现我父亲过分受到其他作家影响的恐惧,使我陷入绝望,这种绝望在我年轻的时候曾经让我痛苦不堪,把我的生活、我的真实存在、我的渴望都投入写作中。使我的工作成了问题。在我当作家的头十年内,我一直更深地感到这种焦虑,尽管我努力与之抗争,努力摆脱,但我有时也害怕,有一天我必须承认失败,就像我承认我的绘画是失败一样,我害怕我会屈从于这种不安,也放弃小说的写作。

我已经提到了我关上父亲手提箱把它放到一边时的两种主要感觉:我身处外省穷乡僻壤而无法脱身的失落感,以及我自己缺乏真实性的恐惧感。这当然不是我第一次有这些感觉。这些感觉,及其全部的复杂变化、可触及神经末梢的意外结果、内心纠集的情结、多种多样的色彩,我在多年来的阅读与写作中早已经发现过研究过,并一直在进一步深化。生活和书本给我带来的这种困惑、这种敏感、这种痛苦当然使我的精神震动,尤其是在年轻的时候。但是,只有通过写书,我才充分理解了真实性的问题(就如在《我的名字是红》以及《黑书》中),以及生活在外省穷乡僻壤的问题(就如在《雪》与《伊斯坦布尔》中)。对我来说,做一个作家就是承认我们内心的伤痕,这些伤痕如此之深以至于我们自己都未必能感觉到。耐心地挖掘它们,了解它们,照亮它们,占有这些痛苦与伤痕,使其成为我们自身,使其成为我们的精神和我们的写作的一个有意识的部分。

一个作家谈论的事情其实众人皆知但又不知其知。注意到这种知识,开发这种知识,看到这种知识的增长,就能给读者提供惊喜,令其陶醉,就像让他在一个既熟悉而又新奇的世界中漫游。而在用写作完全逼真再现这种知识的艺术中我们当然也能体验到同样的惊喜,同样陶醉。一个作家把自己成年累月关闭在一个房间里,就是磨炼这种艺术,为自己再造一个世界,而以自己的秘密伤痕作为自己的出发点。不论他是有意无意,他都表现出对人类的深刻巨大的信心。我始终相信所有人都互相近似,相信其他人也有我一样的内心伤痕,因此他们可以理解,我由此而来获得信心。所有真实的文学都来自这种儿童般的、充满希望的信念,即人都相近。当一个作家把自己成年累月关闭在一个房间里,他用这样的姿态表示一个单一的人性,表示一个没有中心的世界。

但是,就如从我父亲的手提箱可以看到的,从我们在伊斯坦布尔的生活的苍白色彩中可以看到的,世界确实有一个中心,而且这个中心离我们很远。在我的书中,我已经用一些细节描述过这一基本事实如何勾起一种契诃夫式的外省人乡巴佬的心态,以及通过另一途径,它又导致我对自己的真实性的疑问。我从我的经验知道,这个地球上的大多数人是在这种同样感觉中生活,而且还有很多人忍受一种比我更深的不足感的折磨,缺少安全感,有堕落感。是的,人类面对的最大困境依然是无土可依,无家可归,无食果腹……但是,今天,我们的电视和报纸能迅速简单地告诉我们这些困境,是文学从来做不到的更迅速更简单的方式。今天,文学最需要讲述最需要调查的是人类的基本恐惧:恐惧自己被遗留在外,恐惧自己被瞧不起,以及与这种恐惧一起到来的觉得自己一钱不值的感觉;社会群体遭受的羞辱,脆弱的受伤害的荣誉感,各种各样的激愤,伤感,想象的被人侮辱,而接着而来的则是民族主义的自吹自擂自我膨胀……无论什么时候当我面对这种情绪,面对表达这种情绪的非理性的夸大其词的语言,我知道他们也触及我内心的一种黑暗。我们经常见证西方世界之外的民族、社会与国家(而我自己也能很容易与他们认同)屈从于这样的恐惧,有时这种恐惧还导致他们去做出蠢事,而这全都因为他们恐惧受辱,他们的脆弱情感。我也知道在西方(我自己也能很容易与之认同的世界)的国家与民族对自己的富足有过分的骄傲,因为他们给我们带来文艺复兴、启蒙运动以及现代主义而自豪,他们也不时屈从于一样愚蠢的自我满足中。

这表示我父亲并非唯一的重视一个有中心的世界的人,我们所有人都过分重视一个这样的世界。迫使我们把自己关闭在屋子里长年写作的这种力量,最终是对反面事物的一种信仰;我们相信终有一天我们的写作会被人阅读,被人理解,因为世界上所有的人都相像相近。但是我从我自己和我父亲的写作中也知道,这是一种麻烦的乐观主义,会被排挤到边缘、被抛弃在外的愤怒感伤害。陀思妥耶夫斯基一生中对西方感觉到的爱与恨,我在许多场合也都感觉到了。但是如果我已经掌握住了一个基本事实的话,如果我有乐观的原因,那么这是因为我已经跟随这位伟大作家旅行,经历过了他与西方的这种爱恨交织的关系,进入了他在另一边建筑起来的另一个世界。

所有把一生都贡献给这一任务的作家都知道这一现实:不论我们的初衷如何,我们经过年复一年的充满希望的写作所创造的世界,最终会移到一个非常不同的地方。它会带我们远离我们曾经带着悲伤或愤怒心情写作了多年的书桌,而把我们带到悲伤或愤怒的另一边,进入另一个世界。我父亲难道没有到达那样的一个世界吗? 它就像慢慢开始成形的一块土地,慢慢从色彩俱备的迷茫中升起,就像一个岛屿经过漫长海上漂流而出现,这另一个世界让我们陶醉。我们就像西方来的旅行者一样被诱惑,我们从南方航行过来,看见伊斯坦布尔在迷茫中升起。一次从希望与好奇开始的旅行,在其终点,旅行者前面是一个清真寺与宣礼塔的城市,一个混杂房屋、街道、山坡、桥梁的城市,一个完整的世界。看见它，我们就希望进入这个世界，我们自己消失在其中，就像我们读一本书时那样。因为我们感觉自己是外省乡下人，我们被隔离在边缘，我们愤怒，我们深深悲哀，因此我们要坐到一张桌子前写作，之后呢，我们会发现一个超越这些情感的完整世界。

我现在感觉到的，与我孩提时代和年轻时代感觉到的正好相反：对我来说，世界的中心是伊斯坦布尔。这不仅是因为我一生都居住在那里，而是因为，在过去三十三年中，我一直在描述她的街道、她的桥梁、她的人民、她的狗、她的房舍、她的清真寺、她的喷泉、她的奇怪的英雄人物、她的店铺、她的著名人士、她的暗点、她的白天和黑夜，使它们都成为我的一部分，使我拥有这一切。当我亲手建造这个世界，这个世界只存在于我的头脑里，我就来到一个原点，它比我实际生活的城市更真实。这是所有这些居民和街道、物体和建筑都似乎开始自己说话的时候，他们以我没有想到的方式互动，好像他们不是生活在我的想象、我的书里，而是自成一体。我像用针挖井一样创造了这个世界，这时它比所有其他世界都更真实。

我的父亲可能也发现了作家在长年写作的岁月里获得的这种愉快。我对自己说，当我翻看他的手提箱时，我不应该带有成见。归根到底，我对父亲非常感激：他从来不是一个要求过分、戒律严格、以势压服、动辄惩罚的一般的父亲，而是一个始终顾及到我的自由，始终对我显示最大尊重的父亲。我经常这样想，如果我曾经能够从我的想象中获得什么——不论是在自由中还是以孩子气的方式，这是因为我和许多我孩提时代、年轻时代的朋友不同，我从来不用害怕我的父亲。我有时深信，我能够成为作家，就是因为我父亲在他自己年轻的时候也希望成为一个作家。我必须心甘情愿地阅读他的东西，努力去理解他在那些旅馆房间里写下的东西。

带着这些充满希望的想法，我走到他的手提箱那边。它依然在我父亲几天前留下的地方。我用全部意志阅读了一些手稿和笔记本。我父亲写了些什么呢？现在我还能记得的是一些从巴黎旅店的房间里望出去的风景、一些诗歌、一些悖论、一些分析……我写到这些，感觉自己像是一个人刚经历一次交通事故，在努力回忆到底是怎么发生的，同时又不害怕回忆太多。我小的时候，父母在争吵之后会陷入一种尴尬死寂的沉默中，这时父亲就会去打开收音机听听音乐，以此改变气氛，帮助我们更快地忘掉。

让我用一些甜蜜的话来改变气氛吧！我希望这些话能起音乐一样的作用。你们大概知道，向我们作家提出的最常见的问题，一个大家都最喜欢问的问题，就是：你为什么写作？我写作是因为我天生就需要写！我写作是因为我无法像其他人一样做平常的工作。我写作是因为我要读像我写的著作那样的书。我写作是因为我对你们所有人生气，对每个人生气。我写作是因为我热爱成天坐在一间房间里写。我写作是因为我只能通过改变真实的生活才能介入到真实的生活中。我写作是因为我要其他人都知道，要我们所有人都知道，要整个世界都知道，知道我们在土耳其在伊斯坦布尔是过什么样的生活，而且还要继续这样生活下去。我写作是因为我喜欢闻纸张和笔墨的气味。我写作是因为我相信文学，相信小说的艺术，胜过相信其他的一切。我写作是因为这是一种习惯，一种热情。我写作是因为我害怕被遗忘。我写作是因为我喜欢光荣还有写作带来的种种利益。我写作而成为孤独的人。也许我写作是因为我希望理解我为什么对你们所有人都非常非常生气,对每个人都非常非常生气。我写作是因为我喜欢被阅读。我写作是因为我一旦开始写一部小说、一篇论文、一页纸,我就要完成它。我写作是因为每个人都期待我写作。我写作是因为我有一种幼稚的信仰,相信图书馆的不朽,相信我的书摆在书架上的那个样子。我写作是因为写作激动人心,可以把一切生活的美好和丰富都转化成语言文字。我写作不是讲故事而是编造一个故事。我写作是因为要逃脱一个不祥的预感,预感我有一个地方必须去,但是就像在梦境中一样,我从来到不了那个地方。我写作因为我从来不能感到快乐,而我写作是为了感到快乐。

在父亲到我办公室来留下了手提箱之后一个星期,他又来看我。和平常一样,他给我带来一块巧克力(他都忘记我已经四十八岁了)。像平常一样,我们随便闲聊,笑谈生活、政治和家庭琐事。最后,那个时刻到来了,我父亲的眼光移到了他留下手提箱的那个墙角,看到我动过了他的手提箱。我们互相注视着。随后是令人压抑的沉默。我没有告诉他,我已经打开过手提箱,已经尝试阅读里面的内容。相反,我转开了我的目光。但是他理解。正像我理解到他已理解。正像他理解到我已理解到他已理解。但是所有理解都只深入了几秒钟。因为我的父亲是个乐天派,是个容易相处的人,他对自己有信心:他用一贯的方式对我微笑。当他离开我的房子的时候,他重复唠叨着所有那些可爱的让人振奋的事情,还是个父亲的样子。

像平常一样,我看着父亲离开,心里嫉妒着他的快乐,他的满不在乎,他的镇定自若的脾气。但是我也记得,那天在我内心也有过一道愉悦的闪光,让我感到惭愧。它是由这样的想法引起:可能我没有过父亲那样舒适的生活,没有他那样快乐或无拘无束的生活,但是我把生活奉献给了写作——你们已经理解……我惭愧我当时是那样想过的,而以我的父亲为代价。在所有人中,我父亲是从来没有给过我痛苦的人,是让我自由的人。所有这些都应该让我们记住,写作与文学都与我们生活的中心所缺少的东西紧密关联,和我们的幸福感或负疚感紧密关联。

但是我的故事有一种对称性,让我理解想到那天的另外的事情,给我带来更深的负疚感。在我父亲留给我他的手提箱的二十三年前,在我从二十二岁开始决心成为一个小说家而放弃其他一切,把我关闭在房间里写作之后的第四年,我完成了我的第一部小说,就是《杰瓦德先生及其儿子们》,我用颤抖的手把我用打字机打出的尚未出版的小说稿给我的父亲看,这样他就可以先读,可以告诉我他的想法。我不仅是因为对他的文学品味、对他的智力怀有信心,他的意见对我很重要,也因为他和母亲不同,他从来不反对我成为作家。那个时候,我父亲和我们不在一起,出门远行去了。我焦急地盼望他归来,几乎失去耐心。两个星期之后他回来了。我跑去给他开门。我父亲什么都没有说,但是他立刻伸开双臂拥抱我,用那种方式,他让我明白他非常喜欢我的小说。然后,我们一度进入令人尴尬的沉默中,那种经常伴随重大情绪起落的沉默。然后,当我们平静下来,开始说话,我父亲开始用高度充满感情的夸张的语言来表达他对我和我的小说的信心:他说,总有一天我会赢得我今天在这里带着如此巨大喜悦接受的奖项。

他说这些话,并不是为了试图要我相信他对我的好评,或是为了把这个奖当作我的目标;他说这些话,就像一个典型的土耳其父亲,为了给儿子支持的力量,鼓励儿子,说着"总有一天你要成为一个帕夏!"多少年来,不论什么时候他看到我,他都用同样的话来鼓励我。

我父亲死于 2002 年 12 月。

今天,当我站在瑞典文学院,站在授予我这一伟大奖项伟大荣誉的尊敬的院士们面前,站在尊敬的客人们面前,我确实衷心希望我的父亲能和我们在一起。

© The Nobel Foundation 2006

瑞典学院颁奖词：

"女性经验的史诗作家，带着怀疑、热情和幻象的力量把分裂的文明拿来检查。"

瑞典文原文：

"den kvinnliga erfarenhetens epiker, som med skepsis, hetta och visionär kraft har tagit en splittrad civilisation till granskning."

多丽丝·莱辛
(Doris Lessing, 1919—2013)

只有女人更懂她

——有关 2007 年诺贝尔文学奖获奖作家、
英国小说家莱辛

我家住斯德哥尔摩郊外。我和安娜平日都是坐郊区火车去城里上班。

这个安娜当然不是莱辛小说《金色笔记》中的安娜。

天蓝色的弹头式火车平稳而快速，车厢里安静而舒适，几乎总是人人都有座位，可以读书看报或者打开手提电脑工作。当然，也可以悄声细语地交谈。

昨天，2007 年 10 月 11 日星期四下午一点，瑞典学院公布了 2007 年诺贝尔文学奖的评选结果，八十八岁的英国女作家多丽丝·莱辛获奖。

好像这是历届获奖作家中年龄最大的了。

今天瑞典所有早报头版都登载着这条消息。

我和安娜在火车上相对而坐，翻看家里订阅的《瑞典日报》、斯德哥尔摩各交通站点都可以免费拿到的《地铁报》和《斯德哥尔摩城市报》。这几乎是我们每天早上必做的功课。

——这是什么意思？我指着一个生疏的瑞典词问安娜。

——"痴人说梦"（Dårskap）！

就是说，当有记者询问瑞典学院常务秘书恩格道尔，这次把奖颁发给一个女性作家，是否因为外界有太多的批评，说他们瑞典学院轻视女性，给女性作家颁奖比例太少，恩格道尔很有点生气的样子，他坚持说学院的评选从来不考虑性别，有那种说法的人是愚笨荒唐，是"痴人说梦"！

——恩格道尔有点可笑！安娜说。因为他们当然考虑到了性别！他们的颁奖词不是就提到莱辛是"女性经验的史诗作家"！要是一个男作家得奖，他们也会说这个男作家是"男性经验的史诗作家"吗？说评奖没有考虑性别，怎么可能？

真是一针见血！我不得不承认安娜说得对。瑞典学院的颁奖词说她是"女性经验的史诗作家，带着怀疑、热情和幻象的力量把分裂的文明拿来检查"，明显地突出了莱辛女性性别的意义，而这个颁奖词多半正是来自大男子、常务秘书恩格道尔的手笔。

——你看，报纸上还说什么呢？我把一段话指给安娜看。当莱辛听到记者告诉她，瑞典学院颁奖词是这么写的，是说她是"女性经验的史诗作家"，她惊讶地大叫起来，"天老爷（Goodness）！他们真的这么写吗？"

女性主义就是那么复杂，有的是要强调女性的意义，强调女性和男性的不同,而有的恰恰相反,是要消解女性的意义,男女才能一视同仁。当然,应该说莱辛是一个"优秀作家"而得奖,不要说莱辛是因为一个"女性作家"而得奖。我不沾"女性"这个光!

——其实莱辛的作品主要就是女人喜欢读。安娜说。我记得读过她那本《第五个孩子》,写一个女人怀第五个孩子的经验。前面生了四个孩子都很顺利,可是这个孩子给她很多麻烦。小说就是写这个怀孕、生养的过程。这样的身心体验,你们男人当然不会有,也不懂。你们不会感兴趣,不会去读,也不关心!可我还没有结婚生孩子的时候就感兴趣,就想知道一个女人这样的经验,我就喜欢读!……

说得确实有理!我暗想。

大概就在这个时候,我突然有了这篇文章的构思和题目:只有女人更懂她。

有关每年诺贝尔文学奖得奖作家的文章,其实我本来就不愿意再写下去。其实这是一份苦差事。因为瑞典学院的评选结果往往出人意料之外,事先无从准备,而约请我写稿的报刊总是希望几天之内就要交稿,这样的文章不会写出什么名堂。

莱辛是个知名老作家,而且是所谓女性主义文学的代表人物,我多少有些了解。但是至少近几年我并没有读过莱辛,没有读过,就不知道如何评价,最多就是新闻报道,转译瑞典学院的介绍,瑞典媒体的评论。可是我难以推脱编辑的约稿之请,还有师长马悦然在电话里也希望我继续写。那么现在我突然有了个好想法:举贤可以外不避仇、内不避亲,我可以请安娜成为我应约要写的这篇文章的对话角色。我也可以请几位中国文学界的女性作家代劳,来谈谈看法。

安娜曾是瑞典汉学前辈马悦然的学生,后来又在瑞典南方隆德大学师从汉学家罗斯教授读研,获得中文语言和历史博士学位。而安娜的父母都是教授瑞典语和瑞典文学的中学老师,家教甚严,所以安娜的瑞典语训练有素,对文学和语言也很有兴趣,这对她后来从事把中国文学翻译成瑞典语的工作颇有帮助,她已经翻译了三十来本,包括苏童、莫言、余华、虹影、马建、陈染、张爱玲等等,而她的译文流畅又不失原文之神,多获好评,还曾获得过瑞典学院的文学翻译奖。我当然相信她对文学的判断力,相信她对莱辛作品的理解和评价。而更重要的是,她是一个女人,她确实比我们男人更懂得莱辛,也更有权力用这样的口气说话。

——你看这条消息!这次是安娜给我看《地铁报》上的一条简讯。有人去采访了 2004 年获得诺贝尔文学奖的奥地利女剧作家耶利内克,问她对莱辛获奖有什么看法。耶利内克说,她以为莱辛早已经得过了。

我知道,莱辛是欧美知识分子女性大都喜欢的作家,尤其是左派的女性作家大都崇拜她。那么,连受影响的学生都已经得了奖,老师确实是早就该得了!

——那么,你说说,莱辛过去为什么没得呢? 我问安娜。

——昨天晚上瑞典电视台有一个节目你没看。节目主持人让十几个男记者发表看法,大家都说没有读过莱辛,只有一个女记者说她看过。男人不看莱辛的作品!你再看看瑞典学院那些老头子,都是很典型的高傲的大男人,你一看他们的样子你就知道他们喜欢什么作品,当然就是那种老样子类型,就是大男人的视角。他们对读莱辛不会有太大兴趣。……

　　天哪，我希望安娜说的不包括她尊敬的老师马悦然！马悦然也是瑞典学院的院士，也是现在投票选出莱辛的院士。难道他也是个安娜所说得这种大男子老头子？

　　但是，说男人不喜欢读莱辛，这真是一个很有意思的看法。我们的男性主义根深蒂固，确实很少从女性视角考虑问题。多丽丝·莱辛长期没有获奖的原因，也许与此确实有关。也许是瑞典学院那些老头子不喜欢她也读不懂她。上世纪八十年代时莱辛的得奖呼声曾经很高，很多有提名资格的人都推崇她，瑞典媒体经常把她放入预测得奖的名单，所以连耶利内克都以为莱辛早已经得过了。但是莱辛连续数年名落孙山，慢慢地，人们就从希望变成了失望甚至绝望，最后几乎把她遗忘。人们也许明白了，瑞典学院是不喜欢这个女性主义文学的前辈人物的。所以，从九十年代开始，一直到二十一世纪这几年，瑞典媒体的文学奖预测都不再有人提起莱辛。直到她人老珠黄，毫无光彩，年届八八（倒是发发的好运年啊！），瑞典学院却再次让人出乎意料，把这个绣球抛给了她，又给人一个大惊奇。

　　有人说这个奖迟到了至少三十年！

　　当记者问瑞典学院常务秘书恩格道尔为什么迟至现在才给莱辛发奖的时候，恩格道尔对记者说，有些决定需要时间才能成熟，瓜熟才能蒂落。

　　但这个瓜熟蒂落的过程似乎也太长了。

　　有人说，这是熟到都快烂了的果子。

　　去年，瑞典学院有两个大男子老头去世了，随后补选了两位六十来岁的作家,其中有瑞典著名的女诗人和剧作家克里斯迪娜·隆。这当然改变了瑞典学院的年龄与性别比例,学院院士年轻化,女性比例继续增高。克里斯迪娜·隆在瑞典也是文艺界的名人,有很多女性粉丝,也算一个女性的大众情人。我一想到克里斯迪娜·隆的模样,就觉得她自己肯定也是个莱辛的粉丝。那么,也许正是因为隆进入了瑞典学院,所以莱辛重新获得提名,再次入围?也许正是因为隆游说其他院士为莱辛获奖起到了作用? 也许是她投出了最重要的一票?

——你还记得去年入选的隆吗? 我问安娜。她算不算一个女性主义作家?

——很可以算是。

——那么也许是克里斯迪娜·隆起了作用,今年才把奖给了莱辛?

——谁能知道? 那是瑞典学院的事情。谁能知道他们怎么想呢?

——我不是说我知道,但我可以说我猜测是这么回事情。

——你不要瞎猜,瞎猜没有意义。

瞎猜当然没有什么意义。瑞典学院充满秘密。可惜院士总是守口如瓶。我在斯德哥尔摩也住了十八年了,除了高行健获奖的那年马悦然安排我参加了新闻公报的中文翻译工作,让我提前几天获得通知,而且还严令我不得外传外,他真的从来不透露一点口风,我也从不冒昧打听。事实上,今年的诺贝尔文学奖公布前一周,中国作家余华夫妇来瑞典访问,我们曾一起去芬兰活动两天,同行的也有马悦然和夫人陈文芬。两天中我们喝酒谈天无话不谈,但对一周后就要揭晓的文学奖,马悦然没有透露一个字。

谁能瞎猜?谁敢瞎猜?那些聪明人的预测都个个落空,那些事后的诸葛亮也都是恩格道尔说的"痴人说梦"!

——你看到这条消息没有?我把报纸给安娜递过去,指着上面的一条小新闻。伦敦一家用世界上各种事情来打赌的赌局每年也用谁得诺贝尔文学奖打赌。押赌注押美国作家菲利普·罗斯的最多,所以赌赢的倍数还不到十,而押莱辛的倍数是五十一。有一个押中莱辛的赌徒用五百镑换回了两万五千五百镑。能事先猜中的人可以发财了!

——这个词是什么意思?我又指着报纸上的一个生字问安娜。

——"他妈的"!

"他妈的!我已经把欧洲所有的文学奖都得过了。"这是莱辛对一个瑞典记者说的话。一个诺贝尔文学奖得奖作家,说话居然如此粗鲁。

——她是一个八十多的老太婆,什么话都可以说了,说点脏话也没什么关系!

这是安娜说的。

确实是这样。我对自己说,只有女人更懂她。

我还想继续写,请安娜继续长篇大论,可斯德哥尔摩中心火车站到了,我们该下车了。

原文登载 2007 年 11 月号香港《明报月刊》

2009 年 5 月 3 日改定

瑞典学院颁奖词：

"有新出发点、诗意冒险和感官狂喜的作家,占统治地位的文明之外和之下的人性探索者。"

瑞典文原文：

"uppbrottets, det poetiska äventyrets och den sinnliga extasens författare, utforskare av en mänsklighet utanför och nedanför den härskande civilisationen."

勒·克莱齐奥
(Jean-Marie Gustave Le Clézio, 1940—　)

我的祖国是毛里求斯

——记 2008 年诺贝尔文学奖获奖作家、法语小说家勒·克莱齐奥

　　演播室内坐着多位嘉宾。一如既往,本年度的诺贝尔文学奖得主公布之后,瑞典电视台、广播电台就会播出围绕本年度得主的文化专题节目,请来文学界出版界权威人士做嘉宾进行解说。这自然也是每年我不愿错过的一道道视觉听觉文化点心。要说住在瑞典就能了解什么评奖内幕那是无稽之谈,但通过这种电视节目确实可能近距离观察了解到和文学奖关联的文化背景,或许能给看不到的"内幕"之后的颁奖得奖之因做出自己的解读,或许可以明白一个外来作家如何进入瑞典文学世界,如何进入文学奖评委的视野并获得青睐,又如何从众多被青睐的作家中脱颖而出。

　　今年的电视节目嘉宾里有大学的法国文学教授,有作家、文学

批评家,有勒·克莱齐奥作品的瑞典语翻译,有勒·克莱齐奥的瑞典语译作出版商。勒·克莱齐奥作品的瑞典文版先后出版有十九种之多,占勒·克莱齐奥全部作品的半数,出版社也有多家。节目中还有专门请来朗诵勒·克莱齐奥作品片段的话剧演员等等。这些人的出场都在意料之中。法国文学教授、批评家、作家和翻译会诠释其作品的各种特色,出版商则披露自己看中得主作品策划出版的原因,这有点像填写彩票,如今中了头彩。

窥探瑞典学院的"内部"信息

当然还有不可或缺而且更让人注意的角色,那就是来自评奖机构即瑞典学院的院士,他们的发言常常传递出别有意味的"内部"信息。院士、主持院内评选委员会工作的常务秘书霍拉斯·恩格道尔几乎是每年必到的,那是在座嘉宾中的嘉宾或解说权威中的权威。他总是一如既往地自信,一如既往地高傲,一如既往地侃侃而谈。恩格道尔是个语言天才,他在瑞典语、英语、法语、德语甚至俄语之间自然流畅的转换常让我惊叹。

其他院士的出现则根据情况而定。如果是中文作家得奖,那么肯定会是院士、汉学家马悦然出来解说。但是今年的文学奖还是避开了东方避开了中文作家,所以今年的节目没有马悦然而是其他院士出场。今年出场的院士中有女诗人卡特琳娜·弗罗斯腾松。弗罗斯腾松1992年入选为院士时才三十九岁,是院士中最年轻最漂亮的女性。后来她又进入十八位院士中再遴选出的五位院士组成的文学奖评委会成为五评委之一,这足以使她成为这个评奖机构中的最核心人物之一。弗罗斯腾松的出场当然让我心里有点好奇:莫非她和勒·克莱齐奥的得奖有密切关系? 莫非她就是学院内部勒·克莱齐奥的粉丝? 她是否在这次评选中起了举足轻重的作用?

克莱齐奥像许多以前的诺贝尔获奖者一样,在诺贝尔博物馆里的椅子上亲笔签名。

我早就知道弗罗斯腾松对法语文学有浓厚兴趣,甚至还有了裙带关系——她本人就嫁给了一个法国文人,还在巴黎居住过多年。她的法语自然有相当造诣,因此她不仅自己有文学创作自己写诗,也翻译过法语作家的作品,例如翻译过女作家玛格丽特·杜拉斯。用法语写作的勒·克莱齐奥能进入学院院士们的视野,甚至获得青睐而摘取桂冠,如果没有她的推荐她的首肯几乎是不可能的。

弗罗斯腾松在电视访谈节目中已经毫不讳言自己对勒·克莱

齐奥情有独钟,说她对勒·克莱齐奥作品的兴趣由来已久。"我从二十岁开始就喜欢读勒·克莱齐奥的作品!"我推算了一下,那么就是说大约是 1973 年,就是勒·克莱齐奥刚出道不久的时候,原来从他一登上文坛起弗罗斯腾松就已成了他的粉丝,这就不奇怪三十五年后她会给他抛去一个红绣球。当了院士当了核心层的评委,她的看法自然不会无足轻重,自然还会影响到其他院士和评委。

果然如此。当电视节目主持人问到恩格道尔什么时候开始注意勒·克莱齐奥的创作,什么时候开始读他的作品,恩格道尔的坦率回答透露出明确的信息,说明他确实是受了弗罗斯腾松的影响。恩格道尔说,他开始阅读勒·克莱齐奥其实很晚。勒·克莱齐奥在上世纪六十年代中初露头角,当时被认为是法国新小说派的一员,而恩格道尔对新小说似乎没有什么兴趣。但是,恩格道尔说,后来他听说弗罗斯腾松要以勒·克莱齐奥为题做博士论文,这才让他开始重视这个作家!

恩格道尔说的当然也是多年前的事情了,是弗罗斯腾松还在斯德哥尔摩大学文学院做研究生毕业论文的时代。弗罗斯腾松后来也没有完成这篇博士论文,但她的兴趣却对恩格道尔这样后来成为重要院士的文人却是重要信息,这当然是件深有意味的事情。弗罗斯腾松和恩格道尔年龄相近,趣味相投,也都在斯大文学院学习过,可以算是同门师兄妹,在瑞典文学界也算是一个圈内的人物。所以,看着听着这些节目,我可以放胆说勒·克莱齐奥的得奖也可以算是这对师兄妹联袂演出的一台好戏!

而在他们的背后其实还有一位或许更关键的人物。弗罗斯腾松和恩格道尔都算瑞典文学界的佼佼者,但先后被选入瑞典学院一定还有他们的导师、前斯大文学院主任、学院元老院士、诗人埃斯普马克的提携之功。不过,年轻一点的弗罗斯腾松倒是先被选入,而年长些的恩格道尔反而是在她之后五年即 1997 年才被选入。埃斯普马克曾经写过一本书介绍诺贝尔文学奖,这本书还有中文翻译,书名就是《诺贝尔文学奖内幕》。2001 年,他还重新修订,把瑞典学院百年来评选诺贝尔文学奖的工作做了更全面的总结,包括不同时期的不同侧重点,是一本想了解诺贝尔文学奖的人不可不读的权威著作。

现在,导师埃斯普马克已经年过八旬很少出镜,少壮的学生已羽翼丰满锋芒毕露,恩格道尔成了掌握大权的常务秘书。但也有人说埃斯普马克其实依然是个掌门人或舵主。他至今依然是五院士中组成的评委会评委之一,有多年还是这个五人委员会的主席。就是说,在这五人评委会中,斯大文学院派系的师生就占了三席,他们的意见肯定是有决定性意义的。

埃斯普马克在接受本文作者的采访(万之提供)

　　研究一下这些掌握着评委会实权的学院派院士的文学趣味和倾向，对于了解瑞典学院未来的动向可能会有些帮助。这种研究当然不可能在一篇短文中完成。但每年的颁奖词往往也是这种趣味和倾向的集中表现。它一般都是常务秘书的手笔，虽然也必定经过了院士们的批准。恩格道尔给勒·克莱齐奥写的颁奖词中有一句是表彰他为"占统治地位的文明之外和之下的人性探索者"。怎么解读"占统治地位的文明"？这是指哪种文明？这是否恰恰证明了这些院士对于这种"占统治地位的文明"的批评和否定，而需要一个更宏观的外在的人性视角？

　　一个法国文学杂志的编辑说，即使在欧洲大陆，勒·克莱齐奥也一直游离在边缘之外，他的声名其实并不响亮。勒·克莱齐奥描写着欧洲大陆之外的生活，也描写着城市文明掩盖下的自然和乡村，那么"占统治地位的文明"可以解读为这种典型的欧洲城市文明。但是我也可以解读出对于整个西方主流文明的另一种暗示。比如，从语言的角度看，法语作家勒·克莱齐奥也代表了在世界上占统治地位的英语文明之外和之下的其他语言文明。尤其在英语世界没有什么他的英语译本出版，所以他的得奖让英美文学界出版界非常难堪。美国《华盛顿邮报》文学批评编辑约翰森承认说："勒·克莱齐奥在我们这里默默无闻，我从来没有读过他的东西，也不知道他对世界文学有什么意义。"其实傲慢的美国人曾经宣布法语文化已经死亡。2007年有一期《时代》杂志封面标题就是"法国文化的死亡"。

　　但是现在我们可以明确知道瑞典学院的这些院士们持有不同看法，他们已经连续多年不给美国那边的作家发奖，而连续不断给欧洲的作家发奖。恩格道尔最近还对美国文学界提出严厉的批评,说他们眼界狭窄,只注意美国而不能放眼世界。为此,恩格道尔说,他的电子信箱最近常收到大西洋那边来的攻击他的邮件,那么,他说,对这种攻讦的最好回击,也许就是给一个他们不知道的作家发个奖。哈哈哈!

以上当然都是笔者的个人解读甚至臆想,好比是讲述一个打猎的故事,而笔者愿意引用瑞典另一位曾获得诺贝尔文学奖的女作家拉格洛夫的话来说,"信不信由你,打猎的故事是从来不要人相信的。"

我的祖国是毛里求斯

但是我以为瑞典学院在宣布 2008 年的诺贝尔文学奖得主时有一个相当严重的疏失。那天我听到瑞典学院常务秘书贺拉斯·恩格道尔诵读新闻公告时是这样说的:"2008 年的诺贝尔文学奖颁发给法国作家让-玛利·古斯塔夫·勒·克莱齐奥……"

可是,我后来从广播里惊讶地听到,勒·克莱齐奥在获奖消息公布后当天举行的新闻记者招待会上明确地说:"我的祖国是毛里求斯。"当天晚上我在瑞典国家广播电台诺贝尔特别节目中听到瑞典记者直接采访他,当记者问道,你最认同的国家是哪里,你最喜欢居住什么地方,他再次明确地说:"毛里求斯。"勒·克莱齐奥的回答确实让我非常好奇甚至惊奇,难道瑞典学院搞错了国籍,会犯如此低级的错误?

要说是错误当然不对,因为我后来知道,勒·克莱齐奥其实拥有双重国籍——法国的和毛里求斯的。他在法国出生,有法国国籍,持法国护照,用法语写作,在法国出版作品,当然可以算是法国作家。如此,瑞典学院把他当作法国作家,法国人把他的获奖看作法国人的骄傲,法国总统和文化部长立即发公告发贺信,这都没有什么不对头。但是,勒·克莱齐奥却更把毛里求斯当作自己的祖国,在文化上更加认同。他在1985年出版的自传体小说《寻宝者》中把自己干脆说成毛里求斯作家。因此,如果瑞典学院在颁奖词中不同时说明他也是毛里求斯作家,没有让毛里求斯人也分享到这种荣耀,还要勒·克莱齐奥自己再三强调,这至少是瑞典学院的一个疏失,至少不全面,至少有点厚此薄彼、厚大国薄小国之嫌。

也许有人说我吹毛求疵,小题大作,这点小疏失不值得做什么文章。但诺贝尔文学奖是有世界影响的大奖,得主的归属问题不仅涉及民族荣誉,常常也透露出难得的信息,这就像一个有双重国籍的运动员在奥运会上得了金牌,就出现该升哪国国旗的微妙问题。好比华裔的美籍科学家获得诺贝尔物理奖化学奖,美国人高兴,中国人也多与有荣焉,到访北京必敬为上宾。

只把勒·克莱齐奥当作法国作家而不提他是毛里求斯作家,也许是反射出院士们无意中暴露出的欧洲中心主义的立场。对他们来说,勒·克莱齐奥只属于法国属于欧洲,在上面我提到的那个瑞典国家广播电台特别节目中,瑞典学院院士、常务秘书恩格道尔也在场,可对他们的疏失根本没有知觉,不做任何说明纠正,对此大概已经麻木不仁了。我也可以理解他们不会有什么特别的知觉,已经觉得理所当然。每个人都有自己观察世界的特殊位置和立场,什么是内、什么是外、什么是上、什么是下非常清楚,所以他们的态度没有什么令人惊奇之处。中国人自己也自视为中心,一些中国人到了国外还对人说你们外国人如何如何,忘记了此时此地自己才是外国人。

后来我辗转把我的意见转告了瑞典学院,不知道是否因此他们就纠正了这个错误,不仅网站上发表的新闻公报作了纠正,后来的发奖仪式和宴会上,他们邀请了法国大使,但是也邀请毛里求斯总领事出席,总算还是从善如流。

为什么瑞典学院说勒·克莱齐奥是法国作家,而他自己非要说"我的祖国是毛里求斯",这里自然就有值得深究的原因了,因为这句话不光涉及国籍,也是涉及作者的立场,涉及作者观察世界的视角,是了解勒·克莱齐奥家庭背景、生平、思想、创作甚至是解读其获奖原因的一个关键句。

一个不断漂流的"世界游民"

瑞典学院给勒·克莱齐奥的颁奖词中说他是"有新出发点、诗意冒险和感官狂喜的作家,占统治地位的文明之外和之下的人性探索者"。确实如此。勒·克莱齐奥虽然出生于欧洲中心地带,这里确实属于目前在世界有"统治地位的文明",但勒·克莱齐奥却总是想走出这个文明,走到这个文明之外或之下去,不断再出发,进行他的充满诗意的冒险。

可以说,勒·克莱齐奥一生都在游荡不定的漂流中。他喜欢背挎行囊、脚蹬拖鞋到各地旅行,他的足迹踏遍世界很多角落,也包括中国。一年四季脚蹬拖鞋正是毛里求斯人的特色,据说他曾在冬天到北京访问,领取一个中国的文学奖,下飞机的时候依然是脚蹬拖鞋,让主人大为惊讶。他曾经在巴拿马的印第安人族群中生活过几年,也在泰国曼谷、墨西哥和美国的多所大学教过书。即使到了成家立业之后,到了功成名就之时,他也经常往来于非洲、欧洲、美洲和亚洲之间。像是三窟狡兔,他一直保持三个住处,一个在法国尼斯出生地,一个在美国新墨西哥州,一个在祖上的毛里求斯,每年的时间也差不多等分成三份在这三个地方度过。就在他得到获奖消息之时他刚从韩国讲学回到法国南部尼斯家中,准备小憩之后又要赴冰岛演讲,十月底还要来瑞典领取另一个文学奖。他的生活总是"在路上"。

无怪乎有人说勒·克莱齐奥是一个"世界游民"。这种生活方式甚至影响到他的婚姻。1960年他才二十岁就曾早早和一个波兰同学美女玛丽娜结婚,并育有一女,但居无定所,过的是"波希米亚人"式的生活,大概正是因为玛丽娜实在不能适应这种到处漂泊的生活,两人最后离婚。1975年他又与在巴拿马漂泊中相识的一个摩洛哥女子结婚,两人相爱,气味相投,也是因为都喜欢漂泊。

无怪乎瑞典学院的颁奖词说的"新的出发点"是用了复数,而不是单数,因为他不是出发一次,而是多次不断重新出发、重新启程,到达的每个终点又往往成了新的起点。

"世界游民"勒·克莱齐奥1940年4月13日出生在法国南部尼斯,而其祖上来自毛里求斯,在那里有家族之根,还有很多亲戚。他的母亲是法国人,但父亲其实是久居毛里求斯的英国人,按中国人的规矩,其实他还应该算是英国人呢,哪里可以让法国人独享这份光荣。他父亲在英国军队里当军医,二次大战中一直在驻尼日利亚英军中服务,战后也留在那里。因此,1948年勒·克莱齐奥曾经随母亲和兄长移居尼日利亚和父亲团聚。据说他在轮船上就开始写作,那时才只有八岁,这也是他第一次见到父亲。他在近年的一个长篇《非洲人》中重新回忆了自己的这段经历,复述了父亲在非洲的生活故事。非洲文学界对他得奖还是多有肯定的。我在广播中听到一个刚果作家称赞他说,勒·克莱齐奥的笔下展现了一个非洲人认同的真正非洲。

勒·克莱齐奥一家在尼日利亚只度过了两年就搬回了尼斯。但是这两年的非洲生活给他留下了深刻印象,影响到了他的一生,影响到他的思想和他的文学创作。他曾经说过,"如果没有非洲,我真不知道自己会成为什么样子。"因为正是这两年的童年生活经验成为永久的记忆,使他了解到与欧洲不同的另类文明的存在,看到另类族群的生活方式,促成了他对另类文明的兴趣,包括后来还到印第安人群落里生活。

勒·克莱齐奥回欧洲后在英国和法国的大学学习语言和文学,1964年在马赛附近的埃克斯-普罗旺斯大学获得文学硕士学位。笔者曾有幸造访过这所大学两次,知道这里也是另一位法语诺贝尔文学奖作家加缪出道的地方,还有加缪纪念馆。加缪在法国被称为"年轻一代的良心",1960年出车祸逝世时年仅四十七岁,但至今还是这所大学的学生崇拜的青春偶像。我可以肯定加缪的创作和思想对当时正好在这里读研的勒·克莱齐奥有深刻影响。勒·克莱齐奥1963年出版了第一部小说《诉讼笔录》,其中就让人看到加缪式存在主义的特色,孤独的个人和周围世界存在着表面冷漠而实际紧张的关系,甚至连诉讼程序都让人想到加缪《局外人》中的诉讼情节,主人公亚当的心理则和加缪笔下的莫尔索相近。这部小说也兼有当时法国盛行的新小说派风格,结果一炮打响立即畅销,一年多内卖出十万多本,还获得热那多文学大奖。有意思的是,此书第二年就有了瑞典文译本版并有评价甚高的书评。写书评的女批评家贡纳尔·瓦尔奎斯特在1982年当选为瑞典学院院士,可见瑞典学院对勒·克莱齐奥的欣赏由来已久。还有一位当时正在斯德哥尔摩大学文学院读研的女生对这本著作也很着迷,立刻成了勒·克莱齐奥的粉丝,准备把他当成写博士论文的题目,她就是前面我提到过的女诗人卡塔琳娜·弗罗斯腾松。我相信,先后这两位女院士对勒·克莱齐奥的钟爱,早为勒·克莱齐奥获得诺贝尔文学奖埋下了伏笔。

对西方主流文明的疏离和怀疑

勒·克莱齐奥以《诉讼笔录》显露头角,以后就一发不可收,几乎每年都推出新的著作,同时依然不断漂泊旅行。漂泊不定的人物因此经常成为他的作品主角,异域风情因此成为连绵不断的作品背景。但他的旅行不仅穿越广大的地理空间,也经常穿越历史穿越时间,是在家族记忆和湮没在历史中的古老文明的挖掘中旅行,甚至是在虚幻梦想中穿行。有些专为儿童创作的作品,可以证明他确实算是一个理想主义者,总是对一个天真烂漫的童话世界充满憧憬。

真正给勒·克莱齐奥带来世界性声誉的是小说《荒漠》(又译

《沙漠》),获得法兰西学院文学大奖(顺便说明,瑞典学院其实是崇尚法国文化的瑞典国王按照法兰西学院的模式建立的,只是规模小一点而已,法兰西学院终身院士四十名,瑞典学院十八名)。用瑞典学院的赞美之词来说,这部作品容纳了北非撒哈拉沙漠失落文化的宏伟影像,它与本书主线人物、在法国打工而不受欢迎的移民拉拉眼中的欧洲社会形成鲜明对比,在淳朴得几乎是桃花源中人物的拉拉的对照下,欧洲社会才是显得丑陋野蛮自私的。

从这部著作我们足以看到勒·克莱齐奥对他出生所在地的欧洲文明持有批判怀疑的态度,而对欧洲之外的文明更有兴趣更加赞赏。了解这点,我们就能更好解读为什么他坚持说自己是毛里求斯作家,理解为什么瑞典学院的颁奖词说他是"占统治地位的文明之外和之下的人性探索者"。但是,瑞典学院没有说明的是,他向外向下探索的原因,恰恰是因为他对"统治地位的文明"本身已经不能或不愿意完全认同,正是因为在这种文明中反而缺少了他所希望看到的人性。

勒·克莱齐奥在接受一家法国杂志的采访时曾明确地批评道,"西方文化已经变得过于死板,过分强调城市性和科技性,妨碍其他表现形式的发展,例如缺少地方特色和情感特色的发展。理性掩盖了人类不可知的部分,而正是这种看法促使我转向其他文明"。

法国本来是启蒙主义思想的大本营,百科全书派倡导的理性和人权观念是西方现代社会的基础。而到勒·克莱齐奥的笔下,这种理性的科学的现代西方文明反而不如原始文明了。这在他的新作品《乌拉尼亚》中可以明显看出来。"乌拉尼亚"是古希腊神话中爱与美的女神,而勒·克莱齐奥用来做书名,象征他在这部寓言体小说中创造的一个叫坎波斯的美妙的乌有之乡,一个理想国,一个乌托邦社会,一个新桃花源,一个香格里拉。这里的人本来可以通过"遗忘"而回归到理想的朴实的生活状态,虽然没有巨大物质财富但也能生活得满足安宁、健康和平。但是,当一个法国地理学家发现了这个乌有乡向世界报道之后,当科学家、人类学家开始进入之后,当带着盈利目的的科学研究在这里开展起来之后,自私贪婪、权力野心等等就开始挤压这个理想空间,原来的理想生活反而被破坏了,使得坎波斯人只能再迁徙他乡寻找新的乌有乡。

　　欧洲知识分子和作家对自身文明的质疑和批评并非始自勒·克莱齐奥。第二次世界大战之后的法国存在主义就是一种批判思潮,上世纪六七十年代欧洲青年知识分子更是具有普遍的反叛心理,也有人多少受到中国文化大革命的影响。据介绍,勒·克莱齐奥 1967 年时就想到中国来,但因为没有申请到签证而放弃。勒·克莱齐奥天性温和而拘谨,更强调个人写作而不是群体政治运动,即便受到存在主义影响,他的姿态也更接近加缪而不是左派的萨特。他曾经说过,"我们不再会像萨特时代那样,狂妄地以为一部小说就能改变世界。今天的作家只能承认他们在政治上无能为力……"。事实上,勒·克莱齐奥对西方现代文明的批判也从来不是从政治和意识形态出发的,而是从生态学和环境意识切入的,他希望人们爱护自己脚下的土地就如女人爱护自己的皮肤。

通过漂泊游离主流文明之外而去另类文明中寻找自己的精神归宿,独来独往,因此属于"冷的文学"但对作家来说,还有什么会是比诺贝尔文学奖更热情的回报呢?

2008 年 11 月初稿
2009 年 4 月底修改

补记:2014 年 11 月我和瑞典学院院士贺拉斯·恩格道尔到南京大学参加一个文学会议,有幸碰到了正在南京大学讲学的克莱齐奥,当面求证了他的身份。不错,他的祖国是毛里求斯。

瑞典学院颁奖词：
"以诗歌的凝练和散文的实在，描绘出无家可归状态的风景。"

瑞典文原文：
"som med poesins förtätning och prosans saklighet tecknar hemlöshetens landskap."

赫塔·米勒近照
(Herta Müller，1953—)

无家可归者的文学家园

——2009 年诺贝尔文学奖获奖
作家米勒解读

瑞典学院每年的诺贝尔文学奖评选结果往往都出乎人的意料，让人惊奇，而 2009 年的评选结果，不仅让人惊奇，也让我惊喜。公布结果那天，我确实有点兴奋，好像一个球迷看见自己欣赏的球星在足球大赛上踢进了决定胜局的一球。中文里，说到喜讯会"奔走相告"，我在瑞典实在也没有什么朋友可以奔走相告，但是我给很多海内外的作家朋友打了长途电话或发电子邮件，告诉他们这个让我惊喜的消息。我也给瑞典学院院士、汉学家马悦然先生打了电话，表示我的兴奋和我的感谢：瑞典学院今年的评选真是太好了，在我看来，真是十全十美！

瑞典学院院士是终身制，去世一位才能再补选一位。近年来，因为几位高龄院士相继辞世，遴选一批新的年轻院士，换入了不少新鲜血液，包括新任的常务秘书恩格伦，才五十出头，已经执掌日常事务大权，还进入了只有部分院士组成的评委会。年轻一代院士将会如何评选诺贝尔文学奖，是否能够坚持诺贝尔的理想主义，使诺贝尔文学奖在这个权钱控制的世界上依然是一面张扬人文主义精神的旗帜，曾有人表示担忧。而今年的评选结果，在我看来，也可以说是这些年轻院士交出的一份让人放心的答卷，可打满分。恩格伦在宣布评选结果和接受媒体采访时的表现，也很出色，这也是我对今年的结果特别惊喜的原因，使我对未来的诺贝尔文学奖评选依然抱有希望，满怀信心。

具有时代意义和纪念意义的颁奖

我说今年的评选结果十全十美，因为在我看来，对于2009年的诺贝尔文学奖评选，再没有比米勒更好的选择了。不仅是评选出一位好作家，而且是选在了一个好时机。

每年的诺贝尔文学奖评选结果当然都是有特定意义的。首先是表现诺贝尔遗嘱所说的理想主义的意义，其次是褒奖作家的文学成就的意义。有时有为历史作证的意义，也有提升某种文学让受冷落的文学引起世人关注的意义。有时仅仅是文学的意义，经常又有超越文学的意义，有文化的、社会的甚至政治的意义。而今年的评选，则有突出的时代意义、纪念意义。回顾诺贝尔文学奖百年来的评选历史，恐怕没有过一次评选结果像今年这样明显有纪念意义和时代意义，和一个过去的时代联系得如此紧密。

简短地说,要理解 2009 年的诺贝尔文学奖评选结果,必须联系到 1989 年。对于 2009 年诺贝尔文学奖的任何评论,没有和 1989 年联系在一起,没有回忆 1989,没有理解 1989,都会毫无意义,都会黯然无光。

1989 年是整个世界都感到巨大震痛和震惊的一年。但这种痛苦也如新生儿出生时的阵痛,它孕育出了一个新的时代,改变了世界的方向,也改变了很多人的生活。在全世界的惊诧中,柏林墙被榔头铁锤击毁,甚至是被赤手空拳的人们推倒。在柏林墙的倒塌声中,东欧铁幕世界的专制政权也一个个纷纷垮台。另一个让世界人民唏嘘不已的电视镜头,就是罗马尼亚的独裁者齐奥塞斯库夫妇被枪毙,那里正是米勒的祖国。

2009 年 11 月 9 日,在柏林,在欧洲的很多城市,都举办了纪念柏林墙被推倒二十周年的活动,人们重新燃起记忆之火,像是庆祝一个盛大的节日。尽管如此,二十年过去,世界已经面目全非,很多人对于什么是柏林墙背后的生活,什么是铁幕下的黑暗,已经不那么清楚。特别是年轻一代,更没有对那种生活的切身体会和记忆。还有企图恢复极权重建柏林墙的统治者,他们会刻意地让人遗忘 1989 年,像是清理电脑内存一样,删除和销毁那些历史文件和档案。同时,他们又会刻意地编造出虚假的历史,扰乱人们的记忆。

早在 2007 年,米勒在德文日报《法兰克福时报》(*Frankfurter Rundschau*)上就发表文章,批评罗马尼亚已经形成了对这个国家过去历史的"集体健忘症","尽管这里曾是斯大林之后东欧最顽固的专制政权的大本营……他们装作不知,好像这些过去的历史已经化为空气消失得无影无踪……忘记了那个最恶劣的专制者齐奥塞斯库,还有一帮他个人的追随者……"

米勒拒绝遗忘。米勒虽然用德语写作,而且已经定居德国柏林,但她却是出生于罗马尼亚的德族人,1987年才流亡柏林,其实是罗马尼亚流亡作家,这是理解她的创作的重要背景。她的写作几乎总是指向一个方向:指向过去,指向一个原点,也就是指向自己的祖国——齐奥塞斯库统治之下的罗马尼亚,指向铁幕下的生活。她说,"回忆我那些在齐奥塞斯库政权下被杀害的罗马尼亚朋友,把他们写入记忆,这是我的责任。"她还说,其实是这种专制迫使她不得不写,甚至成为她的写作动力,"可惜的是,就是今天,这种专制依然到处存在。"

所以,尽管瑞典学院并没有明确说明,他们是否有意地这样选择,但是,在象征东欧专制制度崩溃的柏林围墙倒塌二十周年之际,瑞典学院把诺贝尔文学奖颁发给专门描绘齐奥塞斯库统治下的罗马尼亚铁幕生活的作家,发给一个居住在柏林的罗马尼亚流亡作家,它的纪念意义和时代意义是不言而喻显而易见的。还有什么是比这更好的纪念?难道这还不是一个最好的时机?

米勒作品的瑞典出版人就认为,瑞典学院给米勒这项殊荣,是表彰她为拒绝遗忘而做出的努力,这也是为了唤醒记忆,既是纪念那种专制制度下的受难者、被剥夺者、无家可归者,也是对奋起推翻极权暴政的东欧人民的致敬。

这不仅是选择了一个作家,也是选择了一个时代。

从此,不是米勒肉身不朽,而是她的作品将会引起全世界读者的持久关注,成为了解那个时代、那段历史的经典教科书。

就文学创作的成就来说，米勒当然也实至名归，完全配得上诺贝尔文学奖这项荣誉，这是无可怀疑的。米勒是一个优秀而严肃的作家，虽然很边缘化，还被当作"德国文学的圈外人"，作品也不为大众熟知，但在欧洲文学界她其实早获好评，已经得过很多优秀文学奖项，如克莱斯特奖、卡夫卡奖、欧盟文学奖和在世界文学界素有盛名的都柏林文学奖。她也早已被选为德国语言与诗歌学院的院士。

同在异乡为异客

世界上难得有十全十美，所以我说今年的诺贝尔文学奖评选结果十全十美，自然是出于我个人的偏爱。我甚至觉得，瑞典学院给米勒的颁奖词，几乎就是专为我这样的人写的。我其实正是米勒笔下描写的那类"无家可归状态"的人，而她的作品，正是用诗意和形象为我这样的人描绘出难忘的风景，创造出文学的家园。

这里我要特别说明一下，瑞典学院给米勒的颁奖词瑞典文本和英文本稍有区别，其中说明"风景"的定语，瑞典文本用的是抽象名词"hemlösheten"，意思是"无家可归状态"或"流离失所状态"，这还不是直接指人，而是指一种生存状态，而英文本用的是名词化的被动式动词"the dispossessed"，这是指"被剥夺者"，是指被剥夺了本来"拥有（possessed）"的一切人的，被剥夺了生命、青春、自由、权利、财产或家园的人。

生于 1953 年的米勒完全可以算是我的同龄人，而且是同命运的人。我这样想象，如果米勒是出生在中国，也是"在红旗下长大"，她也会经历文化大革命的波折，也会成为一个上山下乡的知识青年被遣送边疆，也会经历理想幻灭的痛苦过程，也会恍然大悟，明白自己从来不是自我的"拥有者"而是"被剥夺者"，于是她开始在文学中重新寻找自我、建立自我，把生命的意义寄托于文学，最后，因为需要自由的呼吸、思想和写作而背井离乡远离故土。

因为命运相同，因为同在异乡为异客，所以她的经历、她的处境我能体会，她的思想、她的趣味我能认同，她的小说、她的文字能引起我的强烈共鸣。米勒有一本描写流亡生活的小说《一条腿上的旅行》，仅仅书名就让我深有同感：身在海外，在非母语的环境中生活，对于从事母语写作的作家来说，真像丢失了一条腿一样行走艰难，确实尝够了只有"一条腿"的人生旅行的滋味。

当然，罗马尼亚的"知青作家"米勒取得的文学成就让人望尘莫及，她远比我们中国的知青作家出色。这到底是为什么？我们可以从米勒的文学创作中得到很多启示。除了其他的因素，米勒有一份难得的执著。她从1982年出版第一部作品开始，至今已经出版了二十二本著作，几乎全是记叙齐奥塞斯库统治下的生活经历和流亡生活，永远把这种重负作为创作之源，可以说固执而顽强。她的作品，始终是在描写"无家可归状态的风景"，这风景中总有一道无形的墙——和柏林墙一样的禁锢自由的高墙——绵延不绝。可以说，现实中的柏林墙可以推倒，但是米勒要告诉人们，在精神世界里，这堵禁锢自由的墙依然存在，始终存在。反观中国的知青作家，大多数在写了几本过去的底层生活之后，就开始"与时俱进"，追求时尚，随波逐流，或者玩弄写作技巧，翻点"现代派"的新花样，但是他们对苦难的记忆却日益模糊，感情日益麻木，不用说鲁迅式的"呐喊",甚至连"呻吟"都听不见。他们的文字可能成熟而华丽,却再无感动人心的力量,这不能不让我感到遗憾。

米勒不仅文学创作上执著,而且个性很强,尤其是对极权专制及其追随者绝不妥协、绝不宽容。当年她在国内时,就是因为拒绝和秘密警察合作而丢失了工作,宁可成为"被剥夺者"。还有个例子也可以说明她的这种强烈个性:我听说米勒很早就退出了德国笔会,因为东西德合并之后,东德笔会也和西德笔会合并为一个笔会,而有些会员是前东德的官方作家,米勒不愿意与那些为极权制度唱过赞歌的官方文人"同流合污"。我也是国际笔会会员,一向赞同国际笔会的原则,也就是伏尔泰的那句名言可以概括的原则,"我可以不同意你的观点,但是我要捍卫你说话的权力"。国际笔会本来不分政治派别,左派右派都可以容纳,对不同政见的作家,包括曾经依附权势的官方作家,只要他们接受国际笔会的原则,本来也可以宽容,但是米勒却不留情面。我可能不同意她的立场,但是我理解她,并且捍卫她这样说话的权力。

反过来,对于受极权专制压制迫害的作家,特别是流亡在外的作家,米勒又充满同情,态度鲜明地表示支持。她最近就参加另一个德语流亡作家笔会的活动,为他们撑腰站台,这和她之前退出德国笔会的举动相比,真是亲疏远近态度明朗。

诗意的凝炼和散文的实在

瑞典学院给米勒的颁奖词称赞她的作品具有"诗歌的凝炼和散文的实在",这是说,米勒作为作家,她的成就不仅在于她深知自己应该写什么,还知道应该怎么写。

这里,"诗歌的凝炼"到底是什么意思?有人以为,颁奖词是说米勒也写诗,而她的诗歌具有凝炼的风格。其实不然,认真去读她的作品,就能明白这是说她的小说语言也具有诗歌的凝炼,有高度浓缩性,这成为米勒小说的语言艺术特色。瑞典学院推崇米勒,主要也是因为她的小说创作而不是诗歌,是因为她的小说具有独特的语言风格。新任常务秘书恩格伦在瑞典电视台上接受采访时,特别介绍米勒的小说语言独特,很有个人特色。他说,"你把作品拿起来一读就能知道这是米勒的作品,因为你能辨认出她的语言风格"。

能有自己独特的语言风格,这不是作家都能够做到的,特别是那些一般而平庸的作家。

这里我翻译米勒最新小说《呼吸的秋千》中的一段,相信读者就能明白瑞典学院的这句评语是什么意思。第二次世界大战结束时,很多青壮年的罗马尼亚德族人被驱逐到苏联劳动营中去做苦工,理由是德族人曾站在纳粹德国一边,应该受到惩罚。这部作品就是描写劳动营中的生活,披露一种特殊制度下的"被剥夺者"的生存状态。

> 水泥不够。煤多得用不完。连渣滓、铁屑和沙子都够了。可水泥总是用光。水泥自己就变少。你必须当心水泥。水泥会变成梦魇,水泥不光会消失而且会缩小。那时一切就充满水泥而没有一点水泥剩下了。
>
> 队长叫喊:管好水泥。
>
> 工头叫喊:节省水泥。

刮风时队长就喊:别让水泥刮跑了。

下雨时工头就喊:别让水泥弄湿了。

当一个水泥袋子破掉的时候,检查员就喊:别让水泥漏掉了。

水泥袋是纸的。水泥袋纸对满袋水泥太薄了。两或三或四只手可以抬一个袋子,在两或三或全部四个角上抓住它——可袋子还是破了。破袋子节省不了水泥。从干的破袋子里漏掉一半水泥到地上。在湿的破袋子上粘住了一半水泥在袋纸上。没法改变:越节省水泥,水泥消失得越多。抓住袋子的时候水泥就已经会骗人,像门牌号码、雾或烟——到处可以看见可无处可抓。飘在空中,潜入泥土,粘上衣服,附着皮肤。

......

我生了水泥症。有好几个星期我到处看到水泥:晴空是抹平的水泥,阴云是堆砌的水泥。雨把水泥绳从天拧到地。我的灰饭碗是水泥。警犬拖着水泥的尾巴,伙房后垃圾堆里的老鼠也是如此。......

在劳动营里人总是让劳作弄得灰头土脸。可任何脏东西都没有水泥那么缠人。水泥像是土灰一样摆脱不了,也不知道它从何而来,因为它已经到处都是。在人头脑中,除了饥饿,只有想家之念像水泥一样扩散。它用同样方式支配你,用同样方式淹死。我看人头脑里只有一种东西比水泥还扩散得快——恐惧。

......

283

从这段译文，我们可以看到米勒行文句式多半短促而有节奏感。很多句子只有两三个词组成。这种简短和海明威"冰山"式语言的简洁有些相似而又不同，因为米勒的语言更具有诗化的寓意性。例如在这段文字中水泥其实已经成为一种象征，有特殊的寓意，表现外在世界对人的压迫感。人与水泥的关系其实也是表现人与外在世界的一般关系，表现人在一种特别制度下的特殊心态：人已经处于异化的状态，摆脱不了外在的压迫，无处不在无法逃避的压迫，人的内心充满恐惧。而你越是惧怕，你越不能摆脱。"一切就充满水泥而没有一点水泥剩下了"，这种写法凸显出一种卡夫卡式小说的荒诞。事实上，米勒的小说确实承继了卡夫卡的传统，也是德语文学中悠久的寓意文学传统，所以获得过卡夫卡奖。正因为如此，米勒小说既是和某个时代密不可分的，但又是超越时代的，可以在更普遍意义上表现人与世界的荒诞关联，能打动更广大的读者。这和卡夫卡的小说创作也是相似的，卡夫卡小说和普鲁士帝国专制制度下小人物的生活状态密切关联，但是又具有超越那个时代的普遍意义，只要专制依然普遍存在。我就清楚记得，中国的"文革"结束后，卡夫卡作品介绍到中国，激动过当时很多中国作家的心灵。

那么，颁奖词"散文的实在"又是指什么？我翻译成"实在"是根据瑞典语的用词"saklighet"，而不是颁奖词英语文本的用词"frankness"（有人翻译为"坦率"或"直率"）。这两个词之间，两种语言文本之间，确实有点微妙的区别，正如前面说的瑞典语文本"无家可归的状态"和英语文本"被剥夺者"的区别一样。"坦率"或"直率"通常是针对作者主体的一种用语，可以说是言志抒情发表

个人见解时的态度,描述说话的一种口气和性格,而颁奖词里的
"实在"却不是如此,或者说不仅如此,它不仅涉及主体,更是针对
被描述的客体;它不仅是作者的态度和口气,更是一种看待事物描
述世界的眼光,在这种眼光中,外部世界在文学中的呈现就具备了
具体性、实在性。换句话说,这个世界不在于你怎么去评说,口气
坦率或委婉,而在于你怎么去观察,怎么去描写。这样我们才能理
解,为什么米勒说,"语言是有眼睛的":她是通过语言来观察世界,
与其说她是在说什么,不如说她是在看什么,在把看到的东西实实
在在写入文学。

如果我们通常说"诗言志",则散文通常有敷陈其事的功能,所
以,颁奖词中"散文的实在"的意思就是说,米勒的笔下世界是具体
真切的,是充满细节的,是接近生活本身的,是就事说事的。这从
上面我翻译的那段译文中也能体会到,水泥不过是劳动营做苦力
的囚犯日常接触的建筑资料,是"实在"的事物,而米勒用自己的浓
缩凝炼的诗化语言,来敷陈她眼中这种"实在"的水泥,用新任常务
秘书恩格伦的话来说,就是她的语言具有"达到极致的精确性"。

"实在"也是说明米勒并不追求宏大壮观的历史叙事,没有英
雄和传奇,没有异想天开的魔幻想象,更不是花拳绣腿,徒有华丽
铺张的词句却空而无当。她的作品都是基于真实的人和事,而且
都是小人物的日常生活,而且都是特殊的小人物,是"被剥夺者"的
"无家可归的状态",正像卡夫卡式的"被审判者"和"被出卖者",或
者陀思妥耶夫斯基式的"被侮辱者和被损害者",所以,米勒创造出
的这些独特的文学作品,这种人物形象,这种独特的"无家可归状
态的风景",依然是继承了欧洲文艺复兴以来的人文主义文学传

统,特别是近现代的批判现实主义的传统。这种传统,通过揭露社会制度对人性价值的摧残和剥夺来批判这种社会制度,通过悲剧性毁灭来引起人们对人性的同情和悲悯,从而用文学来肯定人性。可以说,通过"无家可归的风景",作家又是为人建立了自己的家园。

这种人文主义传统,在目前这个被金钱和权力垄断的世界上,正经受着前所未有的冲击,以致很多人的信心都开始动摇,悲悯精神也开始丧失。所以,瑞典学院在这个时刻选择了米勒,给她颁奖,最重要的意义自然是对一种正被动摇着的人文价值的肯定和维护,是对世界格局中一种咄咄逼人的权势表示出绝不让步的姿态。

米勒 2008 年在瑞典哥德堡书展上发言,瑞典学院众多院士出席聆听。也许这就是她第二年获奖的前兆?

写于 2009 年 11 月
修改于 2015 年 3 月底

附录:"语言有不同的眼睛"

——米勒采访录

译注:2009 年 10 月 8 日欧洲大陆时间下午一点,瑞典学院公布本年度诺贝尔文学奖授予米勒之后,瑞典记者马利卡·格利塞尔由诺贝尔基金会安排立即电话采访了得奖作者。采访后的德语录音稿由记者本人翻译成英文登载于诺贝尔基金会网站。这里是笔者经过诺贝尔基金会同意和授权发表的中译稿。

米勒:你好……

记者:米勒女士,祝贺你。我叫马利卡·格利塞尔,我现在在诺贝尔基金会网站办公室给你打电话。我们向你表示最热烈的祝贺……

米勒:谢谢。

记者:你是用德语写作,你有一次说过,写作对你非常重要,有关生存……

米勒:这么说吧,写作是唯一我能成为我自我的事情,因为在专制制度下……可以这么说,写作提供我一种能坚持活下去的东西……但是,我过去工作的时候——就是我有一份职业的时候——它实际上不那么重要——可我总是被人开除,到处碰壁。那个时候总是不断有人给你穿小鞋,没完没了;审查呀问话呀挨整呀。有时候,写作好像就是有点疯狂的行为了……因为这个国家那么穷,你能看到那么多苦难,有时候你自己会想,写作确实有点那个……在这个世界上写作没有它的位置。

记者：但是，写作也总是你在做的事情啊，为了看到另外的一面，不是吗？

米勒：那样，我至少还能肯定，我还是我自己，我还存在。

记者：你是1987年离开，定居德国的吧？

米勒：是的。

记者：但是你还是继续写很多故国的事情……那是为什么，你怎么看呢？

米勒：这么说吧，我想这是一种沉重的重量……文学会进入重量所在的地方。我在这种专制制度下生活了三十多年，那是伤口所在，也是主题所在……不是我选择了这个主题，而是这个主题总是来找我。这个主题我不能摆脱……我至今也不能摆脱。你不得不写这些永久不停地占据你生活的东西。这也是非常重要的，要写专制制度……因为不幸的是，那个制度看来还没有结束。这是让人遗憾的，在这个世界上还有很多的专制。

记者：你开始写作的时候，你是为谁写作呢，你现在是为谁写作呢？

米勒：实际上，我总是为了我自己写作，仅仅如此。要把事情搞明白，也是搞明白自己的事情，要在内心里理解实际上发生了什么。或者这么说：我自己成了什么样子？我来自一个很小的小村子，然后我到了城市，生活总有间断，而且那个时候我属于少数民族，德族人……而其实你又不属于它。那个时候我和我的同胞们，德族少数民族的同胞们，有这样大的冲突：他们把我革出族门，还在我写出我的第一本书的时候就那样了，这么说吧，好像是有人弄脏了他们的窝,因为我写了牵涉到纳粹主义的情形,还写了村子里的陈旧僵化的生活方式,写了他们的种族中心主义。为此他们就恨我,不饶恕我。

他们需要有关他们的祖国的文学,所谓"民族文学",他们觉得我是损害了他们背弃了他们。这是一个很保守的少数民族,所以我就被排斥在外了。而且我因为政治原因也被罗马尼亚社会排斥在外。然后我就到德国来了,而在这里,我总还是罗马尼亚人,而在罗马尼亚我总是德族人。所以,你总不是自己人,你是外人……

记者:确实如此。你是否认为,你觉得你是身在局外,这很重要吗?

米勒:我不知道这是否重要。当然这是可以摆脱的。有时候,会让你感觉受到伤害。人要在某些方面有归属感,但是该怎么样就怎么样吧,我也习惯了。在某一点上,这也就是事实。本来如此。而且,你也不能强迫自己随大流,不能违背自己的想法,对不对? 如果因为我的看法,因为我的意见,我就不能属于他们,那就这么样吧。你能怎么办呢? 你不能让步,或者装作是另外一个人,就为了能属于他们。而且这也没用。你一旦不再属于他们,也就到此为止了。

记者:对你来说,文学……写作,是否必须做到诚实?

米勒:是的,你必须对你自己诚实。通过写作,你体验到一种东西,它和你用五官体验到的东西不同。因为语言是不同的手段。在写作中,你在搜寻,那就是让你不断持续写作的原因,你从一个完全不同的角度来看、来体验事物,你是在写的过程中体验你自己。当你写作的时候,写作本身并不知道它会成为什么样子,只有在完成写作的时候才知道。只要我在写作,我就能保护我自己,那时我知道生活如何继续下去,当我写到一篇文章的尽头的时候,我就再也不知道了。

记者: 听来不错。《呼吸的秋千》(德语原文 Atemschaukel,其字面的意思是:"呼吸的秋千/摆动",)——你认为这本书很难吗?——你写了一群德族人,他们在监狱里;他们是不太让人喜欢的,是不是?第二次世界大战结束之后,人们就把他们忘记了……你有什么意图?

米勒: 好吧,这么说吧,……1945 年之后把他们驱逐流放出境自然是和二战有关系的……

哦,是门铃在响。现在这座房子里吵翻天了……他们已经到了前门外了(这里米勒指听说她得奖而蜂拥而来的记者——中译者注)……

好,这些人是以集体犯罪的名义被驱逐流放的,德族少数民族也牵涉进去了;他们是在盖世太保或德国军队里干过的。那个时候,罗马尼亚在安东尼斯库统治下,也是一个纳粹国家……

你安静一点好不好,否则我就没法在电话上说话了(这是米勒对房间里一个朋友说话——中译者注)……这是我的一个朋友……哦,我听不清楚……

记者: 好吧。我想一个庆祝大派对就要开始了吧——那就快点说吧:你说那是"集体犯罪",我们快点说吧。

米勒: 是,而在我看来,所谓"集体犯罪"的罪名总是不公正的,因为被驱逐流放的人并不是参加战争后回来的人。驱逐流放是在 1945 年的 1 月就开始了,而战争是到了 5 月份才结束的。我父亲那时在党卫队里,他还没有从前线回来呢。所以,被驱逐流放的是平民,其实还是很年轻的人,像奥斯卡·帕斯提奥,那时才十七岁,而他本人完全是无辜的。(帕斯提奥后来成为罗马尼亚著名诗人,米勒的挚友,2006 年不幸去世;小说《呼吸的秋千》就是根据帕斯提奥被驱逐流放到苏联劳改营后的经历创作的——中译者注)

……安东尼斯库时代的罗马尼亚也曾是一个纳粹国家,是站在希特勒那边的,直到战争就要结束了才站到另一边,或者说是被迫站到另一边。因为是苏联强迫罗马尼亚站到那一边。这也是让罗马尼亚的德族少数民族对牵涉到纳粹主义的事情耿耿于怀的原因,因为罗马尼亚人也跟着安东尼斯库到了斯大林格勒去参战了,而战后呢,他们只追究德族人的责任,少数民族的责任。在匈牙利只有霍尔蒂带头的少数民族,霍尔蒂的追随者和德族人是支持希特勒的,但是罗马尼亚是全国人口都站在纳粹德国一边的,而1945 年之后,历史就被篡改了。

是的,我母亲也被驱逐流放了,流放了五年。但是我试过从历史语境来看待这些事情。如果不是纳粹德国犯下这么大的罪行,那么就不会有驱逐流放的事情发生了。这是应该记住的。这不是无中生有的事情。但是,这种罪行的后果是把少数民族牵涉进去了。

记者:你对你的书也翻译成罗马尼亚文怎么看? 在那里他们是怎么接受你的作品的?

米勒:哦,情况不一样。一般来说,这些书还是蛮受欢迎的。但是这只是一个方面。也许是他们选了一本书来评论,而他们正好喜欢这本书。但是在罗马尼亚我不是特别让人喜欢的。我不常接到他们的活动邀请。因为,一直到今天,我对罗马尼亚的状况都说过很多负面的批评话,因为事情就是那个样子。因为整个旧制度下的特权阶层和秘密警察已经把这个国家的所有位置都瓜分了。这已经是一个完整的网络。他们勾结起来狼狈为奸。这也就可以解释为什么腐败在罗马尼亚那么盛行。这是让人遗憾的,罗马尼亚离开真正民主还有一大段路。

在罗马尼亚的那些人当然不喜欢听到我这种意见。这是一个没完没了的问题。流亡在外的人应该闭嘴,而且他们说我已经根本不了解那边的情况了。

记者:你的语言是德语,但是你还是有罗马尼亚的影响……为什么这是那么显然呢?

米勒:是啊,德语是我的母语。我很晚才学习罗马尼亚语,是我十五岁的时候到了城里才学的,我愿意学它。我很喜欢这种语言。罗马尼亚语是非常优美的,感性的,富有诗意的语言。从那个时候开始——也许那么晚才学这种语言不是坏事,因为那个时候我懂事了,能明白这种语言了——我发现罗马尼亚语是富于想象的,它有非常精彩的比喻,又是老百姓每天都使用的日常比喻,用在有迷信的地方……或者是成语,很多事情是互相矛盾的,或者是植物的名称,很多东西的名称是和德语完全不同的。同样的东西却有不同的看法……我总是看到两个车站,一个是我自己的语言的车站,而另一个是另一种语言的车站。不仅仅是不同的词汇,也是不同的视野。语言是有不同的眼睛的。就我的情况来说,罗马尼亚语总是和我一起写作,即使我不用罗马尼亚语写作的时候也是这样的,因为它在我的头脑里。

而我从另一种语言里也能有两种视野，它们总在那里。经常我自己都不清楚我是从哪种视野来写作的。

记者：在你的著作当中，你会推荐我们先读哪一本呢？

米勒：我也不知道。德语本里我当然推荐我最新的这部作品。你总是离你的最新作品最近。就是《呼吸的秋千》。

记者：《呼吸的秋千》。很好，现在你是出了大名了，你感觉如何呢？

米勒：是啊，我也不知道怎么说。

记者：（笑）

米勒：一个人不会因此而成为不同的人吧。所有这些其实和写作本身没有什么关系。我现在很开心，但是我还是要留到地面上吧。所以，就目前来说我得把这件事情先料理了。两三天内肯定是会不可开交的。此时此刻我就很知道会这样，但是我还是不敢相信。我想不到这是真的。事情会是这样的。我不知道我为什么配得上这样的幸福。有时候我觉得幸福是会犯错误的。也许我根本配不上。我怎么受得了这么多的幸福呢？

记者：米勒女士，非常非常感谢你，而且祝贺你……

米勒：我也感谢你，给你最好的祝愿。

记者：给你最好的祝愿。非常感谢你，再见。

瑞典学院颁奖词：
"因为他以密集、透明的图像为我们提供进入现实的新途径"。

瑞典文原文：
"för att han i förtätade, genomlysta bilder ger oss ny tillgång till det verkliga."

托马斯·特朗斯特罗姆
(Tomas Tranströmer，1931—2015)

他的余光将会收容我们

——悼念 2011 年诺贝尔文学奖得主、
瑞典诗人特朗斯特罗姆

　　就在我修订这部再版书稿的时候，3 月 26 日，突然得到托马斯·特朗斯特罗姆去世的消息，让我震惊和悲痛不已。

　　这位老诗人 1990 年中风后右半身瘫痪，活动要靠轮椅，而且得了失语症，只能说"是"、"不"或者"好"等几个简单的字，能坚持到现在八十四岁高龄（按中国算法过春节即加一岁）已经不容易，他的去世似乎很自然，但我还是感到突然和震惊，因为不久前，中国春节前的一天，我还刚去他家里拜访过他。那时托马斯（在瑞典不论长幼直呼名字表示亲切已经是习俗）的状态和往常并没有太大区别，还是那样安详地微笑着坐在轮椅上等我过去，不能动的右手吊在胸前，只能用左手和我握手。他的手巨大而有力，也因为中

294

风后失语,他无法用语言表示欢迎,会用更大的手劲来握你的手,有力地摇摆,表示他内心的真诚欢迎。我也正是通过他依然有力的手劲感觉到他的生命力还在,让我感到欣慰,我那时相信他的生命将会延续很久。

那天我给托马斯带去了北岛托我转交的《给孩子的诗》。在这本为孩子选编的书里,北岛选用了托马斯的两首诗。我也给他带去了严力托我转交的去年北京世纪坛中秋诗会的水晶纪念品,上面刻了他的名字,因为严力组织的这次诗会也用了他写到月亮的两首诗。我还带去了华裔摄影家李亚男托我转交的他的照片,其中有我和李亚男上次拜访他时拍摄的特写。托马斯当时就连声说"好",其中一张后来立刻交给他的出版社用在了他的下一本书里。那次我还和他的夫人莫妮卡约好,今年夏天要带李亚男去他家在龙马岛上的夏季别墅,去那座著名的"蓝房子",拍摄阳光下的托马斯。

今年夏天,瑞典的阳光一定依然灿烂,龙马岛上的"蓝房子"也一定还在,但我们想拍摄的托马斯已经消失了。我想起他的那首诗《某人死后》,"……但是感觉影子比身体更加真实"。

得知噩耗的第二天晚上,我和妻子安娜去听一场钢琴独奏音乐会,没想到钢琴家最后加演了一段海顿,我想起了特朗斯特罗姆的诗歌《快板》,忍不住眼泪就流了下来。

2013年,香港牛津大学出版社出版了由我选编和翻译的特朗斯特罗姆诗集《早晨与入口》。这是由北岛主持的"国际诗人在香港"活动系列出版物,每年选择两位诗人各出版一本双语对照诗集,并由香港中文大学邀请诗人赴港访问两周,期间举办朗诵会、研讨会、座谈会等活动。可惜特朗斯特罗姆因为身体原因未能亲自到香港，而是我代替他去做了一个讨论他诗歌的工作坊。

在这本诗集里，我就选译了《快板》这首诗，"一个黑色的日子过后"，诗人在钢琴边坐下来，演奏一段海顿的曲子。这实际是他日常生活里常见的情景。托马斯酷爱音乐，也弹一手好钢琴，即使中风后还经常用左手单手弹钢琴。钢琴所呈现的"声音"被描写成"绿的，活泼而又安宁"——以此对照"黑色的日子"。"琴键得心应手／温柔的音锤敲打。"诗人要传达出音乐能给人的轻松感，但更主要的是，他还要表现出音乐和艺术能带给人更大的自由感。当生活让人感到压抑，现实如山崩石裂一样可怕，但即使人生活在不自由的环境里，也可以在音乐里、艺术里找到另一种自由——"这声音说自由存在"。

这首诗里还体现出托马斯和其他几位得过诺贝尔文学奖的诗人布罗茨基或希尼等一样的美学理想，艺术的美已经有了更高的伦理，也超越了现实。比如希尼的《挖掘》已经是用笔"挖掘"而不是用铁锹。在《快板》里，托马斯写道：

> 音乐是斜坡上的一栋玻璃房
> 那里石头在飞，石头在滚。
>
> 这些石头滚动横穿而过
> 但每块玻璃都完整无损。

也就是说，在音乐里，你根本不用害怕现实的玻璃房会在音乐中碎裂。

当然，现实是残酷的，在诗艺中不朽的人，在现实中依然战胜不了死亡。在现实里，每块玻璃最终都会粉碎。

从认识诗人到成为他的译者

我认识托马斯有二十多年了，这种缘分首先是因为我的《今天》老友北岛，北岛是把托马斯的诗歌介绍到中国的第一人，是托马斯的好朋友。1984 年北岛就应马悦然之约，以笔名石默首次翻译了托马斯的六首诗作，刊登在该年第四期的《世界文学》。第二年，特朗斯特罗姆第一次访问中国，北岛陪他游览了北京和上海。而托马斯也非常欣赏北岛，在访问中国时给美国诗人布莱写的信中就特别推荐过他（参见我翻译的特朗斯特罗姆和布莱通信集《航空信》）。以后北岛到瑞典来访问过多次，还去过托马斯家在龙马岛上的别墅"蓝房子"。北岛在自己的散文《蓝房子》中，就详细讲述过他们此后二十多年的友谊。托马斯的夫人莫妮卡对我说过几次，说如果诺贝尔文学奖可以分享，托马斯一定愿意和北岛分享，可见他们的友情之深，更是在诗艺上的惺惺相惜。

1990 年秋天，我从挪威到斯德哥尔摩大学中文系教书，那年北岛也因得到瑞典笔会的一个奖，来斯德哥尔摩居住和写作半年。就是在北岛暂居的住处，我第一次见到了这位在全世界都早已赫赫有名的瑞典诗人。北欧的冬天对于中国人来说漫长而寒冷，诗人给了孤独的流浪者特别的温暖。

不过九十年代我和托马斯其实交往非常少。因为我自己不能算是诗歌圈里的人，很少参加这方面的活动，也因为托马斯是瑞典乃至世界文学界的明星人物，比如我这本书里提到，好几位来领诺贝尔文学奖的诗人，比如布罗茨基，比如沃尔科特，比如希尼，都曾经向瑞典学院提出过应该给特朗斯特罗姆发奖，都承认他们受过这位老诗人的影响。像他这样的名人，我会觉得高不可攀。

不过，虽然托马斯年年有人预测他该得或者会得诺贝尔文学奖，但由于比较复杂的原因，年年还是名落孙山，加上中风后诗歌创作基本终止，又年事日高，似乎没有东山再起的希望了，以至瑞典媒体也都很灰心丧气，不再预测他会获奖了。文学圈里的朋友因为他身体不好，也不便常去打扰，所以那时他家上门来的人不多，比较冷清，真可以说是"门前冷落鞍马稀"。那时我倒多了去他家做客的机会。记得第一次去他家做客是 2001 年。那年中国出版了特朗斯特罗姆全集，他应邀再次访问中国，还去了中国云南。从中国回来之后，他夫人莫妮卡就打电话来，邀请我和安娜到他家去吃饭，也有事要商量。我当时还真有些惊讶，难得一位著名瑞典诗人邀请我们去家里做客。去后我才知道，他们从中国带回来很多中国诗人送给他们的诗集，还都是中文的，他们当然看不懂，但确实很认真地在考虑如何帮助这些中国诗人走向世界，如何向瑞典文学界翻译介绍这些中国诗人，也因为当时安娜已翻译出版中国文学十多部，已小有名气，所以找我们商量怎么做。他们对中国文学的爱护，对中国诗人的热心肠，做事的认真，那时就给我留下了很深印象。可惜，翻译出版中国文学在瑞典本来就很难，出版诗歌就更难，安娜也几乎没有时间翻译诗歌，当时谈的想法至今都没有付诸实现。我这里写下这件事情，无非是想告诉给他诗集的那些中国诗人，老诗人不是敷衍了事的人，会拿了他们的诗集当作废纸烧或当垃圾扔掉,他确实希望过自己能为他们做点什么。

2011年,托马斯将过八十大寿。那年5月,北岛去爱沙尼亚参加诗歌节,诗歌节结束后特地绕道斯德哥尔摩来看望这位老朋友。我一早开车到爱沙尼亚来的游轮停靠的码头去接了北岛,然后我们就直接去托马斯家吃午饭。有远方的老朋友来看他,他当然特别高兴,不仅饭菜准备得丰盛,还有红酒佐餐,饭后还为我们单手弹奏钢琴。那天的谈话中还提到了他在瑞典刚出的新书《航空信》,是他和美国诗人罗伯特·布莱的通信集。布莱曾是第一个把托马斯介绍给美国的英文译者,而托马斯是布莱的瑞典文译者,把布莱和美国新诗人介绍到北欧。所以两人的通信中经常涉及他们的诗歌创作和翻译的一些问题,具备非常重要的史料价值。北岛当时表示,希望我能选译其中几封信件在《今天》文学杂志的网站上发表。莫妮卡立即拿来一本书送给我。

之前,我从来没有妄想过有一天我也会成为特朗斯特罗姆瑞典文作品的译者。之前我没有胆量完整地翻译过一部瑞典文著作。我在瑞典生活了二十多年,其实没有学过瑞典语,不过八十年代中期,我中戏毕业留校后,又去挪威留学研读易卜生戏剧,我学习过挪威语4年,挪威语和瑞典语其实很接近。而且,在瑞典,因为需要谋生,我在一家翻译公司工作了近十年,还因为我妻子安娜是瑞典人,瑞典语非常好,而且翻译过许多中国作家,包括莫言的作品。因为会有她的帮助,我才敢接受了摘译《航空信》的任务。

当时我们谁也没想到,只过了几个月,这年10月,瑞典学院出人意料地宣布授予特朗斯特罗姆当年的诺贝尔文学奖,而南京的译林出版社立即购买了《航空信》的版权,并和我签约,由我把全书翻译成中文出版。

其实,翻译《航空信》的过程,才是我真正认识这位老诗人的开始。不仅了解了他的生平,他的家庭,他的创作经历,他的诗歌作品,他对诗的理解和追求,而且也了解了这个诗人的个性和人品,他的思想和立场,他的认真和坦诚,他的固执和倔强,他的谦卑和平常,他的正直和高贵。

以后我们的交往就比较多了一点。我知道托马斯喜欢中国文化,家里还挂着中国朋友送的书法,他也喜欢喝中国白酒,所以五粮液和茅台我拜访他们时都带去过。因为托马斯出门要坐轮椅,就是想请他去中餐馆吃饭也不容易,所以有时我去之前先到中餐馆买好外卖的烤鸭、饺子,带去和诗人夫妇共享。

《航空信》不仅是书信,因为两位诗人互译对方的诗歌,经常讨论诗歌,所以这部书里包括了起码十几首托马斯的诗。这些诗歌当然已经有了中文翻译,开始我也想直接采用,自己也省事了,可是后来发现不少翻译还有错误,还需要自己重新修改,那就不如自己翻译了。好在从《航空信》里也可以看到,托马斯非常理解诗歌翻译的多种可能性,从来不把作品交给一个译者独家翻译,所以无论英文本还是中文本,都会有多个译者的不同版本。他本人对待诗歌翻译也非常认真,他会为了一个词的翻译而和布莱辩论较真,不允许随便修改原意。比如布莱把"斜飞的"风筝翻译成"直上的"风筝就受到特朗斯特罗姆的质疑和批评,托马斯还在信中画了插图加以说明。老诗人的这种"推敲"精神说明,他绝对不会同意让诗歌翻译成为随意篡改原文的游戏。所以《航空信》里的诗最后都是我自己重新翻译的,而且由于我的建议,这部书出版时加了一张有诗人弹奏的钢琴曲和诗作朗诵的光碟，里面的有关音乐的诗歌也都是我自己翻译的。而我这些做法都得到了托马斯的赞许。

我个人认为，要想真正理解特朗斯特罗姆的诗歌和为人，都应该去读读《航空信》。托马斯去世之后，我读到过国内媒体上的一些评说，那些被认为是特朗斯特罗姆诗歌专家的评论，都没有提到这部《航空信》，更无从谈起它的意义。而他们的诗歌评论所依据的中译本，仍然是错误很多的中译本，让我对他们是否真正理解特朗斯特罗姆表示怀疑。

正因我自己翻译过了《航空信》，也翻译了里面的诗，也就有了前面提到的北岛请我翻译的《早晨与入口》。

兼任心理医生的意象派诗人

托马斯的人生主要成就是诗歌，但他一生基本上不是靠写诗为职业谋生的，可以说写诗只是他业余时间做的事情。他早期的理想是成为自然科学家或者考古学家，后来在斯德哥尔摩大学学习心理学，毕业后也留校做过几年这方面的研究，后来为了谋生，离开首都斯德哥尔摩到外省一个小城市去担任青少年罪犯管教所的心理医生，以后又出任过政府劳工管理部门的心理学专家。诗人的这种心理学家背景对他的诗歌创作无疑还是有影响的，使得他对人的内心活动有比较专业的理解，也能透视人的心灵。曾有评论家说，特朗斯特罗姆的诗歌，在一定意义上是打开人的心灵大门的钥匙。

　　我以为，托马斯人生中还有一个重要的阶段，是中国的文学评论家不知道或者很少会去注意的，那就是托马斯在高中时期的文学活动。当时他就读的斯德哥尔摩南拉丁学校高中就有一个活跃的文学青年团体，而且当时斯德哥尔摩一份文学刊物的周围也聚集了一批年龄相近的热心投稿人，都是1930年前后出生而在第二次世界大战结束后进入高中的文学青年。正是在这个圈子里，出现了很多后来著名的瑞典作家和诗人，比如说瑞典学院诺贝尔文学奖评委会前任主席埃斯普马克、现任主席韦斯特拜里耶，都和托马斯一样属于这个文学青年的圈子，甚至追随过同一位老师图尔谢学习写诗的艺术。在中国出版过《汉字王国》和《古琴》两部著作的瑞典著名汉学家林西莉当时就是托马斯的高中同班同学，也属于这个团体，而她的书正是以文学性强而两次夺得瑞典的奥古斯特文学大奖。此外林西莉的前夫斯文·林德奎斯特也是他们的高中同班同学，也属于这个文学青年小组，现在同样是瑞典著名的左派作家。由此可见，高中时期的文学交流对诗人和作家的成长非常重要。

　　二战后整个欧洲文学的发展，意象派诗歌、超现实主义文学运动等等，是托马斯形成个人诗歌风格的大背景。上世纪五十年代，托马斯二十三岁时发表了第一部诗集《诗十七首》，第一首第一句就是一个独特的意象："醒来是一次梦中跳伞／摆脱那窒息人的涡流……"这部诗集正如瑞典学院颁奖词所说的那样密集而透明，而且非常新颖，给瑞典诗坛吹来一阵清新的风，托马斯因此而一举成名，占据了瑞典当代文学的一个重要位置。

　　托马斯因此被誉为用诗的语言创造图像的大师。不仅善于营造独特图像,更用众多图像拼接组合出超现实的隐喻,成为内涵丰富的意象,让读者进入一种审美的意境,一个崭新的世界。

意象具有直观性,就是年龄不同、阅历不同的人,也都能一目了然,所以有瑞典评论家说,托马斯的诗歌十七岁少年能读,二十七岁、三十七岁的成年人能读,七十岁的老人也能读。所以,在瑞典他的读者包括不同年龄、不同文化层次,知名度很高,几乎是家喻户晓。也正因为这种直观性,他的诗歌容易被翻译成各种不同语言,迄今他的诗歌在全球已经有六十多种语言的译本,影响遍及世界。在文学和诗歌非常边缘化的时代,这的确也算奇迹!

托马斯的诗歌特色当然还不仅仅在于图像。曾担任诺贝尔文学奖评委会主席十七年的埃斯普马克,也是和他拜同一位老师学习诗艺的老朋友,在诺贝尔奖颁奖仪式上亲自致辞介绍托马斯,他特别强调,如果说托马斯诗歌的出色之处仅仅是图像,"我认为这只是一半真相。另一半真相是日常生活中的视野,是通透的人生体验,而那些意象是镶嵌于其中的。"

也是埃斯普马克指出,这位诗人的发展"已经具有越来越大的开放性。已经从他的瑞典地理版图扩展到闪耀的螺旋星座纽约,到了人群熙熙攘攘的上海,他们的跑步让我们沉默的地球旋转。他的诗中也并不少见世界政治的闪光。同时,谦逊的图像也更加清晰:'我毕业于遗忘的大学,而且两袖空空,像晾衣绳上的衬衫。'以这种轻松的权威性语气,特朗斯特罗姆道出了我们中许多人的心声。他在年轻时就说过,我们每个人'都是一扇半开的门,而通向一个属于人人的房间'。那是我们大家最后的归宿——这个房间容纳所有的瞬间,此刻也容纳了我们全体"。

一个谦卑的伟人

托马斯最让我难忘的一句诗歌是：

我有很低的岸，只要死亡上涨两分米，就能把我淹没。

从这句诗中可见他对待个人生命的谦卑态度。而他虽然名满全球，其实也并不自以为很高大，不像我最初想的那样高不可攀。托马斯其实非常平易近人，待人真诚热情，毫无诗人群体中常见的高傲和矜持。所以，他在瑞典成为一个很受读者尊敬和爱戴的诗人。瑞典最大的报纸之一《瑞典日报》以头版头条刊登他逝世的报道，标题就是《一个人民热爱的诗人去世了》。

托马斯在自传《记忆看着我》里曾经用彗星的图像来比喻人的一生。彗星最亮的头部是童年和少年的成长时代，而当人生接近死亡，就如彗星的尾巴，密度越来越低，光亮也就越来越黯淡。他又有首诗《某人死后》，以他惯用的隐喻手法，写人的死亡来临之后，生命的余光会留下一条长长的、苍白而闪烁的彗尾，而这个彗尾会收容我们依然活着的人。因此我想，托马斯身后一定也会留下这样一条生命余光的彗尾，但这余光一定比一般人留下的明亮得多，也长久得多。瑞典学院的讣告里说，"托马斯·特朗斯特罗姆能死的部分死去了，但是他的天才创造性将依然留在人间。"这个意思是一般人说的，诗人会活在人们的心里。而我觉得，倒还不如用诗人的诗歌意象来说："他的余光将会收容我们。"

写于 2015 年 4 月 3 日

附录：埃斯普马克在 2011 年 12 月 10 日
诺贝尔奖颁奖典礼上的致辞

　　译注：每年 12 月 10 日诺贝尔逝世纪念日是举行当年诺贝尔
颁奖典礼的日子。在各个奖项的得主走上领奖台中间从瑞典国王
手里接过奖状、奖牌、奖金之前，会有一个评选机构的院士先致辞
介绍这个奖项的得主，这个院士通常也是最了解得主成就的专家，
能简洁而凝炼地介绍这个得主的成就，也就是说明了颁奖的理由
所在。给 2011 年文学奖得主特朗斯特罗姆做介绍的是瑞典学院
院士谢尔·埃斯普马克。确实，在瑞典学院院士里，在瑞典文学
界，没有人比埃斯普马克更了解这年的得奖者，也没有人比埃斯普
马克与这位得奖诗人的友谊更深更久远。这不仅仅是因为埃斯普
马克是瑞典学院院士，是学院内五位文学专业的院士组成诺贝尔
文学奖评委会的评委，他还担任过这个评委会主席十七年，对于诺
贝尔文学奖的评选真可谓举足轻重，那么特朗斯特罗姆的得奖肯
定有埃斯普马克的大力推动。这也不仅仅是因为埃斯普马克也是
一位文学评论家，曾经担任过斯德哥尔摩大学文学院教授、院长，
不仅仅因为他还出版过有关这位得奖诗人的评论专著。最重要的
是，因为埃斯普马克自己也是一位诗人和小说家，他在上世纪四十
年代末五十年代初就曾经和得奖诗人拜同一位瑞典诗人图尔谢为
师学习诗歌创作的技巧，可以说他和得奖诗人有师兄师弟的手足
之情（他比得奖诗人年长一岁，埃斯普马克出生于 1930 年，特朗斯
特罗姆出生于 1931 年）。所以，由他在颁奖典礼上做介绍，对他来

说是"义不容辞",也是"当仁不让"。所以,我觉得,要解读瑞典学院为什么会把文学奖授予特朗斯特罗姆,我们最好先来看看埃斯普马克在颁奖典礼上的致辞。我愿意全文译出如下:

尊贵的国王陛下、尊贵的王室成员、女士们先生们:

特朗斯特罗姆是为数不多的对世界文学深具影响的瑞典作家之一。他的诗作已经译成六十多种语言,对世界不同地方的诗歌发展都意义重大。诺贝尔文学奖获得者约瑟夫·布罗茨基曾坦承他曾经从特朗斯特罗姆那里偷用过不止一个意象。一年前我在中国旅行,我发现,随行的中国诗人也将特朗斯特罗姆当作伟大典范。

为何如此?是因为那些精彩的意象吗?我认为这只是一半真相。另一半真相是日常生活中的视野,是通透的人生体验,而那些意象是镶嵌于其中的。

让我们看看《卡利隆——教堂钟声》这首诗,诗中的"我"来到在荷兰布鲁格的一家陈旧旅店,伸展双臂躺在床上,"一个实实在在挖下去的锚/拉住不动的/是上面漂浮的巨大阴影/是我也属于其中一部分的那个巨大未知物"。再看下面这行诗中的"我"得不到保护的意象:"我有很低的岸,只要死亡上涨两分米,就会把我淹没。"重要的不是这些个别意象,而是构造这些意象的视野完整性。那个太容易被淹没的"我"即是那个无所保护的中心,而无论什么不同时代之潮,无论是近水还是远波,都向那里汇合。那个从上面巨大的未知物垂下的锚链,也是连接到这一谦卑的"我"。但在这首诗中,又存在着一个反向运动。在旅店房间的窗外,"狂野的广场"在扩展中,自我灵魂的状态是朝向它散射出去的:"我身体里具有的东西在那里化为物质，一切恐惧，一切希望。"这一运动既朝内，也向外。一会儿是布袋从接缝处崩开，而教堂钟声的音调滚滚而出越过弗兰登平原；一会儿同样的钟声又将我们飞送回家。而正是这种巨大的呼吸式动作成为一种隐喻，提供感性的精确含义。奇异的是，这首丰富内涵组织起来的诗作轻快得几乎没有什么重量，却能够直接诉诸我们的感官。

类似的巨大呼吸也可在《波罗的海》一诗中找到。那些动人意象用于展示理解和隔阂的对立，如交替运动被整合在"大门敞开和大门关闭"之间，或是在"叹息其他海岸"的一阵风和给这个岸边留下"荒凉和寂静"的另一阵风之间。

但特朗斯特罗姆诗歌宇宙里的运动首先是指向中心的。他的透明性能把广泛分布的种种现象聚集在一种质地紧密的此时此地。我们记得《途中的秘密》那首诗里那间"容纳所有瞬间的屋子——一座蝴蝶博物馆"。与那些朝向天空摸索的同行们截然相反，他首次发表的第一本诗集的第一句诗是："醒来是从梦中往外跳伞"。这是地道的特朗斯特罗姆式的下降，朝向中心，降入到一个大地的夏天。

在《有关舒伯特》这首诗中，燕子飞行六个星期越过两个大陆，"返回这教区这牛棚这屋檐下它去年的巢穴"，这个图像捕获住了朝向中心的运动的精确性。它们的飞行"精确地朝向陆地上正消失的黑点"，对应了舒伯特"整整一生从五根弦的某些相当普通的和声里捕捉信号"的方式。

特朗斯特罗姆的发展已经具有越来越大的开放性。已经从他的瑞典地理版图扩展到闪耀的螺旋星座纽约和人群熙熙攘攘的上海,他们的跑步让我们沉默的地球旋转。他的诗中也并不少见世界政治的闪光。同时,谦逊的图像也更加清晰:"我毕业于遗忘的大学,而且两袖空空,像晾衣绳上的衬衣"。以这种轻松的权威性语气,特朗斯特罗姆道出了我们中许多人的心声。他在年轻时就说过,我们每个人"都是一扇半开的门,而通向一个属于人人的房间"。那是我们大家最后的归宿——这个房间容纳所有的瞬间,此刻也容纳了我们全体。

亲爱的托马斯,我感到十分荣幸,今天在这里代表瑞典学院向您表示最热烈的祝贺,并请您上前从尊敬的国王陛下手中接受诺贝尔文学奖。

瑞典学院颁奖词：

"他用虚幻现实主义将民间传说、历史和当代融为一体"。

瑞典文原文：

"som med hallucinatorisk skärpa förenar saga, historia och samtid."

莫言
(本名管谟业,1955—)

诺贝尔文学奖的互文阅读

——以 2012 年获奖的中文小说家莫言为例

对莫言获得 2011 年诺贝尔文学奖,海内外至今仍有很多不同的看法,褒贬不一。有不同看法其实很正常,不用大惊小怪。有些看法纯属政治游戏,与文学无关,不值一评,而就莫言文学作品的评价来说,有不同看法是因为读者的眼光不同,可以得出不同结论,做出不同解释。就如鲁迅所说,对《红楼梦》的评价"就因读者的眼光而有种种:经学家看见《易》,道学家看见淫,才子看见缠绵,革命家看见排满,流言家看见宫闱秘事……。在我的眼下的宝玉,却看见他看见许多死亡;证成多所爱者,当大苦恼,因为世上,不幸人多"。我认为,对莫言作品有不同结论,情形大体相似。

莫言是中文读者熟悉的作家,因此对于他的生平和思想的介绍,在本书中没有必要多谈了。我主要想解读为什么瑞典学院会给莫言颁奖。他们授予莫言诺贝尔文学奖，当然因为他们自己的独特眼光。他们在阅读和评价莫言作品的时候，有他们独特的读法，所以读出了莫言作品的精彩，莫言作品的意义，莫言作品的价值，所以会决定给莫言颁发诺贝尔文学奖。我认为，除了别的读法之外，他们主要采用了互文阅读的方法。

互文阅读(Intertextual reading)是当代文学批评者熟知的一种方法。它和那种只读某个文本本身的封闭阅读方法(Close reading)不同，强调文学文本的意义并不孤立存在于该文本之内，而是产生于阅读过程中，是当读者在阅读该文本时有意无意地把该文本放置在自己曾经阅读过的记忆文本的互文网络结构中时产生的，它必然关联到其他的文本，构成互文关联。换言之，阅读是在一种上下文中去进行，才能进行分析和批评，才能达到对文本的更深入更有效的理解。简单地说，在互文阅读的语境里，你要读懂一本书，你必须先读过很多其他的书，而且是类似的书，你才可能互相对照，互相比较。那些平时不读书的人，恐怕就没法读懂莫言的书。那些根本没有读过莫言的书就妄下评语的人，就更不用提了。

互文阅读可以是一种语言文学之内的阅读，比如就在中文文学的范围之内阅读莫言，把莫言作品和其他的中文文学作品放在一起做互相对比的阅读，既和传统的文本做互文阅读，也和同代的文本做对比阅读。这种阅读的互文网络结构和互文关联不涉及外语，但可能涉及外语文学翻译成中文的译文，比如把莫言作品和马尔克斯的《百年孤独》中文译本做对比阅读。但互文阅读也可以发生在跨语言的语境中，使得互文阅读有了更加丰富和复杂的互文网络结构,不仅在横向上跨越多种语言文学,而且在纵向上也可能变成多种语言的历史文本的互文阅读,成为一个纵横交织的更加立体的网络。也就是说,既有原文的上下文互文阅读,又有译文的上下文互文阅读。我愿意称之为"并置上下文"或者"重置上下文"的互文阅读。瑞典学院诺贝尔文学奖评委们的阅读,基本上是以这种复杂的互文阅读网络为基础的。

瑞典学院的院士们,除了马悦然之外,其他人都不懂中文。诺贝尔文学奖评委会的五个评委,则全都不懂中文。因此,他们无法做中文语言内的互文阅读。只能通过译文来阅读。但是这些院士都精通欧洲的主要语言,所以能通过中文文学的不同欧洲语言译本对莫言做互文阅读。比如说,他们读《红高粱家族》的时候,不仅读瑞典文的译本,也读英文译本、法文译本、德文译本或者西班牙文译本,通过这些不同译本的互文比较,努力去接近原文。不仅如此,他们当然也阅读过大量的其他中文文学的译本,比如说他们中的许多院士都曾经读过现代中文作家巴金、丁玲、沈从文和老舍的作品,也读过当代的作家李锐、苏童、余华、马建等人的作品,他们也把莫言的作品放在这些前代的或者同代的中文作品的背景中去做互文阅读。此外,他们都读过大量的世界文学作品,更把莫言放在世界文学的互文网络结构之中去阅读。所以,他们是在相当复杂的互文阅读网络中阅读莫言的。我曾把这种互文结构称为一种特殊的"重置上下文"或者"并置上下文"。

诺贝尔文学奖既然是一种通过评选而决定的奖项,带有竞争性,是从众多的被提名作家中一步步筛选出来的,那么瑞典学院的评委们也不可能没有把得奖作家作品和其他作家的作品进行过比较和衡量，否则就难以选出优胜者。而比较和衡量也正是一种互文阅读，所以，互文阅读对评选诺贝尔文学奖尤为重要，不可或缺。

作为瑞典学院对莫言作品做互文阅读的例证，让我们来看一看 2012 年 12 月 10 日的诺贝尔奖的颁奖典礼上，瑞典学院院士、诺贝尔文学奖评委会主席派尔·韦斯特拜里耶介绍莫言的致辞。韦斯特拜里耶首先把莫言作品和其他中文作品做比较。他说，在读莫言的作品时，"我们从未遇见毛的中国的那种标准形象的理想公民"。显然，韦斯特拜里耶是联系毛时代的中文文本，与莫言文本做互文阅读。"毛的中国"当然是指 1976 年毛泽东逝世之前的中国，那是文化大革命的时代，那时的小说，如浩然的《金光大道》，里面的主角高大泉就是这种"标准形象的理想公民"。那是作家根据革命需要或统治者设定的标准而创作的虚假形象。韦斯特拜里耶认为莫言敢于颠覆这种标准，所以莫言笔下的"人物生气勃勃，甚至采取最不道德的方式和步骤来实现自己的生活目标，炸毁那些命运和政治把他们禁锢起来的牢笼"。

韦斯特拜里耶还说，"也从来没有作家如此赤裸裸地描绘过中国整个二十世纪的暴力"，这里显然将莫言和其他作家（这里甚至包括了非中文的作家）做了比较。在接受记者采访时，他还特别提到看了莫言《檀香刑》之后感到的震撼。我也相信，就解释暴力的"赤裸裸"的程度，确实我还没有看到哪个中文作家超过莫言。中文作家余华有不少作品也是揭示现代中国种种暴力的，但在我看来，余华的笔触还是有所收敛的，也没有达到《檀香刑》那样的血腥和残忍。有些读者不能接受莫言揭示的这种暴力和残忍，把它看作莫言作品的负面价值，但韦斯特拜里耶认为这恰恰是莫言作品的价值所在，因为"只有这位作家能够在所有的禁忌界限之外来措辞言说"。没有和众多作家的比较，何来"只有"。

同时，韦斯特拜里耶也赞扬莫言，说他是"继拉伯雷和斯威夫特之后——在我们这个时代，是在加西亚·马尔克斯之后——比大多数作家都更滑稽热闹也更加令人惊骇的"作家。这说明韦斯特拜里耶也将莫言文本放置在世界文学传统中，和其他传统文本互读。他激活自己对世界文化传统中其他语言文本的记忆，建立的是莫言文本和这些文学传统文本的关系。韦斯特拜里耶在瑞典文学界是有名的学问渊博的作家，饱读诗书，所以能出任诺贝尔文学奖评委会主席。他敢说莫言作品"比大多数作家都更滑稽热闹也更加令人惊骇"，这是一个比较的句式，没有互文阅读是不可能的。

尤其值得注意的是韦斯特拜里耶把莫言和拉伯雷及斯威夫特做比较，其互文阅读的范围就大大扩展了。因为一般的评论都只把莫言和福克纳或者马尔克斯的作品做比较，即在莫言文本和福克纳或者马尔克斯的文本之间建立一种互文关联，进行互文阅读。比如，我读过有些批评莫言的文章，把莫言的《丰乳肥臀》和马尔克斯的《百年孤独》做类比，尤其是其中的力大无穷的母亲形象确实有相似点。虽然福克纳和马尔克斯年龄都要比莫言大几十岁，但是他们创作的主要年代都在二十世纪，所以比较他们时的互文阅读还是一个横向结构——即时间跨度上还是比较平行的。

韦斯特拜里耶不局限于横向的互文阅读，而是把莫言和十五世纪欧洲文艺复兴时期的法国伟大作家拉伯雷做互文关联，时间上跨越了几百年，也就大大扩展了对莫言做互文阅读的范围，在韦斯特拜里耶之前,恐怕还没有人做过这样的互文比较。拉伯雷也是以丰富的想象力和超越现实的手法来创作的,创造了高康大这一著名的巨人形象。拉伯雷也是在农村长大的孩子(虽然不是贫民的孩子),童年的时候经常在篝火旁听农民们聊天,知道了很多有关家乡的传说,形成他的代表作《巨人传》故事的原型。同时,拉伯雷也吸收了很多农村人民的幽默语言。莫言能让韦斯特拜里耶联想到拉伯雷,是非常自然的。

斯威夫特比拉伯雷又晚出生了两百多年,是爱尔兰出生,英国长大并受教育的欧洲古典主义文学发展时期的作家,他最著名的作品是《格列佛游记》,其中大人国游记、小人国游记等都是脍炙人口、老少咸宜的文学读物,特别具有丰富的想象性、趣味性和政治讽刺性。我想很少有评论家会像韦斯特拜里耶那样,把莫言和斯威夫特联系起来进行互文阅读,而引发他联想的原因,正是他说的"滑稽热闹"的风格。《格列佛游记》发表时,其中很多内容也因为躲避政治麻烦而删掉了,直到十九世纪后才慢慢补充回去,这和莫言有些作品因为政治原因遭到禁止也有些相似。

在瑞典文学界,包括瑞典学院院士,有很多人还把莫言和曾经获得诺贝尔文学奖的瑞典女作家拉格洛夫的小说文本比较,特别是和她的《约斯塔·贝尔灵的传说》比较,认为两者之间很有近似之处。他们都是围绕自己的家乡风景展开传奇的故事,两人都承继了故乡种种口头文学传统,都有极为丰富的超越现实的想象力。当然,从横向的时间跨度来看,拉格洛夫是1909年获得诺贝尔文学奖,比莫言早了整整一百年。

瑞典读者在莫言和拉格洛夫文本之间建立的互文阅读能给人

非常有意思的启示。因为这种互文关系,对于一个中文原文的读者来说,几乎不存在,中文读者不太可能去联想到他们没有阅读过的拉格洛夫。《约斯塔·贝尔灵的传说》其实早就有中文译本,但大多数人都不知道,莫言自己都没读过,都没想到有瑞典人会把他和拉格洛夫联系起来。所以,如果我说瑞典读者其实对莫言的互文阅读是一种典型的"重置其上下文",也未尝不可。

由此我们可以注意到,中文原文读者和外文译文读者的眼光不同,是因为他们的互文阅读关联结构不同,所以那些批评莫言的人,会和瑞典学院诺贝尔文学奖的评委们眼光如此不同,因此有完全不同的互文阅读,得到不同结论,因为他们的文化和文学背景是不一样的,文本记忆是不同的。各有各的上下文。中文读者可能意想不到瑞典读者会有这样的互文阅读。当然,瑞典读者在其互文阅读中,也可能想象不出中文读者是在什么样的语境中来阅读莫言。

只有瑞典学院的院士和评委们,因为他们大都是文学专家,也努力掌握中国历史和文化的知识,甚至虚心求教,多次请中文文学专家为他们写报告,所以他们会注意到原文中文的上下文,比如注意到莫言的创作和中国民间传说的关系,比如他们的介绍提到莫言和自己老家山东的作家蒲松龄《聊斋志异》的关系。他们也注意到莫言作品与中国历史和当代社会的关系,这就更超越了仅作文学文本互文阅读的局限,进入了历史文本和社会文本的阅读。所以,他们给莫言的授奖词称赞他的创作是"将民间传说、历史和当代融为一体",这个特点在莫言作品的各种外语译文中也是显而易见的,无须完全靠中文原文来解读。

　　其实还有相当多的现当代中文原文文本可用于莫言作品的互文阅读,对理解莫言作品也非常重要,比如我前面提到的浩然作品《金光大道》。一般的莫言作品译文读者(如瑞典文译本读者)没有阅读过这种中文文本,没有这方面的阅读经验和记忆,所以不可能进行这样的互文阅读,不可能将他们读的莫言作品译本和这些中文文本做互文关联和对比,置于一个中文互文网络的背景中。所以不会理解莫言作品在中文互文结构里的重要意义。

　　以《生死疲劳》为例。我所读到的瑞典文媒体的书评,都没有把这部作品和中国现当代的农村小说进行互文阅读。其实,农村题材,包括土地问题和农民问题一直是当代中国社会的一个核心问题,也是文学的重要主题。《生死疲劳》正是从描写中国当代农村的土地问题和农民形象切入的史诗性作品,对当代中国历史浓缩作画。其中涉及的土地革命(土改)、合作化和人民公社化,在当代中国小说中都有典型的文本可以参考并作互文阅读。例如丁玲的《太阳照在桑乾河上》、周立波的《暴风骤雨》和柳青的《创业史》乃至浩然的《艳阳天》等等。

　　如果我们把《生死疲劳》放入到这种中文当代文学史和社会史的上下文中去进行互文阅读,就能看到莫言对历史的更独特更深刻的认识,所塑造的文学形象也具有了不凡的意义。具体地说,我们可以比较《生死疲劳》中地主西门闹的形象和《暴风骤雨》中恶霸地主韩老六的形象,或者《太阳照在桑乾河上》里恶霸地主钱文贵的形象,或者《创业史》里的富裕中农郭士富的形象,《艳阳天》里的地主马小辫的形象,就能看到莫言笔下的西门闹超越了以往机械简单的通过阶级分析定性的地主形象。

再以《红高粱家族》为例,这部小说,应该和中国现当代的抗战小说进行互文阅读才能理解其不同一般的意义。熟悉现当代中国文学的人,自然都读过了五六十年代描写抗日战争的当代中文小说,如《平原枪声》、《铁道游击队》、《敌后武工队》等等。这些小说的英雄主角都是共产党党员。这些浪漫主义的革命故事并不完全基于现实。而《红高粱家族》是根据作者家乡的一个真实历史事件创作的,其中抗日的英雄都是农民或土匪。

显然,在中文语境里,对莫言作品的互文阅读因此有了重塑某类阶级人物和重写历史的作用,甚至有了颠覆性的作用,即现在阅读的莫言文本可以对读者已有的记忆文本进行质疑和挑战,以该文本的有效性来颠覆其他文本的有效性。莫言的作品,大都有这样历史重写的作用,也有颠覆既有历史话语的重要意义。我相信,富有阅读经验和记忆的瑞典学院院士非常了解这种背景,他们不是一般的译文读者,瑞典学院的授奖词及韦斯特拜利耶在颁奖典礼上的介绍致辞,证明他们通过复杂的互文阅读而看到了莫言作品的这种重要意义,也看到了莫言独特的写作方法,这是他们给莫言颁发诺贝尔文学奖的原因所在。莫言作为诺贝尔文学奖获得者,一个在世界文学语境里取得成就的华语作家,他的文本为我们提供了跨文化语境中互文阅读"并置上下文"的成功范例。

此文根据 2014 年 9 月 18 日法国马赛-埃克斯大学的一次莫言研讨会发言整理而成,改定于 2015 年 2 月 27 日。

附录:瑞典学院院士、诺贝尔文学奖评委会现任主席 韦斯特拜利耶在 2012 年 12 月 10 日诺贝尔 文学奖颁奖典礼上介绍莫言的致辞

尊敬的国王和王后陛下,尊敬的王室成员,尊敬的诺贝尔奖获奖者,女士们先生们!

莫言是一个诗人,一个能撕下那些典型人物宣传广告而把一个单独生命体从无名的人群中提升起来的诗人。他能用讥笑和嘲讽来抨击历史及其弄虚作假,也鞭笞社会的不幸和政治的虚伪。他用嬉笑怒骂的笔调,讲说不加掩饰的声色犬马,揭示人类本质中最黑暗的种种侧面,好像有意无意,找到的图像却有强烈的象征力量。

高密东北乡包容着中国的传说和历史。他的旅行能够进入一个驴子和猪的声音比人民委员们的声音还高的国度,很少有现实中的旅行能够超过它们,而且这个国度里的罪恶和爱情都能达到超自然的比例。

莫言的想象飞越在整个人类的存在状态之上。他是一个妙不可言的自然描绘者,他对饥饿最有体会,了如指掌,也从来没有作家如此赤裸裸地描绘过中国整个二十世纪的暴力,包括那些英雄、情人、虐待狂、土匪——而首先是力大无穷、不可降伏的母亲。他向我们展示一个没有真理、没有理性和没有同情的世界,也是一个人类失去理智、无力无援和荒诞不经的世界。

一个这种社会不幸的例证是在中国历史反复出现的"人吃人"

现象。在莫言笔下，这也表现为不加节制的消耗浪费、产品过剩、垃圾堆积、纵情声色和难以言说、难以置信的欲望，只有这位作家能够在所有的禁忌界限之外来措辞言说。

在长篇小说《酒国》（*Republic of wine*）中，人们最喜欢品尝的美味佳肴是一个烤熟的三岁婴儿。而正是男孩变成独一无二的食品，那些被忽略的女孩就幸存下来。这种反讽指向中国的家庭政策，女胎儿要流产，而数量到了天文级别：女孩甚至都不值得吃。有关此事莫言又写了一本完整的长篇小说《蛙》。

莫言的故事有神话和寓言的诉求，将所有价值都彻底颠覆。我们从来不会在他的作品里遇见在毛时代的中国曾是标准人物的那种理想公民。他的人物生气勃勃，甚至采取最不道德的方式和步骤来实现自己的生活目标，炸毁那些命运和政治把他们禁锢起来的牢笼。

莫言描绘的不是共产主义的喜欢广告宣传的历史，而是描绘一种往昔，用他的夸张、戏仿并在神话和传说中开局起步，让人深信这是对五十年政治宣传所做的至关重要的修正。

在莫言最奇特的长篇小说《丰乳肥臀》中，妇女视角控制全局，而他用尖锐讽刺的细节，描绘了中国上世纪六十年代前后的大跃进及大饥荒。这里嘲笑了那种革命的伪科学，用兔子的精子给绵羊做人工授精，而怀疑这种做法的就成了右派，发配流放。这部长篇小说以九十年代的新资本主义收尾，骗子可以用美容剂致富发财，还通过嫁接而寻找出凤凰。

在莫言作品里，栩栩如生地，一个消失了的农民世界在我们的眼前升起展开，你能感觉到它的鲜活味道，即使是最腥臭的气息，虽然残酷无情让你惊骇,但是两边又排列着快乐的牺牲品。这里没有一个死去的瞬间。这位诗人无所不知,无所不能,描绘一切——各种各样的手工艺,锤炼出来的,建筑起来的,挖掘出来的,有家畜的饲养,也有游击队的诡计。你感到整个人类的生活都能在他的笔尖下呈现。

他的写作比拉伯雷和斯威夫特之后的大多数作家都更趣味横生,也更恐怖丑恶,在加西亚·马尔克斯之后的我们这个时代更是如此。他端上来让人享用的是苦涩的调味品和佐料。在他跨越近百年中国的宽广织毯上,舞蹈的不是独角兽,轻巧踱步的不是少女。但是他描绘的也是一种牲口棚里的生活,让我们感觉,我们在其中已经居住得实在太久。因为种种意识形态和改革运动来来去去,而人类的利己主义和贪婪无耻依然如故。因此莫言守卫维护着那些渺小的个人,不让他们受到任何不公正的伤害——从日本侵略者的占领,到毛式的恐怖,直至今天的产业疯狂。

那些来到莫言家乡的人,能看到这里无限无尽的善良与最令人厌恶的残忍的斗争,等待他们的是一种让人眼花缭乱的阅读冒险。可曾有过这样一种史诗般的春潮淹没过中国以及世界其他地方吗?在莫言那里,世界文学发出一种强烈的声音,能呼唤当代的几乎所有人。

瑞典学院祝你成功。我请你从国王陛下的手中领取 2012 年的诺贝尔文学奖。(用中文说)莫言,请上前来!

瑞典学院颁奖词：
"当代短篇小说大师。"

瑞典文原文：
"den samtida novellkonstens mästare."

艾丽丝·门罗
（Alice Munro，1931—　）

让她不平凡的是她的平凡

——解读 2013 年诺贝尔文学奖得主、
加拿大女作家门罗

　　瑞典学院网站刊载的门罗生平简介：

　　艾丽丝·门罗（Alice Munro）1931 年 7 月 10 日生于加拿大安他略省的文翰温厄姆镇（Wingham）。其母是教师，其父是饲养狐貂的农场主。中学毕业之后门罗在西安大略大学修学读新闻与英语专业，但 1951 年即因结婚而中断学业。她与丈夫定居在不列颠哥伦比亚省的维多利亚，夫妇俩在这里开设了一家书店。门罗十几岁时就开始写短篇小说，但直到 1968 年才出版第一部短篇小说集《快乐影子之舞》，在加拿大引起注意。她从五十年代初开始在不同杂志上发表作品。1971 年她出版短篇小说集《少女和女人的生活》，被批评家描述为教育小说。

"门罗主要是因短篇小说而知名,多年来出版多部短篇小说集,其中包括《你认为你是谁》(1978 年)、《爱神之月》(1982 年)、《逃离》(2004 年)、《城堡岩石观景》(2006 年)和《幸福过度》(2009 年)等。小说集《仇恨、友情、礼貌、爱情、婚姻》(2001 年)被改编成电影《柳暗花明》(2006 年),而她最新的短篇小说集是《亲爱的生活》(2012 年)。

"门罗的小说艺术因精美清晰和具有心理现实主义写实主义风格而受到称赞。有些批评家将她视为加拿大的契诃夫。她的小说常以乡村小镇环境为背景,这里人们为了得到社会认可的存在而做斗争与挣扎,经常因为世代差异或人生志向的矛盾,导致紧张的关系和道德冲突——由于代沟和冲突的生活雄心而产生的问题。她的文本经常以日常生活描写为特色,但也是决定性的事件,有一种顿悟,能够照亮周围的故事,让存在的问题在闪光中呈现。

"目前门罗居住在安大略省西南部的克林顿镇,接近她童年时代的老家。"

解 读

这一届的颁奖词特别简短,用瑞典语说只有四个词,用英文只有六个词,而中文也只需八个字——"当代短篇小说大师"。简短的颁奖词却包括了相当重要的信息,也包含了此次颁奖的最大亮点,即短篇小说作家获奖。门罗得奖主要因为其小说体裁之短,而不是因为某种超乎其他短篇作家的特殊风格。根据现任诺贝尔文学奖评委会(由瑞典学院内五个院士组成)主席派尔·韦斯特拜利耶的说法,自从1933年流亡巴黎的苏俄作家蒲宁获得诺贝尔文学奖之后,八十年来再没有主要创作短篇小说的作家得过奖。"但是短篇小说在很多国家近年很流行——阅读时间短,容易读。这种体裁如果写得好,其力量就在于凝炼:在几页中就容纳了一个生命的命运"。这段引述韦斯特拜利耶的话出自公布获奖人之后《瑞典日报》网站上韦斯特拜利耶和读者的直接互动笔谈。那么此次颁奖,说明这类短小的作品也可获得崇高的荣誉,会使人再次重视这种体裁的文学,文学意义确实重大。

门罗一生创作一百五十多篇小说,每篇长度都是在二十页左右,没有长篇作品。在《纽约时报》2013年7月刊登的一篇访谈中,门罗如是说:"我写最初五本书的时候,一直希望我能写长篇小说。我以为,不写一部长篇小说,就没有人把你当真正的作家。"很多作家都有和门罗类似的想法,开始写作往往是短篇,只当作试笔练习,最终还是投入长篇作品。但门罗终其一生还就是只创作了短篇,没有长篇,但也能成为大师,夺得桂冠。很多批评家强调,门罗的短篇小说经常具有长篇小说的情感与文学深度,能给予读者长篇一样的感受和冲击。就在《瑞典日报》组织的院士和读者互动中,当有读者认为门罗有些短篇其实是长篇草稿,因此还不够精准时,评委主席韦斯特拜利耶立刻反驳说,"正好相反!门罗能把足够写长篇的题材囊括在通常只有二十来页的篇幅中。而在这种短短的篇幅里,她还能用自己心理学意义上的那种指尖感觉从容地把自己有关农业、铁路、学校工作等知识带入作品,例如短篇《火鸡季节》等。门罗在每篇故事里都加入了很多信息,但又不减少小说的张力。这些作品经常构建在人们的误解和幻觉上。她把明显和秘密的事物融合起来,使我们的注意力集中在生命的数不尽的变化形式上,她对每个生命中的秘密都做出询问。"

"大师"二字当然是对门罗短篇小说写作水准的充分肯定。当有读者问韦斯特拜利耶最喜欢门罗哪部作品时,他回答说,"没有最喜欢的,因为都喜欢。"事实上门罗的作品确实保持了比较平均的水准,即使年轻时的作品每一篇也都写得很精致很细腻。简介说到评论家把她比作契诃夫,因为十九世纪俄罗斯作家契诃夫是世界文学界公认的短篇小说大师。世界文坛另一个著名的短篇小说大师是美国作家欧·亨利,而门罗恰恰也摘取过欧·亨利小说奖。

根据瑞典学院的简介,门罗的一生可以说是平淡无奇。她连大学都没有毕业就早婚生子,以后和丈夫一起创办过门罗书店。除小说写作之外,也就是相夫教子过家庭生活,从未卷入过重大的政治斗争和社会事件。生活在和平富裕的加拿大社会,门罗也没有经历过战争、动乱和革命。简介没有提到门罗实际上离过一次婚,而且所育四女中有一女夭折,但这类事件在当代家庭生活中也不算稀奇。所以也有人说,让门罗不平凡的其实就是她的平凡,这种说法我非常认同。确实,门罗以平凡的人生,平凡的写作,写平凡的人和故事,进入一个不平凡的高度。读她作品的人,正如瑞典学院网站的简介所说,会得到一种人生"顿悟"(Epiphanies)。

门罗一生平凡,出身并不显贵,不过一个农家女,而生活环境基本上都是乡村小镇,远离大都市,靠近自己童年的老家,而她的写作素材也都取自这种乡镇背景,有浓郁地方色彩。地方性就构成了她的写作特点之一,按照常务秘书恩格伦的介绍,门罗始终围绕自己的这个乡镇环境写作,以致她的文学世界显得固定而独特,就像福克纳笔下的美国南方约克纳帕塔法县，或者是拉美作家马尔克斯笔下的马孔多，以及莫言笔下的中国高密东北乡。不可忘记的是门罗是英语作家，她的乡村本来是英国移民建立起来的殖民地，其文化传统包括道德观念都来自英国，瑞典学院网站的简介中说的"社会认可"，其实也包括相当保守的道德成分。因此也有批评家常拿她和美国南方作家比较，但我觉得在有些方面，门罗的作品甚至能让人联想到殖民时期的新英格兰和那里的道德氛围与人物命运，比如联想到霍桑小说《红字》里的女主人公海斯特·白兰。

但是门罗没有上述作家的怪异和狂放的想像，而是真实细腻地描写她熟悉的加拿大当代乡镇妇女的生活，而且特别注重心理的挖掘，因此简介还冠之以"心理现实主义"的标签，这又构成门罗写作的第二个特点。其实简介没有说明的是，门罗还可以说是女性主义写作的大师，她的女性身份，常务秘书在宣读新闻公告之前，就异乎寻常地首先加以强调，而当瑞典记者问他门罗算不算女性主义作家的时候，他几乎毫不犹疑地加以肯定。门罗是典型的女性书写女性的作家。她笔下的小说主角，几乎都是女人，无论是花季少女还是成年妇女或老妪，门罗同时描写这些女性的情感和命运，而她常以第一人称"我"创作，这种叙述明显又是一个女性主体叙述，在很多情况下她的作品还有自传性。比如，她的有些早期作品，正和她本人的经历一样，是描写一个刚成年的姑娘和自己的家庭及社会环境的冲突。事实上，就是在今天的欧美社会，大多数父母对女儿中断大学学业而早婚生子依然不以为然，会加以反对。门罗的后期作品，则更多描写孤独的中年妇女和年迈色衰的老年妇女,甚至女性害怕衰老的细腻内心都成为一个主题。

当有读者问评委会主席韦斯特拜利耶,门罗是否能算一个女性主义作家,他也表示赞同,但表示不可教条地去理解这个标签的意思。他说,"门罗是从女人内部去描写女人,而男人通常处在外部。她写女人的生活,女人的不幸,女人的毁灭,也写女人的成功和胜利。但门罗对男女人物都有深刻的洞察,既能够暴露出人性恶的一面,也展示人的善与无私,而每一点细腻观察,都是清晰明白、不可漏过的。门罗的文学世界其实是我们大家都熟悉的世界,读她的作品就像是身心的沐浴,能洗净我们自身的污垢。她不是只为女人写作的作家,而是为我们所有人写作,她总是和我们同在,要不然她也不会拿到诺贝尔文学奖。"

一位瑞典记者对我说,这次真是一个"没有风险"的评选结果。我理解他的意思是说,2013 年的评选结果不会像前一年莫言获奖那样引起什么大的争议。在我看来,2013 年的诺贝尔文学奖确实体现了一种公平性:这首先包括文学体裁的公平性,授予了长期以来被轻视的文学体裁短篇小说;其次是性别的公平性,再次授予一位女作家,获奖女作家人数增加到十三位,使得诺贝尔文学奖得主的性别比例继续往平衡点移动;此外,从文化全球化的角度去看,这次评奖还有文化地理的公平性,因为这是首位加拿大作家获奖,也算补上了得主地理分布上的一个空白,使得长期处在美国文学阴影下的加拿大文学展现自己的独特魅力。

2015 年 2 月 20 日修订于斯德哥尔摩

附录:与门罗的诺贝尔对话

——2013 年诺贝尔文学奖得主门罗的特殊获奖演说

译注:2013 年诺贝尔文学奖得主爱丽丝·门罗因为年事已高且患有心脏病,医嘱不宜出行而不能来斯德哥尔摩领奖,派女儿燕妮·门罗来代领。而本应该做的诺贝尔获奖演说也改为瑞典学院临时委托瑞典国家电视台驻北美记者斯迭凡·奥斯拜里耶去加拿大门罗家里做的访谈,并于 12 月 7 日在瑞典学院诺贝尔演讲厅内播放。访谈中间还插入瑞典女演员帕妮拉·奥古斯特朗诵的门罗短篇小说《信件》,成为诺贝尔文学奖有史以来非常独特的一次"获奖演说"。虽然我对这个本来不是做文化报道的瑞典记者的提问非常不满意,但这毕竟也是一份留存在诺贝尔文学奖历史上的重要文献了,因此翻译出来供读者参考。

门罗:我很早就对阅读感兴趣了,因为有人给我读了一个短篇故事,是安徒生的《小美人鱼》(又译《海的女儿》——译者注),我不知道你是否记得这个《小美人鱼》,但这个故事悲伤得可怕。小美人鱼爱上了那个王子,但是她不能和他结婚,因为她是个人鱼。这个故事太悲伤了,我都无法跟你细细谈。但是,不管怎么说吧,我一听完这个故事,就到外面去了,绕着我们住的房子走了一圈又一圈,就是那个砖房,然后我就编出了一个有幸福结局的故事,因为我想这对小美人鱼才是公平的。我也没想到什么这是一个给我自己编的不同的故事,不会传到全世界给人看的,不过我觉得我尽了我最大的力了,从现在开始小美人鱼要和王子结婚,从此要快快乐乐生活下去。这当然也是她应该得的报偿,因为她为了赢得王子的力量和好意,也做了那么可怕的事情。她不得不换掉她的肢体。她不得不换成普通人有的用来走路的肢体。但是她每走一步,都痛得要死! 这是她愿意经受的痛苦,就为了得到王子。所以我觉得她值得得到更多,而不是死在水里。我也没担心过,事实是这世界上其他人可能都不知道这个新故事。因为我觉得我一想过,那就已经出版了。所以啊,就有这个故事了。这就是一个最早的开始,要写东西了。

记者:那么告诉我们,你怎么开始学会讲故事的,还写出来?

门罗:我一直都在编故事,上学的时候我要走很长的路,在路上我一般来说就都在编故事。年纪越大,故事就越和我自己有关系,成为这样或那样的情境中的女主角,即使这些故事不会立即就在世界上发表,我也不在乎,我不知道我是否曾经想过,这些故事其他人会不会知道,或者会读它们。我想的就是故事本身,一般来说是一个从我自己来看很满意的故事,一般的想法就是那个小美人鱼的勇敢,她也很聪明,一般来说她能创造一个更好的世界,因为她要跳到这个世界里面去,得到魔术的力量,诸如此类的想法吧。

记者:故事要从一个女人的角度去讲,这是不是很重要?

门罗:我从来没想过这有什么重要,不过我也从来没想过我自己不是一个女人,而且有过那么多有关小姑娘和女人的好故事。大概长到十几岁以后,更多的事情就是帮助男人去满足他们的需要等等事情了,不过,我还是年轻姑娘的时候,我完全没有做女人就卑微的感觉。这可能也是因为我住的安大略省的一个地方,家里的阅读多半是女人做的,故事也多半是女人来讲的,男人都到外面做大事去了,他们不会为了故事就到家里来。所以,我觉得讲故事就跟做家务是一样的。

记者:那个环境是怎么启发你的灵感的?

门罗:你知道吗,我想我从来就不需要什么灵感启发啊。我认为在这个世界上故事是那么重要,我要编一些这样的故事,我要持续不断地编,也不一定要和别人有什么关系,我不需要告诉任何人。后来,是到很晚的时候,我才认识到,如果让故事进入到一个更广大的读者群,会很有意思。

记者:你讲故事的时候,什么对你是重要的?

门罗:哦,很明显啊,在早期的时候,重要的是一个幸福的结局,我受不了不幸的结局,反正对我的女主角来说是这样的。后来,我开始读到《呼啸山庄》那样的作品,会有非常非常不幸的结局发生,所以我完全改变了我的想法,也进入了那种悲剧性的东西,而且那我也喜欢。

记者:描写小镇的加拿大生活,其中是什么会那么有意思呢?

门罗:你就必须到那里去自己看啊。我想,任何生活都会有意思,任何环境都会有意思。我认为,要是我住在一个城市里,要和所谓文化层次一般比较高的人竞争,我是不会那么勇敢胆大的。住在小镇里我不必对付那个。尽管我没有把这些故事向任何人讲,我知道我是唯一的写故事的人。就我所知,至少有一段时间吧,我是这个世界里唯一能这么做的人。

记者:你写作的时候一直那么自信吗?

门罗:有很长一段时间我是那样,但是等我长大,遇到了其他一些在写作的人，我就非常不自信了。那个时候我就认识到，这项工作比我原来想的要艰苦一点。不过我从来没有完全放弃，就是我做了一点事情吧。

记者：你开始写一个故事的时候，你总是先想好一个情节吗？

门罗：我想好的，不过以后经常也会改变。我从一个情节开始，把它写出来，然后我看到它会朝另一条路发展，我写这个故事的时候，会发生什么事情，但是至少我不得不从一个非常清楚的想法开始，要清楚这个故事是说什么的。

记者：你开始写的时候，会被故事怎么样吸引住呢？

门罗：哦，到了没治的程度吧。不过，你知道，我得给我的孩子们做午饭，对不对？我是个家庭主妇呀，所以我学会了抽空子就写，而且我想我从来也没放弃，尽管有的时候我也会很沮丧，因为我开始看到我写的故事不是非常好的，看到我还有很多要学，看到这是一个比我原来想的艰苦得多得多的工作。但是我没有停下来，我想我从来没停止过写作。

记者：你要讲一个故事的时候，什么部分是最艰难的呢？

门罗：我想，可能是你写完了故事以后又发现它很糟糕，那个部分吧。你知道，第一部分，非常激动，第二部分，还不错，然后有一天早上你把它拿起来看，你会想这是什么"胡编乱造"啊，这个时候你就真的不得不下功夫去把它写好了。对我来说吧，这看起来总是该做的事情。如果故事不好，那是我的错，不是故事的错。

记者：但是，如果你不满意，又怎么能把它转回来呢？

门罗：努力写好呀。不过我试试想一个更好的方式来解释吧。有些人物你还没有给他们一个机会，但你必须想想他们，用他们做些完全不同的事情。早期的时候，我倾向于写些花哨华丽的散文句式，后来我逐渐学会了把很多这样的东西剔除出去。这样你就继续考虑这个故事，它到底关于什么，你会找出更多更多，什么是你一开始以为你明白的事情，而事实上你还有很多要去知道。

记者：有多少故事你扔掉了呢？

门罗：哈，我年轻的时候我把它们全都扔掉了。我想不起来多少了，不过最近几年我就不常那么做了。一般来说，我知道我必须做什么，才能让它们活下来。不过，总是还有什么地方不对头，我会意识到什么错了，而你不得不把它忘掉算了。

记者：你是否曾经后悔，把一个什么故事扔掉了？

门罗：我想不会吧，因为到那种时候，我已经为它受够烦恼了，知道这个故事从一开始就不行。不过，我也说过了，这样的事情不常发生的。

记者：年龄增长会怎样改变你的写作？

门罗：哦，这个嘛，是可以预料得到的吧。你开始写的都是有关那些美丽的年轻的公主，然后你写的是家庭主妇和孩子，再后来你写的就是老太婆了，就这么继续下去，你不必做什么事情去改变它。你的看法改变了。

记者：你认为你对其他女性作家是很重要的吗，能当一个家庭主妇，又能够把家务和写作结合起来？

门罗：实际上我不知道，我希望我曾经是这样吧。我想我年轻的时候，也去看其他女性作家的东西，那对我是巨大的鼓励，不过我对其他人是否重要我不知道。我想，妇女有过很不容易的时候，我不会说那种日子好过，不过现在容易多了，能做一点重要的事情,不是等人人都离开家出去的时候自己傻乎乎在家里玩点小把戏,而是真的可以认真严肃地写,和男人一样去写。

记者:你认为,你对某个读你小说的人,特别是女人,会有什么影响?

门罗:哦,这么说吧,我要我的故事能感动人。我不管他们是男人还是女人,或者是小孩子。我要我的故事是有关生活的,不是能让人说,啊,那不是真理吗,不是那个,而是让人感觉到来自写作的某种回报,这并不意味着必须有什么幸福的结局或什么东西,只不过是故事讲的一切能感动读者,感动到你读完的时候就成了另外一个人。

记者:《你当你是谁啊》(一部门罗作品的名字——译注)? 这个表述对你意味着什么?

门罗:唔,我是在乡下长大的,我成长时接触的人,一般来说是苏格兰人和爱尔兰人,这种人中间的一个非常普遍的看法就是你不要尝试做太多的事,不要自以为你聪明。这句话给人的另一个很流行的图像,就是"哦,你以为你很聪明啊"。要搞任何写作这样的事情,你就不得不认为你很聪明。不过,我也算是不一样的人吧。

记者:你算是早期的女性主义者吗?

门罗:我从来不知道"女性主义"这个词。不过,我当然算是女性主义者。因为我事实上是在加拿大的一个女人可以比男人更容易写作的地方长大的。大作家,重要的作家,那是男人,不过,一个女人写故事,可能要比一个男人写故事少受点怀疑。因为那不是一个男人的职业。这么说吧,在我年轻的时候很多人是这么看的,现在就完全不是这样了。

记者：假如你完成了大学的学业，那会改变你的写作吗？

门罗：确实可能改变的。可能会让我下笔小心得多，更害怕当一个作家，因为我对人家已经写过的东西知道得越多，我自然就会越气馁。我可能会想到，我写不了，不过我想这种事情是不会发生的，真的不会。可能会有一段时间是这样，但是过了之后，我还是要写，我是那么想写，我就会不顾一切写下去，反正要试试。

记者：写作是不是一种天赋，是你的天赋？

门罗：我想，我周围的人是不会那么想的，不过我也从来没有把写作看成一种天赋，我只觉得它是我可以做的事情，只要我足够努力就行。所以，如果算是天赋，那么它当然也不是一种很容易的天赋，在《小美人鱼》之后就不是了。

记者：你是否犹豫过，是否曾经想过你还不够好？

门罗：一直这样，一直是这样！我扔掉的东西要比我寄出去的或者完成的东西多多了，在我二十多岁的时候一直就是这种情况。不过，我还是在学习写作，是用我自己要的写作方式写。所以，不容易，这不是件容易的事情。

记者：你母亲对你意味着什么？

门罗：哦，我对我母亲的感情是非常复杂的，因为她有病，她有帕金森氏综合征，她需要很多帮助，她说话也很困难，你搞不清楚她说什么，而她又是很喜欢交际的人，她非常想要参加社交生活，当然这对她是不可能的，因为她有说话的问题。所以，她让我感到苦恼。我爱她，但是也许在一定程度上我不愿意像她那样，我不愿意站出来说她愿意我对人说的话，这是不容易的，就像任何青少年想到一个在某些方面已经残废的人或父母一样不容易。你会希望那个时候能完全摆脱这样的事情。

记者：她是不是用什么方式启发过你呢？

门罗：我想，她大概启发过我的，不过不是那种我注意到的或者理解的方式。我不记得我什么时候是不写故事的，我的意思是说，我没有写下来，但是我讲出来了，不是对她讲，而是对任何人讲。不过，事实上是她读我的东西，我父亲也读……我想，我母亲对一个想当作家的人，还是更能接受的。她可能会认为，这是一件让人佩服的事情，不过我周围的人其实不知道我想当作家，因为我也不让他们知道，对大多数人来说，这看起来是很可笑的。因为大多数我认识的人不读书，他们对待生活的方式是非常实际的，我对生活的整个看法不得不和我认识的这些人要隔开来。

记者：从一个妇女的角度来讲一个真实的故事很难吗？

门罗：不难啊，完全不难，因为我就是那么想的，我就完全是一个女人，从来不为此感到什么麻烦。你知道，像我那样的成长环境里，这算是一种特别的事情：要是有人读书，那就是女人在读，要是有人受过教育，那经常也是女人受过教育；那就是一个小学老师之类的，读书的世界，写作的世界，不是对女人封闭的，远远不是这样，它对女人敞开大门，远远超过了男人，男人那个时候就是当农民，干不同的活。

记者：那你是在一个劳动阶级的家里养大的？

门罗：是的。

记者：那也就是你的故事开始的地方？

门罗：是的。我过去没体会到那是一个劳动阶级的家，我只是看到我在什么地方，我写这个地方。

记者：你是否喜欢这个事实，即总是在特定时间写作，看一个时间表，照顾孩子，还要做饭？

门罗：哦，我有时间我就写，我的第一个丈夫是非常帮忙的人，对他来说，写作是做一件能让人佩服的事情。他不认为这是妇女不能做的事，我后来碰到的很多男人是那么想的。他把它当作他要我做的事情，从来也没有动摇过。

（访谈在门罗书店里继续）

门罗：这首先是件很有趣的事情，因为我们搬到这里来，决定开一家书店，人人都觉得我们疯了，我们会饿死，但是我们没疯也没死。我们工作得非常辛苦。

记者：最初开书店的时候，这个书店对你们俩有多重要？

门罗：那就是我们的生计啊。是我们的一切。我们没有其他收入来源。我们开张的第一天，赚了一百七十五块钱。——你以为这很多吧。没错，是很多，因为我们用了很长时间才又赚到那么多钱。

我通常坐在这个桌子后面，给来的人找书，处理你在书店里要做的一切事情，一般来说就我自己一个人，人们进来，谈很多有关书的事情，这更像是一个人们见面碰头的地方，而不是只来买东西的地方。到晚上就更是这样了，那个时候我自己坐在这里，每天晚上都有这些人进来，跟我说什么事情。那真是好，是很开心的。一直到这个时候我都还是家庭主妇，我一直是在家里的，也是一个作家,不过这里是一个进入世界的美妙机会。我知道我们没赚什么钱,可能是我和人说话太多了一点,你明白吧,没有去拉生意让人买书,不过那是我一生最美妙的时光了。

书店里的顾客:你的书让我想起我的家。——是的,我住在阿姆斯特丹的南面。非常感谢你,再见。

门罗:真想不到! 好啊,我喜欢这样,有人就这么样来找你,不光是为了让你签个名什么的,而是告诉你为什么。

(门罗朗读《带走》第二十一页片段,瑞典女演员帕妮拉·奥古斯特朗诵门罗短篇小说《信件》,然后继续播放记者对门罗的访谈录像。)

记者:你要不要年轻妇女受你的书的启发,感觉受到启发而写作?

门罗:只要她们喜欢读我的书,我不管她们是什么感觉。我要人们找到的是大的阅读享受,不是那么多的启发。我要的就是那个;我希望人们读我的书能感到享受,会想到这些故事和她们自己的生活有种种关系。但这不是主要的事情。我想说的是,我不是一个搞政治的人,我猜想我也不会是。

记者:你是不是一个搞文化的人?

门罗:很可能吧。我不太肯定那是什么意思,不过我想我是。

记者:好像你对事物的看法非常简单?

门罗:是吗? 好吧,就算是吧。

记者:哦,我是在什么地方读到过,你愿意用一种容易的方式

336

来解释事物。

门罗：是的，我是愿意这样。不过我从来没想过我要更容易地解释事物。我就是用我写作的方式。我想我是自然地用一种容易的方式来写，没有去想把这个搞得更容易。

记者：你是否遇到过那种不能写作的阶段？

门罗：有啊，我有过。对，我放弃过写作，那是什么时候，大概一年前吧，不过那是一个决定，那不是要写而没有能力写，那是一个决定，我要和世界上其他人的行为一样。因为你写作的时候，你是在做其他人不知道你在做的事情，而且你也不能真的去谈这个事情，在这个秘密的世界里，你总是找你自己的路。然后，你在这个正常的世界里做点别的事情。我多少对那个事情有点疲倦了，我已经做了一辈子，绝对是我全部一生都在做。我和那些某种意义上更学院派的作家在一起的时候，我就有点沮丧，因为我知道我没法那么写，我没有那个天赋。

记者：我猜想那是讲一个故事的不同方式，对吧？

门罗：是的，而且我从来没有用过一种，我该怎么说呢，一种有意识的方式，就是说，我当然是有意识地写，但我更是用一种让我自己感到舒服感到高兴的方式写作，而不是用追随某种想法的方式写作。

记者：你是否曾经想过你自己会得诺贝尔文学奖呢？

门罗：哦，没有，没有！我是一个女人啊！不过，我知道，有过女人得过了。我就是喜欢这个荣誉，我喜欢它，但是我没有那么想过，因为大多数作家可能会低估他们的作品，特别是作品完成之后。你不会到处去对朋友说，我可能会得诺贝尔文学奖。这不是得一个奖的通常的方法吧!

记者:这些日子,你是否曾经回过头去重读你过去的书?

门罗:不!不!我害怕那么做!不,不过那样的话,我可能会有一种强烈的急迫感,要去改改这里,改改那里。我在我的某些书里那么做过,我会把它们从书架上拿下来,这里改改那里改改,不过我会明白,我是不是修改没什么关系了,因为到了外面去的那些书是没法改的了。

记者:有什么话你要对斯德哥尔摩的人说吗?

门罗:哦,我要说,我对这么大的荣誉是非常感激的,这个世界上再没有任何东西,任何奖赏,比诺贝尔文学奖更好了。

帕特里克·莫迪亚诺
(Patrick Modiano, 1945—)

瑞典学院颁奖词:

"因为他用记忆艺术引出最不可把握的人类命运,揭示占领时期的生活世界。"

瑞典文原文:

"för den minneskonst varmed han frammanat de ogrip-baraste levnadsöden och avtäckt ockupationsårens livsvärld."

从迷茫暗夜里引出的记忆

——解读 2014 年诺贝尔文学奖得主、法国小说家莫迪亚诺

"记忆"无疑是理解 2014 年瑞典学院诺贝尔文学奖评选结果的关键词。古往今来,人们对文学功能一直有不同看法:亚里士多德认为文学可以"宣泄"或"净化"人的悲悯情感,而另有人说文学可以作为"时代的镜子"反映现实,或声称文学可以"表现自我";文学当然还可以载道,可以寓教于乐、娱乐大众,可以为政治服务改天换地,也可以做历史的"见证",但瑞典学院这次的授奖词是说,优秀的文学可以是"记忆艺术",可以承担"记忆"的功能。莫迪亚诺通过文学的"记忆",如搭起一座文字艺术的桥梁,沟通过去与现在,让个人往昔的命运呼之欲出,让过去的"生活世界"重新呈现在读者眼前。

"记忆"当然属于过去,人只能记忆已经发生过的事情。确实,

莫迪亚诺的笔尖很少指向当下,指向现实和未来,而总是指向过去,指向历史。他此生已经创作了近四十部作品,但正如一个瑞典评论家所说"莫迪亚诺其实是将同一个故事讲了一遍又一遍"。他的一本书接一本书都像是特朗斯特罗姆诗中描写的燕子,每年都要"返回同一教区同一牛棚同一屋檐下去年的巢穴"。因此有人认为莫迪亚诺只是在重复自己,甚至有瑞典作家说,虽然自年轻时代起就是个莫迪亚诺的书迷,但是读了几十年还是一种风格一种味道,不免有点审美疲劳或者是腻味了。但是对于这种批评,瑞典学院的评委有不同看法,五院士组成的评委会主席韦斯特拜利耶认为莫迪亚诺的作品就如音乐,主题似乎不变,但总是在不断变奏中流露新的逸韵。评委恩格道尔则说莫迪亚诺的作品如孪生姐妹,看起来长得像,其实性格可能完全不同。

和普鲁斯特有所不同

毫不奇怪,因为莫迪亚诺偏爱"记忆",人们常常将他和法国现代小说大师普鲁斯特联系起来讨论,说他具有普鲁斯特风格,这当然是因为普鲁斯特的代表作《追忆逝水年华》也正是这样的"记忆"之作。但是,如果说莫斯亚诺好像不过是普鲁斯特的学生和追随者而已,瑞典学院大概又不会同意,我也不太同意。因为莫迪亚诺的小说语言风格和普鲁斯特展示内心活动的意识流语言风格不同。莫迪亚诺的文学语言不是普鲁斯特那种心理性的绵绵不绝的语言流,而是描述性的,也比较简洁易读。而且在结构上不是普鲁斯特那样内向的,把读者推向人的心理意识层面,或在时间上是后向的,把读者推向过去。他的结构是外向的,非常注重环境的细节描述,可以让巴黎的街道都栩栩如生,让读者仿佛身临其境,而在时间上他又是向前的,他是把过去的人物又往前拉,展现在今天的读者面前,所以是"引出",以连接"现在"。授奖词里的"引出"这个词,瑞典语原文"frammanat"就有"往前来"的意思。如果借用过去的冲洗照片方式来说明,莫迪亚诺的小说艺术就像是把一张用底片曝光的白色相纸放在显影液里,让一个个人物在显影液的作用下慢慢地显示出来。他的文学世界就像是个冲洗照片的暗房,似乎总是很昏暗,不明朗,总是模糊而晦暗,总是暮色苍茫或梦境一般的夜色,常常是巴黎街头的夜色,只有昏暗的街灯。但是,不要错认为他在引导读者进入暗夜里寻找失去的记忆。不,他是把记忆从暗夜中招引出来,让你能看清楚那些人物为了生存下去如何挣扎甚至抗争,这就是授奖词说的"引出"人的命运,"揭示"那个纳粹占领法国时期的人世。

所以,虽然前面说"记忆"属于过去,但是莫迪亚诺的文学属于现在、属于将来。一张没有显影的相纸可能存有过去的记忆,但是最初你看不见,要等待作家施展技艺显影出来。这真是需要艺术手段的。所以,与其说"过去"总是莫斯亚诺写作的对象和目标,不如说是他的出发点。与其说他总是在"记忆",其精神基调看似怀旧,甚至有些悲哀、多愁善感,其实是他在展示"记忆"。他的内心其实相当平和,正像是暗房里冲洗相片的一个摄影师,默默操作、有条不紊,因为他自己的思路非常清晰,他知道显影不能差错,时间不能差错,如果相纸在显影液里放置太久,就会变成一团漆黑,所以他必须立即定影,才能放到光天化日之下也不变色。而这个作家用的定影液体，其实就是他的艺术文字。

我这种看法 2014 年 11 月在香港一家文化刊物发表，而 12 月初莫迪亚诺来斯德哥尔摩领奖，在瑞典学院发表诺贝尔文学奖演说，我也有幸去听了。我高兴地听到，作家本人的说法印证了我的看法，虽然他的说法是从读者阅读角度来谈的。莫迪亚诺在演讲中说：

> 小说和读者之间发生的事情，和冲洗照片的过程很相似，就是数码相机时代之前那种冲洗照片的方法。在暗房里冲洗照片的时候，图像是一点一点才看得见的。当你读一部小说的时候，也会产生类似的化学反应。

不仅是个人的记忆

莫迪亚诺生于 1945 年 7 月，其时欧战已基本结束，一个婴儿也不可能对占领时期有自己直接的记忆。所以，这里说的"记忆"，其实不仅是个人的记忆，往往也是他个人不可能有的记忆，但是对过去的记忆就如现在的电脑记忆一样，可以储存在一些硬件里，一个 U 盘里，比如说一张旧报纸里，一张旧照片里，甚至一件旧衣服和旧皮箱里，当然还可以存在于一个街道的门牌号码里，图书馆的档案里。所以这不是个人的记忆，而是一个城市的记忆，更是民族的记忆、国家的记忆。所以，莫迪亚诺的作品不是普鲁斯特式的追忆个人的流逝年华，而是对纳粹占领法国时期的"生活世界"做一点一点的"揭示"。

《杜拉·布鲁德》被认为是莫迪亚诺的代表作，可以拿来作为分析介绍这位诺贝尔文学奖新科状元"记忆艺术"的范例。在这部小说的开端，我们可以读到这样的一段文字：

八年前，我偶然看到一张旧报纸第三版上的一个栏目，这是 1941 年 12 月 31 日的《法国晚报》，栏目名是"从昨天到今天"。在最下面我读到：

巴黎　我们寻找一个小女孩。杜拉·布鲁德，十五岁，身高一米五五，蛋形脸，灰褐色眼睛，穿灰色上衣，酒红色毛衣，深绿色裙子和帽子，棕色系带的鞋子。有消息的话请留给布鲁德先生和太太，地址巴黎奥纳诺大街四十一号。

奥纳诺大街的这一段我很久以前就熟悉。我小时候，可以跟我母亲去圣维恩区那边的跳蚤市场。我们在克利南考特门车站下公共汽车，或是有几次在市政厅外的车站下车……

小说是从 1965 年起开始叙述，叙述者"我"（这是莫迪亚诺作品常用的第一人称叙述方式，经常可视为作者本人，因此很多评论也认为他的作品多有自传性）从"记忆"八年前读到的一张旧报纸开始，引导读者回到纳粹占领时期的 1941 年，找出旧报纸储存的"记忆"；然后继续"记忆"自己很久以前（小时候）就熟悉的一段街道。"我"从容、细致地介绍那段街道，包括街道上兜售照相的马路摄影师，街道上的咖啡馆，街道上冬天时早早降临的夜色。因为观看这条街道冬景的角度依然没有改变，所以"1965 年的冬天和1942 年的冬天就混杂"起来。这就是作者和普鲁斯特叙述风格的不同之处。"我可能就走在杜拉·布鲁德和她父母留下的脚印上，而我自己都没有清醒意识到。那些脚印其实早就在那里，在背景里。"因为街道也有它的记忆。于是"我寻找线索，沿着时间的最远端寻找"。

八年之后，1973 年，"我"开始了自己的寻找。这种查找工作有点像是做侦探,所以读莫迪亚诺的小说有时也有读侦探小说的味道。在他的有些作品里,侦探也是主要人物之一(如《暗店街》的主角)。这里就创造了悬疑小说的那种"悬疑",好奇的读者不由跟随着作者去发现还没有完全显影的"记忆",当然也是把"记忆"引到现在的过程。"我"从查阅市政部门的户口登记开始,查到杜拉·布鲁德出生的医院的出生记录,也就是回到了更久远的1926年。直到揭示出犹太小女孩杜拉·布鲁德被纳粹分子无情"绑架",送到奥斯威辛集中营,最后死于毒气室的历史真相。

"失忆"这个关键词

类似这样"悬疑"结构的小说,还有《蜜月旅行》,写一个游客在意大利米兰的酒店里突然听到他认识的一个女人两天前在这里自杀,于是他回到巴黎之后就开始去调查她的死因和生活,《杜拉·布鲁德》其实是其续篇;《暗店街》则本身就是写一个私家侦探因故丧失了自己的全部记忆,得了失忆症,而他为找回自己的身份去寻找的一个重要人物线索又失踪了。莫迪亚诺作品很多,这里不可能一一介绍分析,笔者也根本没有这样的阅读量,只知皮毛。我只愿意介绍,对莫迪亚诺的创作,瑞典学院新闻公报已经做了这样概括的总结:

> 莫迪亚诺作品的焦点在于记忆、失忆、身份认同和负疚感。巴黎这个城市经常在文本里出现,几乎可以被当作这些作品里的一个创作参与者。他的故事经常建构在自传性的基础上,或是建立在二战德国占领法国时期发生的事件上。他有时候从采访、报刊文章或者他自己多年来收集的笔记里抽

取创作的资料。他的一部部小说相互之间都有亲和性，会出现早期的片段后来扩展为小说的情况，或者同样的人物在不同的故事里出现。作者的故里及其历史经常起到把这些故事链接起来的作用。

引起我注意的是这段话里"失忆"这个字眼。在小说《杜拉·布鲁德》里，这个字眼确实也不断出现。比如叙述者"我"把市政厅不愿意让他查阅杜拉档案的工作人员称为"失忆"的保安员。我们也许可以问，一个作家，能对平常人视而不见的一张旧报纸上的一条寻人启事发生兴趣，而且不惜花费时间精力去努力发现这一点文字之后的历史真相，去把逝去的"记忆"重新召唤到现在，这是为了什么？也许你可以说出很多理由，但对我来说只有一条，就是作家要对抗我们这个时代的"失忆"。近两年我曾将瑞典学院院士埃斯普马克的长篇小说系列"失忆的年代"翻译成中文出版。埃斯普马克一直是瑞典学院内五个院士组成的诺贝尔文学奖评选委员会成员，并曾经担任过这个评委会的主席十七年（1987 至 2004 年）。每年交给整个瑞典学院讨论决定的诺贝尔文学奖入选作家的名单都是这个评委会提交的，所以这个评委会对于每年的评选有举足轻重的作用。埃斯普马克认为，"失忆"已经是当代社会的一个普遍而重大的问题，正如美国著名历史学家朱特指出的，我们现在生活在一个"失忆症合众国"中。埃斯普马克还用夸张和讽刺的笔法描绘当代人的这种"失忆症"——"记忆现在只有四个小时的长度。这意味着，昨天你在哪里工作今天你就不知道了；今天你是脑外科医生，昨天也许还是汽车修理工。今天晚上已经没有人记得前一个夜晚是和谁在一起度过的。当你按一个门铃的时候，你心里会有疑问：开门的这个女人会不会是我的太太？而站在她后面的那些孩子，会不会是我的孩子？"

用"记忆"对抗"失忆"，这当然符合埃斯普马克这样的重要评委的文学趣味，他钟情于莫迪亚诺这种对抗"失忆"的作家，褒奖他的"记忆艺术"的文学，就一点都不会让我感到意外了。我甚至觉得，上面引的这段新闻公报，可能就是出自埃斯普马克交给学院讨论的读书报告。所以，虽然 2014 年的评选结果让很多人出乎意料，因为很多人看好的作家又一次和诺贝尔擦肩而过，而在媒体猜测的名单上几乎没有莫迪亚诺的名字出现，他是一匹黑马。但以埃斯普马克在评委里的影响力，把绣球抛给莫迪亚诺这位对抗"失忆"的作家，其实是顺理成章的。

莫迪亚诺的诺贝尔文学奖演讲，结束语是这样的：

> ……我觉得，记忆现在越来越不确定了，始终要和遗忘及失忆症做持续不断的抗争。在这个层次下，大面积的遗忘和失忆症让一切变得模糊，遮蔽了一切，也说明我们仅仅能捡拾历史的碎片，只能追寻到断裂的、稍纵即逝而且几乎不可捉摸的人类命运的痕迹。

> 然而，这也是小说家不可不完成的使命，面对失忆症留下的巨大空白，要让褪去颜色的词语重现——这些词语就像漂浮在海面上的冰山。

2014 年 10 月 13 日一稿

2015 年 2 月 15 日修订于斯德哥尔摩

瑞典学院院士一览表

（截至 2015 年 3 月的最新名单）

　　瑞典学院由瑞典国王古斯塔夫三世于 1786 年仿照法兰西学院的模式建立，以推动瑞典语言文学的发展为宗旨。共设十八名院士，为终身制，按照开会时的固定席位排名。现院士去世后，接任院士的入选由其余院士投票决定，并接替同一席位。此外从十八名院士中再产生不同的工作委员会，包括五位院士担任的诺贝尔文学奖评委会。该评委会每年从多至数百被提名作家中逐步筛选，最后选出三五名，由全体院士投票决定得奖者，因此评委会对候选名单的筛选有举足轻重的意义。详细资讯可参看：ht-tp://www.svenskaakademien.se/

瑞典文学院共十八名院士，设定十八个固定席位。

347

第一席

罗妲·罗塔斯（Lotta Lotass），1964
年生，文学博士，作家。2009 年 5 月接
替 2008 年故世的院士斯坦·鲁得霍
尔姆（Sten Rudholm）。

第二席

伯·拉尔夫（Bo Ralph），1945 年生，
北欧语言学教授。1999 年入选。

第三席

斯图尔·阿兰（Sture Allén），1928 年
生，瑞典语教授。1980 年入选。曾经
是第二席院士拉尔夫的老师。曾经长
期担任常务秘书（1986—1999）和诺贝
尔文学奖评委。

第四席

安德希·乌尔松（Anders Olsson），
1949 年生。作家、文学评论家、斯德
哥尔摩大学文学系教授。2008 年入
选为院士。

第五席

约然·马尔姆奎斯特（Göran
Malmqvist），1924 年生。即著名汉学
家马悦然，语言学家和文学史家，曾任
斯德哥尔摩大学中文系主任，翻译大
量中文文学作品，1985 年入选为
院士。

第六席

托马斯·利亚德（Tomas Riad），生于
1959 年。斯德哥尔摩大学北欧语言
系教授。2011 年入选为院士。

第七席

萨拉·丹纽斯(Sara Danius),1962 年生,2013 年入选为院士。2015 年 6 月 1 日起接替第十席的恩格伦担任瑞典学院常务秘书。

第八席

雅斯帕·斯文布鲁(Jesper Svenbro),1944 年生。诗人,文学批评家,2006 年入选为院士。

第九席

图格尼·林格仁(Torgny Lindgren),1938 年生。小说家,1991 年入选为院士。

第十席

皮特·恩格伦（Peter Englund），1957
年生。作家，历史学家，乌普萨拉大学
教授。2002 年入选为院士。2009 年
至 2015 年 5 月 31 日为瑞典学院常务
秘书。

第十一席

克拉斯·厄斯特格连（Klas Östergren），
生于 1955 年，作家、翻译家。2014 年
入选为院士。

第十二席

派尔·维斯特拜里耶（Per Wästerberg），
1933 年生。小说家，1997 年入选为院
士。现任诺贝尔文学奖评委会主席。
曾长期担任国际笔会主席。

第十三席

贡纳尔·瓦尔奎斯特（Gunnel Vallquist），1918 年生。作家，翻译家，1982 年入选为院士。

第十四席

克里斯迪娜·隆（Kristina Lugn），1948 年生。诗人，剧作家，2006 年入选为院士。担任诺贝尔文学奖评委至今。

第十五席

夏诗婷·艾克曼（Kerstin Ekman），1933 年生。作家，1978 年入选为院士。多年来一直拒绝参加瑞典学院任何活动。

第十六席

谢尔·埃斯普马克（Kjell Espmark），
1930 年生。文学史教授、诗人、小说
家和批评家，1981 年入选为院士。曾
长期担任诺贝尔文学奖评委会主席
（1988—2004）。第六席院士利亚德、
第十七席院士恩格道尔和第十八席院
士弗罗斯腾松都曾是其学生。

第十七席

贺拉斯·恩格道尔（Horace Engdahl），
1948 年生。作家、文学批评家、教授，
1997 年入选为院士。1999 年至 2009
年为常务秘书。长期担任诺贝尔文学
奖评委至今。

第十八席

卡塔琳娜·弗罗斯腾松（Katarina Fro-
stenson），1953 年生。女诗人，1992
年入选为院士。长期担任诺贝尔文学
奖评委至今。

图为瑞典学院五位院士组成的诺贝尔文学奖评委会 2012 年开会讨论当年候选作家莫言时的工作照。

跋:人类文学的凯旋曲

——读万之《凯旋曲》

刘再复

　　5月中旬,万之(陈迈平)把他的新作《一以贯之的文学之道——介绍2000年诺贝尔文学家获奖作家、法籍华裔戏剧家小说家高行健》寄给我。他知道我写过《高行健论》,对此文会有兴趣。果然,我读后真是惊喜不已。这篇大约一万字的文章,不仅把高行健为什么获得诺贝尔文学奖说得一清二楚,而且把高行健这个"形象"活生生地清晰地勾画出来了。这可不是空头文章,而是一篇严谨、丰富、生动、扎实的历史见证。我知道,此文只有万之能写出来,他拥有"地利",身处瑞典;又有"人和",认识瑞典学院的数位院士;更重要的是他自身的条件,有思想、有才华,真懂文学,真爱文学。我虽然熟读高行健的作品,也了解他一些成功的原因,但读了万之的文章,却深感自己未能抵达的精神高地仍然很多,对高行健的认识也没有他那么透彻。例如文中说到,瑞典艺术家布·拉森制作的授予高行健的奖牌(奖金、奖状和奖章之外专门为每年的获奖作家特制的奖品)作了这样的特别设计:一块军服绿的铜质底板上有成行成列的红色星星,而中间镂空,是中国传统楷书"一"字形状。对此,有两则评论让我震撼。一则是瑞典学院常务秘书、诺贝尔文学奖评审骨干恩格道尔的解释,他说这个设计"象征一个人通过文字从权力中走了出来,而且在权力中找到了一个洞,一个属于个人的空间。"说得多好啊!

除了恩格道尔的评论,还有一则就是作者万之本人的评论,他说:

> 我也很欣赏这块诺贝尔奖牌的设计,确实形象概括了瑞典学院对于高行健的理解与称赞。奖牌上的这个"一",就是"独一无二"之"一",它代表的其实不仅是一个优秀作家的条件,也是表示一个独立独特的个人,是这个星球上每个个体生命的价值所在,这也正是"普遍价值"的应有之义。《灵山》也好,《一个人的圣经》也好,还有高行健的众多剧本也好,这个"一"贯穿了他的全部创作,个人独立性和自我生命价值一直是在他的求索思考之中。

"一"就是"独一无二",在这个星球上创造没有先例、没有第二例、他人不可替代的精神价值作品,这就是高行健获奖的全部秘诀。万之这"一"笔,明心见性,击中要害了。这"一"笔,岂止是对高行健创作的透彻说明,也是对于所有获得诺贝尔文学奖的天才作家的透彻说明。

读了这篇文章之后,我请万之把他所写的描画诺贝尔文学奖获奖作家的其他文章都"传"过来让我看看。于是,从布罗茨基、格拉斯、帕慕克、帕斯到奈保尔、库切、品特等等,一篇篇读下来。阅读中我多次想停下来做笔记,其中精彩的引语和评语实在很多,但又停不下来,整个目光和灵魂全部被这些人类的钟灵毓秀所抓住,只能跟着走到底。

这些作家,这些万之笔下的精英形象,一个一个都不一样,但都那么有意思，那么有头脑，那么有思想。他们一个个对世界、对人生、对文学都真有看法，真有见地。不管你同意不同意，但你不能不承认，这是地球上独一无二的个人的声音，这是真实的、绝不欺骗读者的、充满智慧的声音。什么是个性？这一个一个的个案，一个一个全然不同的形象，都在回答你。我佩服万之，他描写的不是"一个"奇人，而且是分布在地球各个角落挥洒不同文字文体的"一群"奇人，而每个人的特别处都勾勒得如此明晰，真下功夫了。阅读功夫、研究功夫、比较功夫、思索功夫、写作功夫，全都投下了。

通读了全部书稿后，我自然地萌生出一个概念：凯旋曲。所有诺贝尔文学奖的获奖作家能够赢得这份世所公认的光荣，都是精神价值创造征途上的凯旋。凯旋不是终结，而是迈向更高层面的起点。而万之的文章，每篇都是为成功者唱出的凯旋曲。最为宝贵的是，这些凯旋曲，不仅是真诚的礼赞，而且是人类文学天才创作经验和世界思索的荟集、汇聚和提炼。其中有对诗意人生的热情的讴歌，更有对精神创造、经验理性的思索和认真的研究。每一曲都是嘹亮的、雄健的，但又都是冷静的、深邃的。作为一个终身的文学研究者，我听了这些充满思想的凯旋曲，整个心灵境界获得了提升，许多困扰的问题得到了回答。

每个诗人、作家都告诉我，诗人就应当像诗人，作家就应当像作家。独立不移，独行其道，独创格局，远离权力、功名、功利、集团、市场，这才是诗人本色。诗人到地球上来一回，要的只是诗，不是诗外之物。

万之在展现布罗茨基形象时（《四海为家　四海无家》），给这位从前苏联流亡到美国的俄罗斯诗人三个定语——三个小标题：

(一)不为国王起立的诗人;(二)四海无家、四海为家的诗人;(三)纯粹的个人主义的诗人。当庆祝诺贝尔奖颁奖九十周年的音乐响起的时候,国王王后公主王子出现、宾客们全都站立起来的时候,唯有布罗茨基夫妇俩没有站起来。这不是矫情,而是布罗茨基一以贯之的骄傲,特别是面对权贵的时候,更是如此骄傲。他宁肯让人说"不礼貌",也不能改变这种骄傲。诗,天然地与帝国对立;诗人,天然地拥有超越世俗的高贵。正是这种高贵与骄傲的守持,使得他四海无家也四海为家,使他在强权的压迫下高高地昂起头颅,使他宁肯充当"国民公敌"也要把照明黑暗的一点内心的亮光放射出来。万之说:"人生是应该有精神导师,即使快要走向坟墓,最后的黑暗路程也需要这样的精神照明",他与布罗茨基一样,是一个"普通的流浪汉",但他从布罗茨基身上找到了精神导师。这一诗意导引当然不应被万之所"垄断",作为读者,我当然也要分享一滴光明。

每个诗人、作家也都从不同的角度告诉我文学是什么,理想是什么,智慧是什么。没有一个人作出独断的解答,但是,从不同的声音中我也明白了他们的共同的追求。诺贝尔临终的遗嘱提到把文学奖授予体现人类理想的作家,这个"理想"到底是什么理想?瑞典学院所遵循的"理想"到底是何种精神指向?原来,这个理想,并非政治理想,也非社会理想,更非任何幻象和乌托邦,而是文学本身的理想——文学本身的伟大憧憬与人类心灵的伟大憧憬相叠合的理想。这种理想是内在的,充分个人化的,充分文学化的,充分"人文"化的。不管是诗人、作家曾经扮演怎样的世俗角色,是左派角色还是右派角色,但是他们进入文学时都扬弃世俗角色而沉浸在精神的深渊与审美的自由大天地之中。万之笔下的这些天才作家，来自不同国度，来自不同的政治立场，但是他们却在一个点上相逢，这就是在见证历史、见证人类不死的良知这个点上相逢，都在人类的精神价值创造的最高水平线上相逢，都在共同的拥有永恒光明的火炬家园中相逢。

对于万之的才华，我在十六年前就有所感觉。1992 年秋季，我应罗多弼教授的邀请，到斯德哥尔摩大学东亚系担任"马悦然中国现代文学研究客座教授"。1993 年 5 月，系里召开规模甚大的题为"国家、社会、个人"的国际学术研讨会，数十位著名学者、作家出席了会议，而这个会议从头到尾，主要担任组织工作的是万之，其组织才能让我佩服，更没想到他提交的题为"整体阴影下的个人"的论文，写得非常深邃、精彩。李泽厚当时读了参与会议者的全部论文之后告诉我，他很欣赏万之的那篇文章。会议之前，李泽厚从未见过万之，其评价只是对于文章水平的客观判断。十六年过去了，这次读他的"凯旋曲"，更觉得他又有了新的飞跃，比十六年前更深邃，更有思想了。毫无疑问，他无愧为东西方文化共同培育的学者，已经坚实地站在了世界文学评论的舞台上了。

此刻我在格外宁静的北美落基山下读书、写作，过着兼得大自在与小自在的生活，千虑已过，万念归淡，唯有好作品好思想能让我兴奋，感谢万之写了这么多的好文章，带给我这么多阅读的快乐。

2009 年 6 月 6 日写于美国科罗拉多

图书在版编目(CIP)数据

文学的圣殿:诺贝尔文学奖解读/(瑞典)万之著.—上海:
上海人民出版社,2015
ISBN 978 - 7 - 208 - 12936 - 8

Ⅰ.文… Ⅱ.万… Ⅲ.世界文学-文学欣赏
Ⅳ.I106

中国版本图书馆 CIP 数据核字(2015)第 078308 号

出 品 人　邵　　敏
责任编辑　邵　　敏
助理编辑　章颖莹
装帧设计　徐　　妙

世纪文睿出品

文学的圣殿:诺贝尔文学奖解读
[瑞典]万　之　著

出　　　版　世纪出版集团 上海人民出版社
　　　　　　(200001　上海福建中路 193 号　www.shsjwr.com)
出　　　品　世纪出版股份有限公司上海世纪文睿文化传播分公司
发　　　行　世纪出版股份有限公司发行中心
印　　　刷　启东市人民印刷有限公司
开　　　本　890×1240　1/32
印　　　张　12.5
插　　　页　1
字　　　数　224 000
版　　　次　2015 年 5 月第 1 版
印　　　次　2015 年 5 月第 1 次印刷
I S B N　978 - 7 - 208 - 12936 - 8/I · 1368
定　　　价　36.00 元